新訂版

生まれてこないほうが
良かった

存在してしまうことの害悪

両親に

私を存在するようにしてしまったけれども

そして兄弟に

お互いの存在は、自身にとって害悪であるとはいえ、
お互いにとって大きな利益であるところの

凡　例

・( )、〔　〕は、原著者による補足である。
・〔　　〕は、訳者による原語などの補足である。
・太字体は、原文のイタリック表記を表す。
・各章冒頭部にあるエピグラフは、可能な限り出典元の原文を参照した上で、
　訳者が訳した。
・原文中の書誌情報は、原則として「ファミリーネーム（出版年）：頁数」
　というように略記する。参照、引用箇所に間違いが見られるものに関して
　は、正しいと思われる参照、引用元を記した。詳細な書誌情報に関しては、
　巻末に付されている文献表に記した。また、邦訳書が出ているものに関し
　ては、原書と共に可能な限り併記した。

まえがき

　私たちの誰しもが、生まれさせられてしまったことで害悪を被っています。その害悪は無視できるものではなく、たとえどんなに質の高い人生であっても、人生は非常に悪いものなのです。大抵の人がそう認識しているよりも遥かに悪いのです。とはいえ、私たち自身の誕生を防ぐにはもう遅過ぎます。しかし、将来生まれてくる可能性のある人々の誕生を防ぐことはできます。というわけで、新しく人々を生み出すことは道徳的に問題があるのです。この本の中で、私はそのような主張をします。そして、私に対するありがちな反論——憤怒ないしは不信——が不完全である、その理由を明らかにします。

　私の擁護する見解への抵抗は強いでしょうから、この本や中身の議論が、現実の子作りに対して何らかの影響を及ぼすことは期待してはいません。多大な害悪を引き起こすにもかかわらず、子作りは今後も阻止はされないでしょう。私は、この本が誕生する人々の数を（かなり）変えてしまうだろうと勘違いして思っているのではなく、私が言うべきことは、それが受け入れられるか受け入れられないかにかかわらず、言う必要があると思い、この本を書いたのです。

　この本を読んだ人の多くは、私の主張を退けたいと思い、あまりにも軽率にそれをしてしまうでしょう。不人気な見解を否定するとき、人は自分の発言が説得力を持っていると思いがちです。それは一つに、人は強く正しいと思われている見解を弁護するときには、その見解を正当化する必要性をほとんど感じないからです。もう一つに、強く正しいと思われている見解に批判的な人々の意見は、奇抜であることが多いので、先回りして考えにくいということもあるでしょう。

　この本で私が展開する主張は、これまでに多くの興味深い批判的な返答を受けて、改良してきたものです。*American Philosophical Quarterly* の匿名の査読者たちは私の主張を価値ある挑戦だと評し、手直しするよう勧めてくれました。私がそこで公表した二つの論文がこの本の第2章の土台になっており、昔の論文を使用する許可を頂けて感謝しています。それらの論文は、部分的には、ここ数年間の特に私がこの本を書いている間に頂いた多くの批判のおかげで、大きく修正され良くなりました。私は2004年にサバティカルの学期間を設けてくれたケープタウン大学に対して感謝しています。その間にこ

の本の章のうちの四つが書かれました。私は、ケープタウン大学哲学部や南アフリカ共和国グラハムズタウンのローズ大学やオーストラリアのシドニーでの第7回生命倫理世界会議、アメリカ合衆国ジョージア州立大学ジーン・ビール・ブルメンフェルド倫理センター、ミネソタ大学生命倫理センターやバーミンガムのアラバマ大学哲学部といった多くのフォーラムにて各章の発想を発表しました。こうした機会に活発な議論ができて感謝しています。みなさんの有益な批判と示唆にお礼申し上げます。とりわけ、アンディー・アルトマン、ダン・ブロック、ベンクト・ブリュールデ、ニック・フォション、スティーブン・ナサンソン、マーティー・パールムッター、ロバート・セガール、デイヴィッド・ウェーバーマン、バーナード・バイス、そして、キット・ウェルマンに。

　私はオックスフォード大学出版局の二人の査読者であるデイヴィッド・ワッサーマンとデイヴィッド・ブーニンに最も感謝しています。お二人は、様々な角度から批判をしてくれたので、出版された本書に読者が持つであろう様々な批判を先回りして考えておくことができました。原稿を直す際に私はそうした批判を取り上げ、返答しようとして来ました。お二人は私の返答に納得していないかもしれませんが、私はこの本が彼らの批判を考慮したおかげで非常により良いものになっていると確信しています。ですが、改良の余地が常にあるということを私は強く感じておりますし、何らかの改良がなされ得るだろうということを私が後に自覚する（もしくは、決して自覚しない）というよりはむしろ今自覚したいと願うばかりです。

　最後に、私は私の両親と兄弟に彼らが為す全てのことや彼らの全存在に対して感謝したく思います。この本は彼らに捧げられています。

D・B

ケープタウン

2005 年 12 月 8 日

目　次

まえがき　　3

第1章　序　論 ……………………………………………… 9

誰がそんなに幸運なのか？ ……………………………… 11

反出生主義と出生を促進する偏見 ……………………… 16

本書の概要 ………………………………………………… 22

読者への指針 ……………………………………………… 25

第2章　存在してしまうことが常に害悪である理由…… 27

存在してしまうことが害悪であるということがあり得るか？… 27

　生きる価値のある人生と生きる価値のない人生　28

　始める価値のある人生と続ける価値のある人生　31

存在してしまうことが常に害悪である理由 ………………… 37

　快楽と苦痛の非対称性　38

　別の非対称性　57

　存在していることを悔いないことに逆らって　65

第3章　存在してしまうことがどれほど悪いのか？…… 67

人生の良さと悪さの差が人生の質にはならない理由 ……… 68

何故人生の質の自己判断は信頼できないのか ……………… 71

人生の質に関する三つの見解と
三つの見解どれをとっても人生はうまくいかない理由 ……… 75

　快楽説　76

　欲求充足説　79

　客観的リスト説　87

　三つの見解についてのまとめ　93

苦痛の世界 ………………………………………………… 95

5

第4章　子どもを持つということ：反出生的見解 ……… 99

子作り ……………………………………………………… 99
　子作りの義務はない　99
　子どもを作ってはいけないという義務はあるのか？　101

子どもを作る自由 ………………………………………… 108
　子どもを作る権利とされているものを理解する　108
　子どもを作る権利を自律性に根拠付ける　109
　子どもを作る権利を無益さに根拠付ける　111
　子どもを作る権利を意見の相違があるということに根拠付ける　112
　子どもを作る権利を妥当な意見の相違に根拠付ける　114

障碍とロングフルライフ（望まずに生まれた命）………… 119
　非同一性問題およびそれとは別の障碍者の権利からの反論　119
　「障碍は社会に作られたものだ」という議論　121
　「表出主義者」の議論　122
　障碍者の権利に関する議論に対して答える　123
　ロングフルライフ（望まずに生まれた命）　127

生殖補助と人工生殖 ……………………………………… 129
　生殖倫理と性倫理　130
　誕生の悲劇と婦人科学（gynaecology）の道徳　133

将来生まれてくる人間を単なる手段として考えること …… 133

第5章　妊娠中絶：「妊娠中絶賛成派」の見解 ………… 137

四種類の利害〔interest〕 ………………………………… 139
どの利害が道徳に関係するのか？ ……………………… 144
いつから意識が生じ始めるのか？ ……………………… 148
存在し続けることへの利害 ……………………………… 152
黄金律 ……………………………………………………… 156
「私たちと同じような未来」 …………………………… 159
結論 ………………………………………………………… 164

第6章　人口と絶滅 ……………………………………… 167

人口過剰 ………………………………………………… 169

人口に関する道徳理論に潜む問題を解決する …………… 172

　パーフィットの人口問題　172

　反出生主義が理論 X に適合する理由　176

　契約主義　182

段階的絶滅 ……………………………………………… 186

　人口減少が QOL を減少させる場合　186

　人口をゼロまで減らす　190

絶　滅 …………………………………………………… 197

　絶滅への二つの手段　199

　絶滅に関する三つの問題　200

第7章　結　論 …………………………………………… 205

反直観的であるという反論に反論する ………………… 205

楽観主義者への応答 …………………………………… 211

死と自殺 ………………………………………………… 215

宗教的見解 ……………………………………………… 224

人間嫌いと人間好き …………………………………… 226

訳　注　　229

文献表　　231

訳者あとがき　239

新訂版 訳者あとがき　245

索　引　　247

第1章　序　論

生はあまりに酷い。生まれてしまわない方が良かっただろうに。
誰がそんなに幸運なのか？　そんな奴は今まで一人もいないのだ！

ユダヤ人の格言

　この本の主旨は、存在してしまうことは常に深刻な害悪である、ということである。これは昔からある考え方だが、その根本にあるのは非常に単純な洞察である。すなわち、「ある人の人生における色々な良いことが、それがない人生よりもその人生をより良く進ませるとしても、それらの良いことがなくたってその人は何も奪われたことにはならない、その人がそもそも、生まれ存在していなければ」という洞察である。そもそも存在していない人が何かを奪われるなんてことはあり得ないのである。しかし、生まれ存在してしまうことによって、人は、生まれて存在することのなかった人に降りかかるはずのない非常に深刻な害悪を正に被っているのである。

　根本にある洞察は非常に単純であると述べたが、だからといって、その洞察もしくは私たちがその洞察から導き得るものが、異論のないものだろうと述べているわけではない。私は、予想し得る限りの反論を順番に考察し、それらの反論がうまくいっていないことを論じるつもりである。その私の論すべてから読み取れるのは、生まれて存在してしまうことは、常に純粋な利益を構成するどころか、常に純粋な害悪を構成するのであるということだ。ほとんどの人は、楽観主義へと向かう強力な生物学的気質を持ってしまっているので、こうした結論が耐えられないものだと感じる。そして、「私たちは新しい人間を生み出すべきではない」という示唆を読み取り、なおさら憤慨するのである。

　子どもを持つという仕方で新しい人間を生み出すことは、人生の極めて重要な一部であるが、その重要さ故にそれがそもそも正当性を持つかなんてほとんど考えられもしない。事実、ほとんどの人は自分が子どもを作るべきか否かなど考えもしない。ただ単に子どもを作るのである。別の言い方をすれば、子どもができるのは、セックスの結果なのであり、人間を存在させようという決断があってのものではないということである。実際に子どもを持つ

9

という**決断をしている**人は、様々な理由でもってそのように決断したのかもしれないが、そうした理由に、存在することになる子どもの利害が含まれているはずはない。人は決してその子どものために子どもを持つはずはないのである。このことはどんな人にとってもかなり自明だろう。この本で私が支持する非常に強力な見解――つまり、人は人を誕生するに至らしめることによってその人を益しないだけでなく、**常に**その人を害するのであるという見解――を拒絶する人にとってさえも。

　私の主張は人間にだけ当てはまるのでなく、あらゆる他の感覚のある存在者にも当てはまる。そうした存在者はただ存在しているわけではない。存在者はある仕方で存在している。存在していると感じる何らかの気持ちがあるという仕方で。言い換えると、存在者はただ単に客体なのではなく、主体でもあるのだ。感覚がある状態は、それがない状態よりも、存在者にとってより新しく発展し進化した状態で、より込み入った状態であるにもかかわらず、より良い状態なのかどうかは全然明らかではない。というのは、感覚のある存在者は、ある犠牲を払って生まれてくるからである。経験することができる時に、感覚のある存在者は**不快**を経験することができるし、また、するのである。

　私は、存在してしまうことがあらゆる感覚のある存在者を害しているのだと考えているし、時折、そのような存在者すべてについても言及するつもりではあるが、基本的には人間に焦点を当てていこうと思う。人間に焦点を当てる理由は、それがやりやすいからというだけではない。第一の理由は、人々は、そのような結論を自分たち自身に当てはめる場合、受け入れるのがものすごく困難であると気付いているという点にある。意識を持つ生命体すべてに焦点を当てるよりも、人間に集中して語った方が、自分たち自身に当てはめざるを得なくなるだろう。第二の理由は、一つ例外もあるのだが、その議論は人間に当てはめた時に実際的意義を持つからである。何故なら、私たちは、その結論に従って、子どもを作るのを思い留まることができるからだ。例外とは、人間が動物を繁殖させる場合だが (1)、私たちはそれも思い留まる

---

(1) 私がこのことを**例外**としてしか扱わないのは、人間が繁殖させているのは感覚のある動物全種のうちほんのわずかな割合でしかないからである。ただし、このことは例外的な状況ではあるが、非常に重要でもある。実際、一定量の害悪が、人間が食料とそれ以外の必需品のために繁殖させている動物に課せられるわけであるから、ここで手短に論じておくべきだろう。食肉を擁護する非常に弱い議論がある。もし人類が動物を食べなかったのであれば、そうした動物はそもそも存在させられはしなかっただろうというものである。しかし、人類は、自分たちが実際に

10

ことができる。人間に焦点を当てる第三の理由は、子どもを作るのを思い留まらない人間は、その彼ら自身が最も気にかけるだろう自分の子どもたちを苦しめているのだという点にある。そういった人々にとっては、何よりもこの事実を人間に特化したかたちで認識することで、これらの論点がそうでないかたちの場合よりもよりヴィヴィッドなものになるだろう。

誰がそんなに幸運なのか？

本書で私が支持する見解を次の格言が語ってくれている。

生はあまりに酷い。生まれてしまわない方が良かっただろうに。
誰がそんなに幸運なのか？　そんな奴は今まで一人もいないのだ！[2]

ジークムント・フロイトはこうした皮肉を「無意味な冗談」だと言っているが[3]、このことは、私の見解が同様に無意味であるかどうかという問いを提起する。存在してしまうことは害であり、故に決して存在したりしない方が良いのだ、ということは、全くのたわごとなのか？　多くの人は「そうだ、

繁殖させた数の動物を単純に繁殖だけさせてきたというわけではない。殺しているのである。しかしまた、繁殖させた動物たちは殺されるにもかかわらず、その動物たちに対しては、存在させられてしまったことによる利益が死の代償を上まわっているという主張がある。これはゾッとするような論証だが、多くの根拠がある（その幾つかの根拠をロバート・ノージックがまとめてくれている。Nozick (1974): 38-9 を参照されたい）。ここで言いたいのは、第一に、たとえ人が私の議論を拒絶しようとも、その人は依然として、**動物たちは存在させられることによって害された**と考えなくてはならないほどに、その動物たちの多くの生はひどいものなのだということである。第二に、先のような主張を推し進める人は、そうした主張が、食べられるためだけに生み出される人間の赤ちゃんにも同じぐらい容易に当てはめることができるのだということを理解できていないということである。ここで私たちは、ただ食べるために殺されることを目的として生まれ存在させられることが、何の利益にもならないということを非常にはっきりと理解する。先の主張が何らかの力を持っていると考えられているのは、動物を殺すことが容認可能なものであると考えられているからに過ぎない。実際、その主張は、食物とするために動物を殺すことが容認可能だという（誤った）見解について、それ以上のことを言ってはいないのである。最後に、動物は殺されるためだけに存在させられることによって益されているという主張は、私が第2章と第3章で展開しようと思っている主張を無視するものである——存在するようになることはそれ自体、常に深刻な害であるという主張を。それはその時どれほど**多く**の動物が苦しむかということとは全く別の話である。

(2) 哲学の分野では、このユダヤ人の名言はロバート・ノージック（Nozick (1974): 337 n.8）とバーナード・ウィリアムズ（Williams (1973): 87）に引用されている。

(3) Freud (1960): 57.

たわごとだ」と考える。第2章での議論のほとんどが、そうした人たちが間違っているということを示すだろう。しかし、混乱を避けるためここで、少し説明しておきたい。

フロイトによれば、誰でも「生まれていなければ、その人は死ぬ運命にある人間では全くなく、その人にとって善も最善も全く存在しない[4]」のである。ここにおいてフロイトは「非同一性」問題と呼ばれる問題の一面を予期しており、その問題を私は第2章で詳細に論ずる。現代の哲学者には、人は生まれない方が良いだろうということを否定する際に、同様の反論を持ち出す人もいる。非存在者は益されるはずもなければ、より良い状態にあるはずもないのだ、と。

私は非存在者が文字通りより良い状態にあると述べるつもりはない。そうではなくて、存在してしまうことは存在してしまう人にとって常に悪い、ということを述べるつもりである。言い換えれば、私たちは非存在者について、決して存在していないことが当人たちにとって良いことだ、と述べることはできないかもしれないが、存在者については、存在することは当人たちにとって悪いことだと述べることができるのである。ここには不合理は全くないし、そのように私は論じたいのである。

ひとたび、存在してしまうことが害悪であり得るということを認めると、私たちは短絡的に、存在してしまわないことが「より良い」のだ、というように語ってしまいたくなるだろう。しかし、「存在してしまうことが害悪であり得る」というのは、存在してしまわないことが非存在者にとってより良いということを言っているのでも、非存在者が益されているということを

---

(4) Freud (1960): 57. これはフロイトがその名言に最も深く関与して語ったコメントだが、他にもコメントはある。しかしながら、どれもその名言を彼なりに解釈した結果であって、殊更それが無意味であるように聞こえる。彼によれば「決して誕生しないことは、死ぬ運命にある人間にとっては最善の事柄であるだろう」。「しかし」と 風刺雑誌『フリーゲンデ・ブレッター』の中でフロイトは哲学的なコメントを追加している。「このことは十万人のなかの一人の人間にだってほとんど生じない」と (Freud (1960): 57)。「決して誕生しないことは「十万人のなかの一人の人間にだって**ほとんど生じない**」」というこの修飾によって、実にその冗談の不合理性が強められている。決して誕生しないことは、十万人のなかの一人の人間にだって生じず、更には、十万人のなかの一人の人間にだって**ほとんど生じない**のである。(ジェームス・ストレイチーは風刺雑誌『フリーゲンデ・ブレッター』を、「有名な漫画週刊誌」だと述べている。風刺雑誌『フリーゲンデ・ブレッター』がユダヤ人の格言を引用していたのかどうかや、その格言が、正に先のユダヤ人の冗談の、引用の一部であったのかどうか、あるいは両者とも何かしら他の出典によるのかといった、細かいが興味深い、歴史的な問題については、他の研究者に任せたい。)

第 1 章　序　論

言っているのでもない。確かに「非存在者」について話すというのはなんだか奇妙な感じになる。「非存在者」はどうしたって指示対象を欠いた用語だから。存在していない人は明らかに一人もいないのである。とはいえ、それは便利な用語であり、その用語で私たちは何らかの意味を理解できる。その用語を使って私たちは、決して現実には生じない、可能的な存在である人々を指し示すのである。

このことを考慮に入れて、もう一度例の冗談を考えてみよう。それは以下の二つのことを主張しているように見える。(1) 生まれない方が良い、(2) 生まれてこなくてすむほど幸運な人は誰もいない、の二つの主張である。というわけで、**ある**（ゆるい）意味で、人は生まれないことがより良いと言うことはできるのだ。それは間接的に、存在してしまうことが常に害悪であると言っていることになる。そして、決して存在してしまわなかったほど幸運である人は**誰もいない**のだと述べることは、全くもって無意味ではない。存在してしまわないほど幸運**である**人が何人かいると述べることが（ふざけていて）無意味であったとしても。

とにかく、存在してしまうことが常に害悪であるという見解について冗談を飛ばせるからといって、その見解自体がおかしな無意味なものであるわけではない。私たちは馬鹿馬鹿しさを笑うことができるが、同様に非常に真剣な事柄についても笑うことができる。存在してしまうことの害悪に関して私が冗談を言っているのは、非常に真剣な事柄についてのことなのだ [5]。私の進める議論が単なる哲学的なゲームや冗談に過ぎないものとして意図されていると思われないためにも強く言っておきたいのは、私は実に真剣に議論をしているのであり、結論についても信じているということだ。

これらの問題について私が真剣なのは、どちらに転ぶかわからないにしてもそこにあるかないかする害悪が、巨大なものであるからである。私は第 3 章で各々の人生が、——人々が普通に考えているよりも——ものすごい量の悪を含んでいることを示すつもりである。将来存在し得る誰かしらがこうし

---

[5] 同じような冗談は他にもある。例えば、「生は性交によって伝染する末期の病なのである」という冗談である（人工生殖の場合、生は性交によって伝染したわけではないが、それでも生が末期の病であることには変わりがない）。他にも、「私たちは寒く裸で空腹を抱えながら濡れた状態で生まれる」というのもあるし、また、「人生はずっと下り坂」というのもある（新生児がこうしたことを分かって泣いているわけではないにしても、私個人としては、新生児が泣くのは皮肉にも適切だと思う）。

13

た害悪を被らないことを保証する唯一の方法は、その存在し得る人が決して現実に存在する人間にならないと請け合うことしかない。こうした害悪を全て避けることは簡単にできるし、それ故そんな害悪を被るのは理不尽でもあるのだ（少なくとも、私たちが存在し得る人間の利害〔interest〕のみを考慮し、その上、その人が存在してしまうときに他者が持つかもしれない利害は考慮しない場合の話だが）。第2章で示すことだが、人生がもつポジティブな特徴は、存在している人にとって良いとしても、それをもってそのポジティブな特徴に付随するネガティブな特徴を正当化することはあり得ない。そして、それらポジティブな特徴が存在しない場合も、決して存在してしまうことのない人にとってはそれが損失であることにはならないだろう。

　善良な人々は、自分の子どもを苦しみから逃れさせるためにどんなことでもするわけだが、奇妙なことに、自分の子どもの苦しみ全てを防ぐのに保証された一つの（そして唯一の）方法は、そもそもまず第一に、その子どもを存在するようにしないことである、ということに気づいていると思われる善良な人はほとんどいない[6]。人々がこうしたことに気づかない理由はいろいろあり、また、たとえそれに確かに気がついたとしても、人々はその理解に基づいて行為しないし、ともあれ、存在し得る子どもの利益を彼らは考慮に入れないのだ。それを私は論じたい。

　また、子どもを生み出すことによって引き起こされる害悪は、大抵の場合、その子どもにとってだけの害悪なのではない。その子どもはすぐに子作りすることにやる気を見出し、次々に同じように子作りを願う子どもを作っていくのである。つまり、子作りをするどのカップルも、苦しみを生み出す氷山の頂点にいるとみなすことができる[7]。その人たちは自分自身の生において悪いことを経験している。そして彼らは、通例、自分の子どもやもしかした

---

(6) リヴカ・ウェインバーグが似た点を指摘している。「大部分の親は、ひどい病気にかかった子どものために自ら進んで大きな犠牲を払おうとするが、彼らが払うべき最も重要な犠牲はそもそもこうしたひどい病気にかかる子どもを作らないことであるということを全く考えていないのかもしれない」（Weinberg (2002): 406）。ただし、彼女の視点は私の視点よりも限定的である。というのは、彼女はその視点を単にひどい病気にかかった子どもにのみ当てはめているが、私はそれをあらゆる子どもに当てはめようとしているからである。

(7) この氷山のイメージはケープタウン大学の遺伝学者ラージュ・ラメサーの発案である。彼はそのイメージを遺伝病の患者とその患者の（今後でき得るもしくはすでに存在している）子孫との関係を表すのに用いている。私は、そのイメージを遺伝病患者のみならず、遺伝子を持つ全ての人（感覚のある種の構成員全て）にまで当てはめた。

ら孫の人生における悪いことは一部しか一緒に経験しないだろうが（子ども
は、普通、親より後まで生きるから）、とはいえ、その今の世代のすぐ下に、
膨大な数の子孫とその彼らの悲運が潜んでいるのだ。カップルがそれぞれ三
人子どもを持つと仮定すると、最初のカップルから10世代で、88,572人に
達する。そこには、多くの無意味な、回避することができる苦しみがある。
確かに、そうしたことへの責任が何でもかんでも全部最初のカップルにある
というわけではない。というのも、各々の世代がその血筋を存続させるかど
うかの決断をしているからである。とは言っても、その人たちは次の世代へ、
幾分かの責任は負っている。もし、子どもを持つのを思い留まらないのであ
れば、その人は自分の子孫が子どもを持つのを思い留まることを予期しては
いないはずである。

　これまで見てきたように、生まれてこなくて本当に幸運だ、なんて人は**誰
もいない**が、その一方、**どの人**も生まれてしまったが故に幸運**ではない**——
そして、それは、私が今説明しようとしているように、非常に**運が**悪いこと
なのだ。遺伝的起源は人が存在してしまうことの必要条件である（しかし、
十分条件ではない）という想定は極めて妥当で [8]、その人がそこから発育し
たところの受精卵を生みだした特定の配偶子以外によって、同じ人が形成さ
れ得ることはないだろう。このことは、また、人が今もっている親以外のい
かなる遺伝的な親も持ち得ることはない、ということを含意している。とす
ると、その人がその人として存在してしまう可能性は、誰にでも当てはまる
ことだが、非常にわずかだったわけだ。誰でもその人がその人として存在す
るということが決まるのは、その人の両親自身が存在するようになってし
まっていて、かつ、出会ってしまっているということだけでなく [9]、彼らが
セックスをした正にその時にその人を作ってしまったということにもよるの
である [10]。実際、ほんのわずかな時間差で、妊娠にこぎつける精子が違った
かもしれないのだ。その人が存在するようになってしまったということがど
れほど可能性の低かったことなのかを理解し、また存在してしまうことが常

---

(8) デレク・パーフィットはこれを「起源説」と呼んでいる。Parfit (1984): 352.

(9) 「「鉄道と自動車が決して発明されなかったとしても、それでも私は生まれているであろう」と
　　本当に断言できる人は私たちのうちにどれほどいるであろうか？」とデレク・パーフィットは
　　問うている。Parfit (1984): 361.

(10) 停電や夜間の騒音が両親を眠らせず、他にもそのような何らかの機会が性的衝動と相重なるこ
　　とで、どれほど多くの人間が子どもを作るのだろうかということについて考えてみよう。

に深刻な害悪であるということを理解すると、人が存在してしまうことは**本当**に運が悪いことなのであるという結論が生じる。人が何らかの害悪を被る場合、人が存在してしまうことは、十分悪いことである。たとえ害悪を被ってしまう可能性が非常にわずかであろうとも、存在してしまうことは、依然として非常に悪いことなのである。

　目下、こうした議論に関して誤解を招きやすい事柄がある。というのは、存在し得る人間のうち、存在してしまうことができて良い悪いを評価した無数の人々は、**それぞれ一人一人がそれを評価する立場にいるわけだけれども、全員不運の側にいるからだ。それに対して、良い悪いで良い方にいった人は**誰ひとりとして存在していないのである。評価者の100％全員が不運なのであり、幸運な評価者は0％なのである。言い換えれば、子作りがなされると、**誰か**が害されるだろう可能性が非常に高いのであり、誰であれ存在してしまう可能性は低いとしても、存在するどの人も害されてしまう可能性は100％なのである。

反出生主義と出生を促進する偏見

　私が論じようとしているのは、存在してしまうことが常に深刻な害悪であるという見解は、私たちは子どもを持つべきではないということを示唆しているということである。反出生主義の立場には、子ども嫌いに基づいていたり[11]、大人が子どもを持ってもいないし育ててもいないのであればより多くの自由と財産を持つという大人の利害に基づいていたりするものもある[12]。しかし、私が採る反出生主義の見解は異なっている。それは、子ども嫌いからではなく、むしろ存在し得る子どもやその子たちが大人になったときの苦しみを避けるという気遣いの故なのである。たとえ、そうした子どもを持たないことが、子どもを持ちたい人々の利害に抵触しようとも、そうなのである。

　反出生主義者が採る見解は、その根拠が何であれ、非常に強力な出生を促

---

(11) W・C・フィールズは、自分は子どもが好きじゃない……彼らがとても上手に料理されていない限りは、と述べた（もしくは、それは彼が単に揚げられた子どもを好んでいたということを表しているに過ぎないのか？）。更には、オグデン・ナッシュの詩、'Did someone say "babies"?' や 'To a small boy standing on my shoes while I am wearing them' を参照されたい。Nash (1951): 5-7.

(12) アンドリュー・ハッカーが、このような議論のうちの幾つかに言及している。彼の批評を参照されたい。Hacker (2000): 12-18.

進する偏見にぶつかる。この偏見の根拠は、人間心理学や人間生物学（そしてより原始的な動物の心理学や生物学）の進化論的原因にある。出生を促進する見解を支持する人は、比較的自らの遺伝子を残したそうである。ほとんどの人が単にその人の遺伝子を残すことは良いことでありかつ優秀さの証しであると想定している、というのがこの出生を促進する偏見の一面にある。しかしながら、それとは違った道徳的見解からすると、その人自身であれその人の遺伝子であれ存在し続けることが、より良いことを示すものだとはみなされないかもしれない。

　出生を促進する偏見は様々である。例えば、人は子どもを生み出すべきであって（そのために結婚したり、もしくは単に同棲したりするべきであって）、不妊の問題は置いておいて、そうしたことをしない場合、その人は未発達なのだとか利己的であるという決めつけがある [13]。個体としての生物、すなわち個人の成長という範例から「発達していない」という決めつけは起こる。——子どもは子どもを持たないが、大人は子どもを持つというのだ。もしも人が（まだ）子育てを始めていないのであれば、その人は完全には大人ではない、と言うのである。しかし、このことが適切な範例であるかは決して明らかではない。第一に、子どもを持つべき**ではない**タイミングを知ることや、子どもを持たずにい続けるために自制することは、未熟ではなく成熟の証しなのである。（思春期に達した）子どもが、十分に子どもを養う用意もなしに、子どもを持つ例は無数にある。第二に、これは第一のものとも関連するが、系統発生学的に言えば、子作りへの衝動は非常に原始的である、ということが言える。もし「発達していない」ということが「原始的」というように解されるのであれば、子作りこそが発達していない行為なのであって、子作りを理性によって差し控えるようにすることこそが進化論的により現代的であり進歩的であるのだ。

　子作りをしない動機には、しばしば、私が上述したように、利己的関心があがるが、それは必要というわけではない。存在してしまうという害悪をも

---

(13) 時折、そうした決めつけは「あなたは**まだ**子どもを持ってないの？」という発言に見られるような「まだ」という単語によって表されている。こうした決めつけは、普通、子どもを持っていない（男性ないし女性のどちらであれ）同性愛者にまでは当てはめられない。とはいえ、子どもを持っているかどうかにかかわらず、同性愛者は、未発達だとか利己的だとかいうよりはむしろ、性的倒錯をしており嫌悪されるものだという非常に悪意のある非難の被害者になりがちなのだが。

17

たらすのを避けるために、人が子作りをやめる場合、その人たちの動機は、利己的ではなく、利他的である。更に言えば、子どもを持つことが自身の利益のためではないと思っているならそれは全くもって自意識過剰で、利されるのが子どもであると思っているなら間違っているし、これは特に言いたいのだが、子どもは他者なのである。別の心を持っているのである。だからそう思うのは不適切なのだ。

　共同体のなかには、赤ちゃんを生み出すべきだという人が多くいる共同体がある。赤ちゃんを作るべきだという社会的な圧力もある。更には可能な限り多くの赤ちゃんを生み出すべきだと圧力をかけられたりもする。親が非常にたくさんの子どもを生み出した場合に、そのたくさんの子どもたちを親が自分だけでは十分に養うことができないとしても、こうしたことは起こり得る[14]。

　またそうした心理的圧迫は常に個人の会話レベルで行われるわけではない。政府が介入することも稀ではないのだ。特に、とはいってもそれだけではないが、出生率が下がった場合に、子作りを奨励するために介入する。これは、人口のベースラインがすでに高かったとしてもそうで、ポイントは、ただ単に出生率からみて、死んだ人よりも生まれる人が少ないことなのである。つまり、労働年齢にある人々が徐々に減ってゆき、その結果、ますます増えてゆく高齢者人口を支える納税者が徐々に減ってゆくであろうということがポイントなのである[15]。例えば、日本では、出生率が1.33人であるため、1億2千700万人いる人口が2050年には1億100万人にまで減少し、2100年までには6千400万人にまで減少するだろうと懸念されている[16]。勿論、日本政府は対策をはじめている。「少子化対策プラスワン」がそれだ。狙いは、結婚しているカップルにもう一人子どもを持ってもらうよう促すこと。また、その政策をうまくコーディネートするために、「少子化対策推進本部」が設けられた。その政策の提案の一つには、31億円の結婚仲介予算が含まれ、「独身男女のための公的資金によるパーティーやボートクルーズ、ハイキン

---

(14) Beyer (1999): 34.

(15) 出生率が減少すると今生きている人々がどのような代償を払うことになるかについては第7章で詳しく述べる。今私が述べている日本の特殊な状況において、人口減少が日本社会に対して非常に不都合に働くと全員が全員主張しているわけではない。例えば、The Economist (13 November 2004): 45-6を参照されたい。

(16) Jonathan (2002): 1755.

グ」に使われる[17]。更に、日本政府は、高額な不妊治療をしようとしているカップルのための金銭的援助を公約した。更に、「少子化対策プラスワン」は、子どもを支援して学校を卒業させるための教育ローンを提供するために財政資源を流用する規定を設けている。シンガポールは市民により多くの子どもを作るよう促す政策を展開した。宣伝活動だけでなく、シンガポールは、三人目の子どもを持つと貰える奨励金を導入し、育児休暇手当を払い、公設の育児施設を設けた[18]。また、オーストラリアは5年にわたって支給配布される133億ドルの「家族政策」を発表した。オーストラリアの財務大臣によれば、もし、「あなた方が子どもを持つことができるなら、子どもを持つことは良いこと」なのだ。夫のために一人、妻のためにもう一人の子どもを持つことに加えて、その財務大臣は、オーストラリア人に対して祖国のためにもう一人の子どもを持つことも要請した[19]。

　よく知られていることに、全体主義者の政治団体は軍事的な理由で人々に対して子作りを強要したり無理強いしたりするとはいかないまでも、人々に対して子作りを奨励しがちである——新しい、多世代にわたる軍人を望むために。露骨に言えば、これは大砲の餌食を求める出生促進主義なのだ。民主主義においては、長い戦争に巻き込まれているといったことでもなければ、そのように露骨ではないし、露骨である必要はない。しかし、見てきたように、露骨でないからと言って出生促進主義を全く持っていないということを意味しているわけではない。

　民主政治が出生率を上昇させるために公的には何も進めないにしても、私たちは民主主義が出生促進主義へと向かう固有の偏見を持っていることに注目すべきである。（たとえある種の自由主義的抑制の中にあろうとも）そうした偏見を持った多数派が幅を利かせているので、民主主義国家の集団の中のどの地域も子孫を生み出し続けようとしているが、それはその地域の人々が広がっていくこと、もしくは少なくとも今の勢力を保つということに興味を寄せ長期的に考えているからなのだ。こうしたことから、注意しなければならないことがある。民主主義国家において、子作りをしないと決心している人たちは、長期的に見れば、子作りをしようと決心している人たちよりも

---

(17) Jonathan (2002): 1755.
(18) Bowring (2000): 58.
(19) Reuters (2004): 1.

政治的には決して優勢ではないということだ。

　更に興味深いのは、どうして民主主義が移民を受け入れる以上に子どもを作ることを支持できるのかということである。子孫は当然市民権を持っているが、移民する可能性がある人々は移民先の市民権を持っていない。ここで、対立状態にある二つの民族から成り立つ分裂国家を想定してみよう。一方は子どもを作ることで国を大きくし、他方は移民によって国を大きくした。権力を持っているのが誰かにもよるが、おそらく、移民によって大きくなっている方の民族は、そのうち、大きくなることを邪魔されるか、もしくは、植民政策について非難されるであろう[20]。しかし一体何故民主主義は、単に一方の民族が移民によって国を大きくするよりはむしろ子作りをするという理由だけで、片方よりももう一方の民族の方を支持するのだろうか？　その手段が子作りであれ移民であれ、同じように人口の増加は政治的利益に影響を与えやすいのだけれども、一体何故子作りは制限されず、他方、移民は制限されているのか？　人によっては子作りの自由という権利が移民する権利よりも重要であると主張することでこの問いに答えようとするかもしれない。実際、法律が現実に機能する方法を厳密に記述することで答えになると思っている人もいるかもしれないが、そういった方法がそもそもある**べき**なのかについて私たちは問うことができる。一人の人間を生み出すという誰かしらの自由は、友人や家族を移住させるという他の誰かしらの自由よりも侵してはならない自由である、ということは当然のことなのだろうか？

　出生促進主義が優位であるもう一つの理由は、（政治的領域以外の）道徳的領域においてさえも、子作りをする人たちが自分たちの価値を、子どもを持つことに強くおいているという点にある。どういうわけか、扶養家族を持っている親は非常に価値があると考えられている。例えば、もしも何かしら希少な資源があって——例えばドナーの腎臓とか——、それを受け取る可能性がある二人のうち、一人が幼い子どもの親であり、もう一方はそうではないとすれば、他のすべての条件が同じだったとしても、その幼子の親の方が、優先されることはよくある。一人の親を死に至らせることは、救われたいというその人の希望を阻むことを意味するだけでなく、その人の子どもたちが持つ、自分たちの親が助かって欲しいという希望までも阻むことを意味する

---

(20) イスラエルにおけるアラブ人とユダヤ人の人口動態は適例である。

のである。勿論その親の死がより多くの人々を害するだろうということは全くもって正しいが、それでもなおその幼い子どもの親の優先に反対して述べるべきことはある。子どもを持つことでその人の価値があがるということは、人質をとることでその人の価値があがることに似ているのかもしれない。私たちはそれを不公平だとみなして、それに従わないよう決心しても良いのだ。確かにそうすると子どもの人生はより悪くなるかもしれないが、そうした結果を防ぐのに要する犠牲を子どもを持たない人たちが支払わなければならないのは何故か？

　反出生主義的政策が採用されている社会が全くないということを言っているわけではない。その最も明確な例は中国であって、中国政府は一人っ子政策を導入した。とはいえ、注目すべき点は少しだ。一つ、そのような政策は例外的だということ。二つ、それらは（ちょうど良いというよりはむしろ）あまりにも過剰な人口に対する反応だということ。三つ、それらの政策は、とても強力な出生を促進する偏見への一つの矯正手段として、なくてはならないものだということ。というわけで、そうした政策があるからといって出生を促進する偏見がないということにはならない。

　また、国政云々とは関係なしに出生促進主義を批判する個人もいないわけではない。例えば、人生は子どもを持っていない場合、より良い、または、少なくともより悪くはないと主張する人がいる[21]。また、不妊の人々や[22]、「チャイルド・フリー」を選択したりする人々への差別に反対する人もいる[23]。出生主義に対するこうした反対は喜ばしいものであるけれども、そのほとんどが、存在している人に対する関心からのものなのだ。存在させられる人に対して子作りが何をすることになるのかということに基づいて、出生促進主義が批判されているのを聞くことはほぼほぼない。ただ一つ例外はあって、それは世界は子どもをもたらすにはあまりにもひどい場所なのだと思っている人がいるということである。そういった人々は、世界には図らずも悪いことが多過ぎるので、子作りは許されないと思っているのだ。その信念は間違いなく正しい。ただ、私はそうした信念を提示する人たちに一つだけ反対する点がある。彼ら（のうちのほとんど）とは違って私は、苦しみが

---

(21) Missner (1987):1-13.

(22) May (1998):198-219.

(23) Burkett (2000).

ほとんど存在しなかったとしてもそれでも子作りは依然として許されるものではないだろう、と考えている点である。私からすれば、存在してしまうことに純粋な利益なんてものは全くなく、それ故、存在してしまうことにどんな犠牲を払う価値もない。そうした見解は受け入れ難いということを私は分かっている。私は第2章で少し詳しくその見解を擁護しようと思う。その私の議論は妥当なものだと信じてはいるが、自分が間違っていることを望まずにはいられないでもいるのだ。

本書の概要

　この序論の残りで読者の方々に以後の内容の概要を提示し、いくらか指針を示そうと思う。

　第2章と第3章は本書の中心部である。第2章で存在してしまうことが常に害悪であるということを論じる。それを論じるために私はまず、存在してしまうことが害悪になることがある、ということを示そうと思う——この主張は、普通の人はすぐに受け入れてくれるだろうが、有名な哲学的挑戦に反対して擁護しなければならない主張である。存在してしまうことが**常に**害悪であるという主張は次のように要約されるだろう。良いことも悪いことも存在している人にのみ生じる。しかしながら、良いことと悪いことの間には極めて重大な非対称性がある。例えば痛みといった悪いことがないことは良いことなのである。たとえその良いことを享受する人が誰もいなくても。だが他方で、例えば快楽といった良いことがないことは、悪いことなのである。ただしそれは、そうした良いことを奪われた人がいる場合に限る。この話が暗に示しているのは、決して存在しないことによって悪いことを回避することには、存在することよりも真にメリットがあるが、かたや存在しないことでいくらかの良いことがなくなってしまうことには、決して存在しないことよりもデメリットがあるということはない、ということだ。

　第3章で私は、たとえその人の人生が最高に良いものであっても人々が考えているよりもずっと悪いものであるばかりでなく単にとても悪いのだということを論ずる。この目的を達成するために私はまず、人生の質が人生の良し悪しの単なる差ではないということを論じる。人生の質を決定することはとても複雑で難しいのである。そこで私は人生の質についての三つの見解

──快楽主義的見解、欲求充足的見解、客観的リストからの見解──を論じ、どの理論を採用しても人生が悪いものである理由を示そうと思う。最終的にこの章では、私たちが住んでいる苦難の世界について詳しく述べ、この苦難が新たな人々を生み出すのに必要な代償の一つであるということを論ずる。というわけで第3章を読めば、第2章の議論に納得していない人さえも、存在してしまうことは常に（深刻な）害悪であるという主張に十分に納得するだろう。

　第4章で私は、子どもを作らなければならない義務は全くなくそれどころか子作りをしてはいけない（道徳的な）義務があるのだということを主張したい。この主張は子どもを作る自由という広く認められている権利と対立しているように見える。私は、子どもを作る権利は法律による権利であって道徳的な権利だと理解すべきではないと論ずることで、子どもを作る権利やそれがどういう根拠で可能といえるのかを吟味したいと思う。そうすれば子どもを生み出してはいけないという道徳的な義務との対立は必然ではなくなる。次に私は身体障碍と望まれずに生まれた命に関する問題に取り掛かる。様々な障碍者の権利に関する議論を考慮すると、奇妙なことだが、私の見解が障碍者の権利に関する議論へのよくある反論に反対してその議論を支持している一方、しかし最終的には障碍者の権利に関する議論とそれらへの反論、どちらの見解も反駁している、その様子を示す。次に私は、私の見解からすると生殖医療や人工生殖をどう考えるかに目を向けてから、子どもを生み出すことはその子どもたちを単なる財産として扱うことになるのかどうかについての議論をして章を締めくくる。

　第5章で私は、胎児の道徳的な身分に関して典型的な中絶の権利を擁護する人々の見解を、存在してしまうことが害悪であるということに関する私の結論に結びつけることで、いかにして妊娠中絶という殺人を擁護する見解が生じるのかを明らかにする。よりはっきり言えば、妊娠の初期段階にある胎児が道徳的に妥当な意味において依然として存在するようになってはおらず、かつ存在してしまうことが常に害悪であるのならば、私たちが胎児をその初期段階で流産させるのは、そうしないことよりもより良いことだろうと私は主張したいのだ。私は四種類の利害〔interest〕を分別し、それらの利害のうちどれが道徳的に意味があるのかを問いつつ何時意識が生じるのかという問いを吟味し、そうすることで妊娠中絶に関する私の見解と中絶の権利を

擁護する人々の見解を最も興味深い反論から擁護したいと思う。──その反論は、リチャード・ヘアとドン・マーキスによるものである。

　第6章では二つの関連する問題が吟味されるだろう。人口に関する問題と絶滅に関する問題である。人口に関する問題は、どれほどの数の人が存在するべきなのかという問題である。他方、絶滅に関する問題は、未来に待ち受ける人類の絶滅が悔やまれるべきものなのかどうかという問題と、もし人類の絶滅がそれほど先ではなくてもっと早く到来する場合、それはより悪いことだろうかという問題である。人口に関する問題への私の回答は、理想的には、全く（これ以上）人間は存在するべきではないというものである。とはいえ私は段階的絶滅を認めても良いという議論を考えたい。絶滅に関する問題への回答だが、その際私は、絶滅は絶滅より前に存在した人、とりわけ絶滅の際に生きている人にとって悪いことであるかもしれないが、人類が絶滅した状態それ自体は悪いものではないと示唆したい。実際私は、他のすべての条件が同じである場合、人類絶滅が遅く来るのと早く来るのとだと早く来る方がより良いだろうと主張したい。普遍的な利害〔general interest〕に関するこうした主張に加えて、更に私は、人口のサイズに関する道徳的な立論を行う際、私の見解がいかにしてよく知られた多くの問題を解決するのかを示そうと思う。ここでは、デレク・パーフィットの『理由と人格』のⅣ「未来の世代」に焦点を置き、私の見解がいかにして「非同一性問題」を解決し、「ばかげた結論」と「単純追加パラドックス」を回避し、「非対称性」を説明することができるのかを示す。

　結論で私は更に多くの問題を論じる。私は自らの結論の信じ難さが私の主張にとって不利に働くかどうかという問題を熟慮し、私が間違っているに違いないという楽観主義的な主張に反論する。明らかにしたいのは私の主張が多くの人がおそらく考えるほどには宗教的思想と相容れないわけではないということである。私は死と自殺についての問題を吟味する。具体的に言うと私は存在し続けることが常に死よりも悪いと考えることなしにでも、存在してしまうことが常に害悪であると人は考えることができると主張したいのだ。従って、たとえ存在してしまうことが悪いことであるとしても、死もまた私たちにとって悪いことである可能性がある。それ故、私の見解は自殺を必然的に含意しているわけではないということになる。自殺は、少なくとも場合によっては、一つの可能な回答ではあるかもしれないが。最終的には、

第 1 章　序　論

反出生主義的見解は人間が好きだという動機に導かれているが、同時に説得力の強い人間嫌いの議論も同じ結果になるのだと結論する。

読者への指針

　読者が皆、この本のすべてを読もうとは思っていないだろうし、時間がない方もいるだろう。そこで、読む順番をアドバイスしたい。最も重要な章は第2章（特に「存在してしまうことが常に害悪である理由」という表題の節が重要）と第3章である。結論となる第7章のはじめの節もまた、私の結論が非常に反直観的であるという理由で否定されるべきだと考えている人にはぜひとも、読んで頂きたい。

　第4章、第5章、第6章は、どれも第2章、第3章の結論を前提としている。それ故、その三つの章はそれ以前の章を念頭に置いて読まなければ意味がない。一方、第5章は第4章を読まなくても読めるが、第6章は第4章の結論を前提としている（ただし第5章の結論を前提とはしていない）。こうした章の論理的な順番は、だいたい若い順であっている。例えば、第2章は「悪い情報」で、第3章は「より悪い情報」で、更に、第4章、第5章、第6章のうち一つは、もしくは二つの章か三つともが（人によるかもしれないが）「最悪の情報」を含んでいる。

　本書はおおむね、哲学に造詣がなくとも理解力のある読者になら分かりやすいものだと思う。勿論いくつか専門的な箇所もあるがそれは仕方がない。そうした箇所を詳細に全て把握することは非常に困難だが、それでもその議論の趣旨は明白なはずである。ともあれ、比較的専門的な詳細にあまり興味がない読者は幾らかの節を読み飛ばしてくれても構わない。全体を通して難しい段落がところどころあるのでそれは読み飛ばしてしまって構わないし、それは非常に重要な節でもそうだ。

　第5章のはじめの「四種類の利害〔interest〕」の節は、第5章全体にとって極めて重要な節である。しかし、道徳哲学の論文上でその分類法が競合する分類法を意識するとどのような位置にあるのかに関心がない読者は読み飛ばしてくれて構わない。

　本書のうちで最も専門的な部分は第6章の「人口に関する道徳理論に潜む問題を解決する」という表題の節である。その節で私は存在し得る人間と最

適人口数に関するある分厚い哲学書において議論されている問題を解決するのに、どれだけ私の見解が役に立つのかを明らかにする。その著書に関心も知識もない読者は読み飛ばしてくれて構わない。そうすると第6章後半部分の段階的絶滅に関する私の議論の大部分を理解するのが多少難しくはなるが。ともあれ、その議論にも非常に専門的な部分がありそれは読み飛ばしてくれて構わない。読み飛ばしはしても、私の見解があらゆる子作りを即座に止めさせようというのではなく、後に続く（たった）数世代で存在させられる子どもの数を徐々に減らせる段階的絶滅を、いくつかの条件をふまえた上で、考慮に入れて論じられていることを、分かって頂ければ良い。

第 2 章　存在してしまうことが常に害悪である理由

決して生まれてしまわないことが最善なのだ。
だがもし私たちが日の目を見なければならないのであれば、次に最善なのは、
私たちが来たところにすぐに戻ることだ。
全く馬鹿げたことばかりして、青春時代を過ごした場合、
誰が諸悪によろめかずにいられるのか？　誰が諸悪から逃れられるのか？

ソフォクレス[1]

眠りは良いが、死はもっと良い。だが、勿論、
最善なのは全くもって決して生まれないことだろう。

ハインリッヒ・ハイネ[2]

存在してしまうことが害悪であるということがあり得るか？

　存在してしまうことが**常に**害悪であるということを主張する前に、まず、存在してしまうことが害悪であるということが**あり得る**のかを示さなければならない。何故そんなことが必要なのか疑問に思う人もいるかもしれない。そんな人は、存在してしまい悪い人生を送ることは何よりも明らかに害悪であるから人生が悪いということは**あり得る**と常識的に考えているのだろう。しかし、この見解は深刻な反論に直面する——しばしば「非同一性問題[3]」と呼ばれたり「未来の個人のパラドックス[4]」と呼ばれたりする議論である。そこで私はこの問題を説明し、どのようにそれが解決されるのかを示すことから始める。

　問題は、人を存在させて QOL の低い人生を送らせることに代わる選択肢が、その人を全く存在させないことしかないという場合において生じる。害悪になると思われる状態を取り除いてその同じ人物を存在させることは不可能な状況である。例えばこの問題は、将来両親になり得る人物が深刻な遺

---

(1)『コロノスのオイディプス』1224-31 行目。
(2)「モルヒネ」15-16 行目。
(3) Parfit (1984): 359.
(4) Kavka (1982): 93-112.

27

伝的障碍を負っていて、何らかの理由でその障碍が彼らの子孫に遺伝するという場合に起こるだろう。選択肢は、ある一人の障碍を持った子どもを存在させるか、その子どもを全く存在させないかである [5]。またそのようなまずい状況は遺伝その他のその人の体質のせいででではなく、むしろその人の [6]、環境のせいで起こる場合もある。赤ちゃんのいる 14 歳の少女がいるのだが、彼女自身がまだ幼いせいで、その赤ちゃんに対して何にせよ十分な機会を与えることができないという状況がそうだ [7]。もしその少女が歳を取って子どもを育てるのにより良い境遇を得てから子どもを身ごもるのならば、その子どもは前述したのと同じ子どもではないだろう（何故なら、その子どもは別の卵子や精子から形成されただろうから）。故に、少女が 14 歳の時に社会的な困難を持つ子どもを存在させることに代わる選択肢は、少女がその困難を持った子どもを全く存在させないことなのであり、後にまた別の子どもを持つかどうかはそのことには関係がないのだ。

存在してしまうことは常に害悪であるという主張は、大抵の人の直観に反する（しかし全ての人の直観に反するわけではない）。しかし一方で今述べたような困難のある場合に存在してしまうことは害悪であるという主張は、一般的な人々の直観にとてもよく適合している。それでも多くの法学者や哲学者は、私がこれから説明する理由でこう考えている。自らの存在と不可分の障碍を持った人々が障碍を伴って存在させられたことによって害悪を被っているということは論理的には主張できない、と。

生きる価値のある人生と生きる価値のない人生

こうした問題を扱う文献では、とある人生を生きる価値のないものにする障碍と、耐え難いものではあるが人生を生きる価値のないものにするほど悪く

---

(5) 遺伝子工学が発展したおかげで、人がそのような選択肢に直面するケースは減少しているかもしれない。というのもそのような人を存在させた上で、**同時に**、その人が持っている障碍をなくしたりすることができるかもしれないからである。しかし少なくとも何らかの障碍があるのであれば、そうした障碍を除去することは、結局のところその人間の同一性を遺伝子工学によって変化させることになると考えられる。そうすると今述べた遺伝子工学が発達している場合の選択肢は、障碍を持った子どもを存在させるか、その子どもとは別の障碍を持っていない子どもを存在させるか、ということになる。

(6) こうした代名詞〔ここで「その人の」と訳したのは his〕の使用の擁護に関しては、Benatar (2005): 1-9 を参照されたい。

(7) デレク・パーフィットの例。Parfit (1984): 358 を参照されたい。

第 2 章　存在してしまうことが常に害悪である理由

はない障害とが区別されることが多い。障碍が人生を生きる価値のないもの
にするにしても、その人の存在がそのような障碍とは不可分である人々は存
在させられることで害悪を被っているというようには主張できないのだと強く
述べている人もいる。この主張を裏付けるために、次のような議論が展開さ
れる。

1. もし何かが誰かに害悪を与える場合に、それはその人を必ずより悪く
   してしまう[8]。
2. 「より悪くする」関係は二つの状態間の関係である。
3. 従って、誰かがある状態（例えば存在するよう）になることでより悪
   くなるのであれば、そうでない状態はその人が比較してより悪くなっ
   てはいない（もしくはより良い）状態である。
4. しかし非存在はそこに何かが存在し得る状態ではないのであり、従っ
   て非存在は存在と比較され得ない。
5. 従って存在してしまうことが、決して存在してしまわないことよりも
   より悪いというのはあり得ない。
6. 結果として、存在してしまうことが害悪であるということはあり得ない。

この論に反論する方法の一つは、もし何かが誰かに害悪を与える場合にそれ
はその人を**必ずより悪くする**（すなわち、常により悪くする）、という最初
の前提となる主張を退けることである。誰かに害悪を与える何かはその人に
とって、**悪い**というだけで十分だろう[9]、もしそのことがなければひどい目
に合う、とかではない場合には[10]。害悪についてこう考えれば、存在してし

---

(8) 私はこう定式化することで、その人を何**より**より悪くするのかという問題をスルーしている。
というのはこの議論の文脈では、「以前そうだった状態よりも悪い」と言うか「以前そうだった
だろう状態よりも悪い」と言うかどうかで何も変わらないからである。これらの見解それぞれ
に伴う問題に関してもっと知りたければ、Feinberg (1992): 3-36 を参照されたい。

(9) デレク・パーフィットは（ジェフ・マクマーンに提言されて）似たような議論を進めているが、
誰かを存在させることはその人に利益を与え得る**だろう**というパーフィットの議論では「より
悪い」よりもむしろ「より良い」に言及している。パーフィットが言うに、私たちは「誰かし
らを存在させることがその人にとって**より良い**わけがないと認めても良いが、それでもそのこ
とはその人にとっては**良い**ことなのかもしれない（Parfit (1984): 489）」。

(10) この条件のおかげで次のような場合に提出される（害悪を比較して見る際の）問題は回避され
る。つまり、君が炎上している車に手を挟まれていて、私が君の手を切り落として君を自由に
するか君の命を救う方法がないというような場合だ。手を失うことは君にとっては確かに悪

29

まうことは害悪であり得る。ある人生が存在させられたその人にとって悪いものである時、その人生が生きる価値のないものである場合には必ずそうだが、その人が存在してしまうことは（そうでない状態が悪くなかっただろうと考えると）害悪である。

　ジョエル・ファインバーグは、この存在してしまうことが害悪であることは決してあり得ないという議論に対して、また違った反論をしている。害悪を与えることが誰かをより悪くするという前提を退けるのではなく、ある特定の状況においてより悪くしているということは、その特定の状況の比較対象となっているそれとは別の状況においてその人がすでに存在してしまっているということになっている、そうした前提に彼は異を唱えているのだ[11]。誰かしらが存在してしまわない方がより良かったのに……と私たちが述べるときに私たちが考えているのは、非存在の方が好ましかったのに……ということなのである。ファインバーグは存在**しなくなること**に関する様々な意見をいくつかの例をあげて示してくれている。ある人物が自分の人生はあまりに悪過ぎるから死んだ方がマシだろうと述べる時、彼はもし万が一自分が死ねば自分は何かしらより良い状態になるということを文字通りに思っているわけではない（こうしたことを実際信じている人もいるが）。そうではなく彼が考えているのは、自らの境遇において生き続けるよりはむしろ**いない方**を好むということなのである。彼は自らの人生が生きる価値がないと判断したのだ──つまり、自分の人生は存続する価値がないと判断したのである。存在しなくなることが好ましくなるほど人生が悪いものである可能性があるのと同様に、決して存在してしまわない方が好ましくなるほど人生が悪いものである可能性はある。誰かが存在していることとその人が存在していないことを比較することは、その人物にあり得る状態の二つを比較することではない。むしろそうした存在と非存在の比較は、その人の存在をその人が存在していない全く別の事態と比較することなのである。

　障碍が耐え難いにしても人生を生きる価値がないものにするほどには悪くはないケースは、障碍が人生を生きる価値がないものにするほど酷である

　　いことなのだが、他のすべての条件が同じだとすると、それでも私は君に利益を与えることになる。更にもし私が君に利益を与えたのなら、（あらゆる点を考慮すると）私は君に害悪を与えなかったのである。

(11) Feinberg (1992).

ケースよりも難しいと一般には考えられてきた。前者は、定義上、生きる価値のある人生のケースであり、人はそのような人生において存在することよりも決して存在しない方が良いと判断するはずはない。しかしながら、この論の説得力は「生きる価値のある人生」という表現に潜む極めて重大な曖昧さ——私が今探求しようとしている曖昧さ——に依存している。

始める価値のある人生と続ける価値のある人生

「生きる価値のある人生」という表現は、「続ける価値のある人生」——これを**今ある人生の意味**としよう——と「始める価値がある人生」——これを**今はまだない人生の意味**としよう——との間で曖昧なのである [12]。「続ける価値のある人生」は「続ける価値のない人生」と同様に、すでに生まれ存在している人物に関してできる判断である。「始める価値のある人生」は「始める価値のない人生」と同様に、存在し得るが生まれてはいないものに関してできる判断である。ここで問題なのは、多くの人が今ある人生という意味を用いて、今はまだない人生の場合にも当てはめてしまっているということだ [13]。その二つは全く異なっている。彼らが、人生を生きる価値のないものにする障碍と、耐え難いとしても人生を生きる価値のないものにするほどには悪くない障碍とを区別するとき、彼らは、今ある人生のケースを考えて判断しているのである。生きる価値のない人生を生きている人は、生き続ける価値のないだろう人間なのだ。同様に、生きる価値のある人生を生きている人は、生き続ける価値のある人間なのだ。だが問題なのはそのとき、こうしたイメージが今はまだない人生のケースに適用されてしまうことなのである [14]。こうして、私たちは今ある人生のケースのものさしを使って今はまだ

---

(12) 同じような曖昧さは、望まれずに生まれた命に関する議論の中で使われる「最小限にまともな人生」という表現にもある。この表現では「続ける価値がある程度に十分にまともな人生」(今ある人生の意味) のことを言っているのか、「存在させる価値がある程度に十分にまともな人生」(今はまだない人生の意味) のことを言っているのか分からない。

(13) 例えば、Parfit (1984): 358-9; Feinberg (1992): 26. ウィリアムズも同様の誤りを犯している。「思うに、自分が存在しているのが嫌な人が、存在してしまうべきではなかったということを希望するのを否定できないし、そうした希望を理解するには、**自分の人生が生きる価値がない**と考える立場に立つほかはない (Williams (1995): 228)」。

(14) 例えば、ファインバーグによれば、ロングフルライフ訴訟の文脈においては次のことが言える。「実際、深刻な障碍を伴った人生よりも、非存在を選ぶのは絶対的に理に適っているのか。確かに、苦痛や障碍のケースのほとんどで、それが死と同じくらい悪いものだと私たちは考えてはいる (Feinberg (1992): 17)」。以上の文脈で「非存在」という表現は、(存在しなくなるというこ

ない人生のケースに関する判断を下すようになってしまっているのだ。

　しかしながら、この二種類のケースに適用されているものさしはかなり異なったものである。ある障碍はあまりに悪いのでそれが人生を続ける価値のないものにしているという判断は、大抵の場合、ある障碍が人生を始める価値がないものにするほどに悪いという判断よりも遥かに難しく閾値が高い。言い換えれば、もしある人生が続ける価値がないものであるのならば、当然その人生は始める価値のあるものではない。だからといって、もしある人生が続ける価値のあるものであるのならばその人生は始める価値があるということや、もしある人生が始める価値がないのであればその人生は続ける価値がないのだろうということが、当然のように帰結するわけではない。例えば、手足のどれか一本をなくして生きていかなければならないからといって死ぬほど悪くはないとほとんどの人が考えている一方で、ほとんどの（前者と同程度の）人は手足のどれか一本が欠けてしまうだろう人物を存在させないことはマシなことだとも考えているのだ。私たちは、人生を始めないという判断をすることによりも、終わらせるという判断をすることにより強い理由を必要とするのだ (15)。

　今や私たちは、生きる価値のある人生でも始めない方が良いかもしれない、ということを理解できる段階にいる。そのような見解が矛盾しているように見えるのは、今はまだない人生に関して「生きる価値がある人生」という表現を使っていると解するからである。始める価値のある人生を始めない方が良いと主張するのは明らかにおかしい。しかしながら、この「生きる価値がある人生」という文脈において、今はまだない人生は全く関係がない。というのも私たちはその文脈では、続ける価値がない人生——続ける価値がある人生と言っても同じだが——との対比を考えているからである。それ故、続けるに価値があるだろう人生を始めない方が良いという主張に関しては何の矛盾もない。

　今までのところ私の議論は、今はまだない人生のケースと今ある人生のケースとの間には、道徳的判断に影響する重要な違いがあるのだという見解を基にしている。しかし、この違いの重要性を軽減させ、結果、私の立場を

ととは対照的に）一度も存在していないことを指している。それにもかかわらずファインバーグは、障碍を伴う人生と**死**を比較して問いに答えてしまっている。

(15) ちょっとつまらない例だが、ある夕刻に映画館にいる場合を考えて欲しい。上映されている映画は、見に行かなかった方が良いというくらいに十分ひどいものであったとしても、終わりまで見ないで帰ってしまうほどに酷くはない場合である。

弱める恐れがある議論の流れもある。それぞれ説明しよう。

　まず、私はデレク・パーフィットの議論を考慮して語っている。彼によると、もし私の人生が始まった**直後に**その命が救われることで私が益されるのであれば（たとえ深刻ではあるがひどく悪いわけではない何らかの障碍を代償としても）、（そのような障碍を伴って）私の人生が始められたことで私が益されると主張できなくはないのだ [16]。この議論は、今はまだない人生のケースと今ある人生のケースの間にある違いの重要性をあまり考慮に入れなくて良くしようとしている。この見解からすると、ある命を救うために負ってしまう障碍が、ある命を生まれさせるときにどうしてもくっついてきてしまう同じような障碍と道徳的判断において同等である、と考えるのは不合理ではなくなる。

　この議論に対する反論の一つとして、この議論は根拠の弱い前提に依拠している、と言える。――それは、残りの人生の間（ものすごく悪いわけではないとしても）深刻な障碍を持つことになるという条件でも、自らの人生が始まった直後にその命が救われることで人は益されている、という前提である。一見、この前提は強固で広く受け入れられるように見えるかもしれないが、少し調べればその脆さが分かる。道徳的な問題に関わる意味で――すなわち、道徳的に考慮する価値があるという意味で――ある人間が存在してしまう何らかの瞬間が、はっきりとはわからないにせよ、あることはあるということが暗黙の裡に前提とされているのが問題なのだ。しかし、妊娠中絶に関する膨大な文献にあるように、道徳的に関連のある意味において存在してしまうことは、一回のイベントというよりはむしろ、非常に広範囲に渡る過程のようなものなのである。かつて私は受精卵だった。おそらく私の受胎が [17]、厳密に存在論的な意味で私が存在するようになった瞬間であった。しかしこの私の受胎が、道徳的な問題に関わる意味で私が存在するようになった瞬間であったかどうかはあまり明白ではない。大抵の人はたった今自らの足を代償として自分の命を救うことは純利益を自分にもたらすということに同意するだろうが、足を持たずに人生を生きるという代償を払わせてもそ

---

(16) この議論は括弧書きの部分を除いて、Parfit (1984): 489 にある。括弧書きの部分を含めて、パーフィットは、本章の元となった論文についてコメントをしてくれた。コメントに感謝する。

(17) もしくは、一卵性双生児の見込みがほぼなくなってしまうおよそ 14 日後までに。もし接着双生児という事態を考慮したいにしても、ある人間が持っている二度は手に入らない個性がすでにそこで始まったのだと定めなければならないだろう。（こうした議論に関して詳しくは Singer et al. (1990): 57-9, 66-8）。

の受胎産物の命を救うことには純利益があると考える人は遥かに少ないだろう。そういったわけで、ものすごく悪いわけではない障碍が理由の場合さえある「母体保護上の」妊娠中絶を支持する人の方が、人命救助のために一般成人の手足を切断することを責める人よりも多いのである。深刻ではあるがものすごく悪いわけではない障碍を持った新生児の間引きさえ、少なくとも受動的安楽死という形でなら、擁護する人もいる。同様の行為が同じような障碍を持った幼児ではない子どもや大人の利益になるとは判断しないだろうが。(道徳的な問題に関わる意味で)存在している人は、存在していることに利害〔interest〕を持つ。そういった利害は一度完全に発育してしまうと概して非常に強力で、それ故、対立状態が起きると障碍を持たずに生きていたいという思いに優先するのである。 しかしながら、存在していることに利害が全くない(もしくは非常に弱い)のであれば、(障碍を持った人を存在させることで)障碍を与えることはそのような利害を守ることによっては正当化できない。存在することに利害がない(もしくは、非常に弱い)人間が何を指すのかは、依然として議論がある(胎芽や接合体や幼児はそれに含まれるのか?)。少なくとも受精卵やヒト胚そして胎児は、十分時間をかけて形成するまでは道徳的な問題に関わる意味で存在し始めてはいないのだし、道徳的な問題に関わる意味で存在してしまうことは一つの段階的な過程なのだ、と第5章で私は論じる。

　このようによく考えてみると、(「存在してしまう」ことの道徳的な問題に関わる意味で)「人が存在してしまう**直後**」といった何らかの段階がある、という考えは揺らいでくる。(道徳的な問題に関わる意味で)存在してしまうことを、そうなる広範囲に渡る過程のことだともし私たちがみなせば、ある人間の存在することへの利害が発展していくにつれて、より大きな犠牲を私たちは命を助けるために払うだろう。ある人生を始めることと、ある人生が始められた**直後**にその命を救うこととをきちんと対比させることはできなくなる。その結果、生まれた後の命を救うケースから、生命が始まるという意味で人生を始めるケースを推論していくことに信憑性はなくなっていく。その二つのケースは非常に大きく離れているのである。

　ここで、存在してしまうことは過程であるとする漸進論者たちのそのような見解が、今はまだない人生のケースと今ある人生のケースの間の私が語る違いを揺るがすと思う人もいるかもしれない。しかしながらそれはない。そ

れらの間にある違いが漸進的なものだからといって、その違いがなくなるわけではない。私は、二種類のケースを繋ぐ中間があり得ないと言っているわけではない。そしてまた、明らかに今はまだない人生のケースと明らかに今ある人生のケースとの連続的な繋がりがもつ段階性に対する道徳的感受性を、私は拒絶しないし、拒絶しない限りは、そうした違いの道徳的重要性が損なわれることはない。

　今ある人生のケースと今はまだない人生のケースの間の違いに対しての次の脅威は、ファインバーグによって展開された推論の流れに起因する。先に指摘したことだが、彼が示唆するには、誰かが存在してしまわない方がより良かっただろうという主張を私たちはその誰かは決して存在しない方が良かっただろうという表明として、理解している。この表明には、彼は正しく主張しているが、何の論理的な困難もない。しかしながら彼は続けて、どんな時に存在してしまわない方が良いことになるのかの説明をどんどん進めていく[18]。まるで、ほとんどすべてのケースで決して存在しない方が良いなんてことは言えない、とでも言うようにである。彼は、決して存在してしまわないのならばそれがより良かったのだという、五体満足である大人や成熟した年長の子どもによる判断と、自分自身のことを判断することができないほど重度の障碍がある人のための代理人が代わってする同じような判断とを区別する。重度の障碍のケースでは、存在しないほうが望ましいという代理人の判断が**理に適っている**というだけでは十分ではない。その判断が**理性に命じられている**（要請されている）のでなければならない。こうした必要条件は非常に稀な障碍を引き起こす状況——例えば死ぬ方が良いといった状況——においてしか満たされないと彼は考えているのである[19]。存在しなかったほうが良かったと判断する能力がある人のケースでは、ファインバーグは、その判断は理に**適っている**（つまり、**不合理ではない**）だけでよいと認めている。判断が理に適っているという必要条件を満たすのは非常に容易なのにもかかわらず、実際の人間の心理上、存在していなかったことを好む人は——ひどい苦痛に耐えている人であってさえも——非常に稀なのである。結果、ファインバーグの見解によると、死に値するほど悪くはないが、とはいえ深刻な障碍をもって存在させられるとしても、大抵の人々は害悪を被って

---

[18] Feinberg (1992): 20-3.
[19] Feinberg (1992): 22.

いるとは言えないのである。ある人が存在してしまわない方が好ましかった
だろう場合にのみ、その人は害悪を被っていると言い得る。そして、ファイン
バーグがこの必要条件を考えるに、それが適合するのは非常に稀なのである。

　今ある人生のケースと今はまだない人生のケースとの間に私が見ている相
違と上記の説明が噛み合わないのは、この説明では、暗黙の裡に、今ある人
生のケースというレンズを通して今はまだない人生のケースを判断すること
が求められているからである。人生は**続ける価値がない**ほどあまりに悪くな
くてはいけないか——ファインバーグの言う代理人の判断のための基準——
もしくは、そのような障碍を持って**すでに存在している人たち**が決して存在
するようになってしまわなかったことの方を選ぶだろうというケースでなく
てはならないのである——それは、ファインバーグの言う自分自身で（回顧
的に！）決定するその人の能力を障碍が損なっていない人のための基準である。

　しかしながら、すでに存在している人の視点を持つことを私たちに要求し
ているからこそ、ファインバーグの説明は不適切なのである。人生が始める
価値があるかどうかを問う際に、人生が続ける価値がないだろうかどうかを
考慮する必要はないはずである。また、今はまだない人生に判断を下すため
に、すでに存在している人の自分の人生についての選好に訴える必要も当然
ない。次章の二つ目の節で私が示しているように、自分の QOL への自己評
価は当てにならないのである。

　存在してしまわない方が良い場合のファインバーグの説明を私は退ける
が、存在するのと決して存在しないのではどちらが良いのかに関して、人を
存在させることでその人に害悪を与えているというイメージは理解可能であ
るという点は同意している。つまり、もし仮に存在していたら決して存在し
ない方が良かっただろうというような誰かしらの存在の場合、人はその誰か
しらを存在させることで害悪を与えているということだ。同様に、今存在し
ているある人の存在が決して存在しないことよりも良いように見える場合
は、存在させられることでその人は害悪を受けてはいないのである。今ここ
で私たちが取り組まなければならない問いは「決して存在しない方が良いの
はどういう場合か？」である。言い換えれば「存在してしまうことが害悪と
なるのはどういう場合か？」となる。あるいはこうも問える。「決して存在
してしまわないのが悪いことではない一方、存在してしまうのが悪いことな
のはどういう場合か？」と。以上の問いへの回答はこうだ。「常にだ」。

存在してしまうことが常に害悪である理由

　存在し得るがまだ存在していない人々についての文献にはある共通の前提がある。それはすべての条件が同じなら、最終的に良いだろう人生を持つ人々を存在させることは何一つ過ちではないという前提である。この前提は、また他の前提に拠っている――すなわち、存在させられた人間（十分に良い人生が見込まれている）には利益があるという前提である（たとえ存在させられないことが害悪でないとしても）。私が主張したいのは、そうした根本となる前提が間違っているということである。存在させられることは利益ではなく常に害悪である。存在してしまうことが**常に**害悪であると私が言うとき、それが必然的に害悪であるということを言っているのではない。後述するように私の主張は、ある人生がただ良いことだけを含んでいて全く悪いことがないような仮想的な場合には当てはまらない。そのような存在に関して私が言うのは、そうした存在は害悪でも利益でもなく、そのように在ることと決して存在しないこととの間の差はどうでもいい。そんな人生はないのだ。あらゆる人生は何らかの悪いことを含んでいる。そのような人生で存在してしまうことは、常に害悪である。多くの人々はこうした非常に混乱させるような主張を反直観的であると感じるだろうし、それを退けようと望むだろう。そういったわけで私はその主張を擁護するだけでなく、何故人々はそうした主張に反論しがちなのかもまた示したい。

　実際のところ、悪いことは私たちの誰にでも生じる。困難のない人生などない。飢餓に苦しむ人生を生きる無数の人々を思い浮かべるのは簡単だし、人生のほとんどを何らかの身体的な障碍を持って生きる人々を思い浮かべるのもそうだ。私たちの中にはこうした運命から逃れられる幸運な人もいるが、にもかかわらず今生きている私たちのうちの大部分が人生の途中のどこかで体調不良に苦しむ。多くの場合、そうした苦痛はひどくつらい。死の間際であってさえもである。長年にわたって生まれつきの虚弱体質に悩んでいる人もいる。私たちは**皆**、死に直面しているのである [20]。私たちはたまに、あら

---

(20) ここでは死が害悪であるという一般的な見解を仮定している。この見解に対してはたくさんの古典的な哲学の著作で異議が申し立てられているが、それらについて私は（ごくかいつまんで）第7章で考察する。死は死にゆく人に害悪をもたらしていないと考えている人は、単に私の考える害悪のリストから死を除外してくれればよい。

37

ゆる新生児を待ち受けている害悪について深く考えてしまうことがある——苦痛や失望、不安、悲嘆、そして、死。どんな子どもについても、それらの害悪が起きた時どうなるのか、それらの害悪がどれほどひどくなり得るかを予期することはできない。しかし、そうした害悪が少なくとも複数生じるだろうと私たちは確信できる[21]。そんなことは存在していない人には生じない。害悪を被るのは存在している人だけなのだ。

楽観主義者はすぐに私の説明が不十分だと指摘するだろう。悪いことだけでなく良いことも、存在している人にのみ生じるのである。快楽、喜び、そして満足は、存在している人だけが獲得することができる。従って、とおめでたい人々は言うだろう、私たちは人生における害悪に対して人生における快楽を比較しなければならない。快楽が害悪に勝っている限り人生は生きる価値がある。この見解からすれば、そのような人生に存在してしまうことは利益なのである。

快楽と苦痛の非対称性

しかしながら、こうした結論にはならない。というのも、害悪(例えば、苦痛)と利益（例えば、快楽）の間には決定的な違いがあり、その違いから存在には優れている点は全くなく、存在は不利な立場にあるということが言える。非存在と比べてそうなのである[22]。害悪と利益の典型的な例として苦痛と快楽について考察してみよう。まず以下に異論はないだろう。

（1）苦痛が存在しているのは悪い、
　　　更に
（2）快楽が存在しているのは良い。

---

[21] 存在してしまった直後に死ぬ人だけがこうした害悪のほとんどを免れているが、どうしたって死は免れない。

[22]「非存在」という語は何重にも曖昧である。その語は決して存在しない人にも当てはめられるし、今現在の時点で存在していない人にも当てはめられる。後者の場合は、更に、まだ存在していない人と、もうすでに生きてはいない人に区別できる。ここでの文脈においては、私は「非存在」という語を絶対に存在しない人を指して用いている。ファインバーグが論じるには、まだ存在していない人ともうすでに存在しない人は害悪を被る可能性がある。私はその見解を採用する。私がここで述べなければいけないことは、絶対に存在しない人にだけ当てはめられる。

第 2 章　存在してしまうことが常に害悪である理由

しかしながら、このような対称的な評価は、快楽と苦痛が**存在していないこ
とには当てはまる**ようには思われない。というのは、以下のことが真である
という強い印象が私にはあるからだ。

(3) 苦痛が存在していないことは良い。それは、たとえその良さを享受し
ている人がいなくとも良いのだ。
その一方で
(4) 快楽が存在していないことは、こうした不在がその人にとって剥奪を
意味する人がいない場合に限り、悪くない。

ここで、どうしてその良さが誰にも享受されないのに苦痛が存在していない
ことが良いことであり得るのか、と問われるかもしれない。存在しない苦痛
は、それがその人にとって良いことであるようなその人がいない場合、誰に
とっても良いことにはなり得ないと言われるかもしれない。だが、それでは
(3) を退けるやり方としては拙速過ぎる。
　(3) において下されている判断は、存在するもしくは存在しない**ある人
物の（可能的な）利害に鑑みて**、なされている。この判断に対し、(3) はこ
うした人が決して存在しないシナリオの一部であるから (3) は存在してい
る人物に関しては何も言い得ない、と反論されるかもしれない。この反論は
間違っている。何故なら実際に存在している人が決して存在しなかったとい
う事実に反するケースについて (3) は述べることができるからである。存
在している人の苦痛に関して (3) が言っているのは、たとえそれが今その
苦痛を被っている人の不在でしか達成し得ないとしても、この苦痛が存在し
ていなければ良いだろう、ということである。言い換えると、今現在存在し
ている人の利害で判断されるとすれば、たとえその人がその時に存在しなく
なっていても、その苦痛が存在しないことは良いことだということである。
次に考えて欲しいのは、決して存在していない人の苦痛の不在に関して (3)
は何を述べているのか、ということである――つまり、存在し得る人物を現
実のものにはしないことで確保される苦痛の不在に関して (3) は何を述べ
ているのか、ということである。主張 (3) が言うのは、この苦痛の不在は
別の可能性において存在してしまっているだろう人の利害で判断される場合
に良いことだということである。存在してしまっているだろうその人が誰な

39

のか私たちは知らないかもしれないが、存在してしまっているだろうその人が誰であれ、彼もしくは彼女の存在し得る利害で判断される時、彼もしくは彼女の苦痛を回避することは良いことだとは言える。存在してしまう可能性はあったが存在していない人**にとって**苦痛が存在していないことが良いことだということに何らかの（明らかに厳密でない）意味があるのならば、こういうことなのである。明らかに（3）には、存在していない苦痛が良いものであるとする現実の人物が存在する、という文字通りに不合理な主張が必然的に含まれているわけではないのだ[(23)]。

　（3）と（4）の間の非対称性を擁護すると、その非対称性に無視できない説得力があるということを示すことができる。その非対称性は、少なくとも四種類の別の非対称性を説明し、それらは実に妥当なのである。疑い深い人はこの非対称性が導く先を見てそれら別の非対称性の妥当性に疑問を持ち始めるかもしれないし、（上述の非対称性を超えて）これらの非対称性を擁護するどんな議論が提示できるのか知りたがるかもしれない。私がそのような擁護する議論を提示すれば、疑い深い人はそれらを更に擁護する考察の提示を求めるだろう。あらゆる議論には正当化の終わりがある。私の結論が否定されるのが自明であると思っている人を説得しようと望むことはできない。私が示せるのは幾つかの妥当な見解を受け入れた人は私の結論へ導かれるのだということだけである。それらの妥当な見解というのには四種類の別の非対称性が含まれている。それらの要点を今から説明しよう。

　まず（3）と（4）の間の非対称性は次の見解の最も良い説明となる。苦痛を被る人々を存在させることを避けるのは義務であるが、幸福な人々を存在させる義務はないという見解である。つまり、苦痛を被る人々を存在させない義務があるのだと私たちが考えるのは、そうした苦痛が存在していることは（苦痛を被っている人にとって）悪いことだろうし（苦痛が存在していないことを享受する人が誰もいないとしても）その苦痛が存在していないことは良いことだからなのだ。これに対し、幸福な人々の喜びはその人たちにとっ

---

(23) 快楽の不在について（論理的に）対称的な主張をする人もいる**だろう**――つまり、存在しているか存在していないかのどちらかである人の（存在し得る）利害で判断される場合、快楽が存在していないことは悪いという主張である。だが、こうした対称的な主張は論理的に可能ではあるが実際には間違っていることを（4）が示唆している。（4）の説明は後回しにする。ここでは（3）がつじつまの合わないものではないということを明らかにすることに集中したいからである。

て良いだろうが（その喜びを奪われる人が誰一人として存在していないだろうという場合は）そうした喜びが存在していなくてもその人たちにとって悪いわけではないという理由で、そうした幸福な人々を存在させる義務は全くないと私たちは考えるのだ。

　子作りの義務に関する見解について、別の説明の仕方もある——（3）と（4）の非対称性に関する私の主張には依拠しない説明の仕方がある——と反論する人がいるかもしれない。私たちには苦痛を被る人々を存在させることを避ける義務はあるが、幸福な人々を存在させる義務がないのは、私たちには害悪を避けるという消極的な義務はあるが、反対に幸福を生みださねばならないという積極的な義務はないからなのだと主張する人もいるかもしれないということだ。こんなふうに、私たちの子作りをする義務に関する諸々の判断は、他のあらゆる義務に関する諸々の判断と変わりはないのである。さて、私たちにはどんな積極的な義務もないと主張する人々にとって実際この話は、私が提示してきた話のまた別の説明になっただろうと思う。しかしながら私たちには積極的な義務があると正に考えている人たちの中で、その積極的な義務には幸福な人々を存在させる義務も含まれていると考えている人はわずかしかいない。

　今度は、積極的な義務を**実際に**受け入れている人であっても、たいていはそこに幸福な人々を存在させる義務が含まれるとは考えないのはなぜか、別の説明もあると言われるかもしれない。普通は、自分たちが重大な犠牲を払ってでも多くの喜びを作り出す積極的な義務はないと考えられている。子どもを持つことに（少なくとも妊婦において）重大な犠牲が必要な場合、このことは、非対称性の話ではないが、幸福な人々を存在させる義務があるわけではないということの一番の説明となる。

　もっとも、この説明には問題がある。そのような犠牲がなくて良い場合は、私たちは幸福な人々を存在させる義務を持って**いただろう**ということが否定できないのだ [(24)]。つまり、もし私たちが幸福な人々を私たち自身に降りかか

---

(24) もしくはそうした犠牲が現にあっても、その犠牲が幸福な人々を存在させる義務をなしにしていいほど大きいと考えられない場合も否定できない。犠牲がどれだけ大きければ積極的な義務をなしにしてよいのかという問題は、複雑で熾烈な論争を巻き起こすがここでは考察しない。ものすごく大きな犠牲がないと、この義務をなしにしてはならないと思っている人は少なくない。例えば Singer (1993)。なお私たちの積極的な義務の程度についてのシンガーの結論はラディカルに反直観的であるにもかかわらず、その反直観性が彼の立場への反論として十分だと通常

る大きな代償なしに生み出すことができるのであれば、そのような人々を生み出さないことは誤りだろうということだ。しかしこれは、今話している義務があらゆる点を考慮した義務であるということを前提にしている。けれども、存在するかもしれないがまだ存在していない人々の利害が、場合によっては無効化できる、その人々を存在させる義務を根拠づけることなどできるはずがない。別の言い方をすると、子作りの（あらゆる点を考慮した）義務の非対称性は、また別の非対称性——子作りの道徳的**理由**の非対称性——に基づいているということだ。この非対称性は、私たちは存在するかもしれないがまだ存在していない人々の利害に基づいて [25]、不幸な人々を生み出すことを避ける強力な道徳的理由を持っているが、幸福な人物を生み出す（存在するかもしれないがまだ存在していない人々の利害に基づいた）強力な道徳的理由は全くないというものだ [26]。従って、犠牲の大きさが他の積極的な義務とは連関する可能性はあるが、幸福な人々を存在させる義務と言われているものに関して犠牲の大きさを考慮することに現実的に意味はない。

　（3）と（4）の間の非対称性に関する私の主張の擁護の二つめはこうだ。子どもを持つための理由として、その人が持っているその子どもがそれによって益されるだろうからというのは（支離滅裂なわけではないにせよ）おかしいことだが [27]、一方、子どもを存在させることを避ける根拠として、存在するかもしれないがまだ存在していない子どもの利害を引き合いに出すのはおかしいことではない。もし子どもを持つことがそのことによってその子どもを益するために為されるのであれば、万人とは言わないまでもたくさんの人が比較的たくさんの子どもを持つことに非常に強い道徳的な理由があっ

は考えられていない点に注目したい。それでも奇妙なことに、私の結論を、背理法的に、私の議論が間違っていることを示す**反証**として扱うことは全然ためらわれていない。このことについては第7章で更に述べる。

(25) この道徳的な理由（もしくは義務）は存在するかもしれないがまだ存在していない人々の利害に基づいているというのは重要な条件である。幸福な人々を生み出す理由を私たちは持っているのだという主張が妥当だと思う人たちは、非人格的な考察によってその意見を強くしがちである——例えば世界にはより大きな幸福があるのだ、とか。しかしこうした考察は、存在するかもしれないがまだ存在していない人々の利害とは関係がない。

(26) マクマーンはこう述べている。「単にある人の人生が多くの良いことを含むだろうからといって、その人を存在させる強力な道徳的理由は全くないという見解……は、非常に直観に適っていておそらく退けるのは不可能だ（McMahan (2002): 300）」

(27) 言い換えれば、ある人がその子どものためにその子どもを持つことができると言うのは奇妙だということ。

たことだろう。これに対して、苦痛を被るかもしれない、存在するかもしれ
ないがまだ存在していない子どもの幸福に対する私たちの関心は、子どもを
持た**ない**ことを選択するための健全な根拠となる。喜びが存在していないこ
とが悪いことだったら、それを悪いとする誰かがいるかどうかに関係なく、
子ども自身のためにその子どもを持つことはおかしくはなかっただろう。そ
して、苦痛が存在しないことは、その非存在が誰かにとってのよいことであ
るのではない場合でも、よいことであるということ、もしもこのことが真実
でなかったとしたら、私たちは苦痛を被る子どもを存在させることを避ける
のが良いことだと言うことはできなかっただろう。

　(3) と (4) の間の非対称性の三つめの擁護は、今回は私たちが回顧的に
判断を下す際の関連した非対称性からもたらされるだろう。人々を存在させ
ることと同じく人々を存在させないことは悔やまれ得る。けれども私たちの
選択次第で存在する人の**ためにとなると**、人を存在させることだけが悔やま
れ得るのだ。これは存在させられていない人々が不確定だから**ではない**。そ
うではなくて、彼らは決して存在しないからなのである。不確定だが存在し
てはいる人物のために、利益が彼もしくは彼女に授けられないということを
悔いることはできるが、決して存在しておらず故に奪われるということのな
い人物のために、こうした決して存在していない人物が決して経験しない良
いことを悔いることはできない。人は子どもを持たなかったことで悲嘆に暮
れることがあるかもしれないが、それはその人が持ち得た子どもがその存在
を奪われてしまったからではない。子どもを持っていないことに関する悔恨
は、私たち自身に対する悔恨——自分が出産と養育という経験をし損なって
しまっていることへの悲しみ——なのである。その一方で私たちは不幸な人
生を持つ子どもを存在させてしまったことをその子どものためを思って、同
時に自分自身のためにもだとしても、実際に悔いる。誰かを存在させなかっ
たことを嘆き悲しまないのは、快楽が存在していないことが悪いことではな
いからである。

　最後に、(3) と (4) の間の非対称性の擁護は (a)（遠く離れた）苦痛と (b)
地球もしくは全宇宙の中で人類が住んでいない部分についての非対称的な判
断に見られる。確かに私たちは、苦痛に彩られた人生を生きている異国の住
民のことを思うと、少なくともその人たちのことを考えている間は、悲しく
思うわけだが、人の住んでいないある島のことを耳にしても、もし存在して

いたらその島に住んでいたであろう幸福な人々のことを思って同じように悲しくなったりはしない。同様に、火星に住んでいない人のことを思って本当に悲しくなる人は誰もいないし、そのような可能的な存在者が人生を楽しめないことを悲しく感じる人は誰もいない[28]。けれども火星上に感覚のある生命がいて、その火星人が苦痛を被っていると知るとしたら、火星人のためにそのことを残念に思ったことだろう。火星人たちの正に存在を私たちは残念に思っただろうということをここで強く主張する必要はない（可能ではあるが）。私が主張している非対称性を擁護するには、火星人たちの人生の**中にある**苦痛を私たちが残念に思ったことだろうという事実で十分なのである。ポイントとなるのは、私たちは存在してしまうことがあり得た人の苦痛を残念に思うが、その人々の快楽が存在しないことを残念に思いはしないということだ。

　ここで、私たちが存在してしまうことがあり得た人の快楽が存在しないのを残念に思いはしないのと正に同じように、存在してしまうことがあり得た人の苦痛が存在しないのを私たちが喜ぶことはないと反論されるかもしれない。というのは、もしそうだとすれば、私たちは存在する可能性のある人々全員のうち一度でも現実に存在する人がどれほど少ないのかを考え、またそれ故にどれくらいの量の苦痛が避けられるのかを考え、避けられる苦痛の量に大喜びするべきだからである、と反論は続く。しかし、喜ぶことと残念に思うこととを対照的だと考えるのは妥当ではない。私たちは遠く離れた他者の苦痛を少なくとも彼らのことを考えている時に残念に思うわけだが、通常私たちはそのことでダメになるほど憂鬱になることはないのだ[29]。それ故重要な問いとなるのは、私たちが苦痛がないことに——憂鬱とは逆の——喜びを感じるかどうかではなく、苦痛がないことは残念に思うようなことと逆

---

[28] 大抵の人が火星上の存在していない生命に関して考えもしないということは、意識されてはいないが明らかなことだ。こうした問題を考えさせると、自分は火星人の喜びが存在していないことを残念に思うと主張する人たちも出てくるだろう。彼らがそう主張しようとしまいと、存在していればそうした喜びを享受しただろう（存在していない）火星人のことを思って、それをどうやって残念に思えばいいのかは私には分からない。だがしかし、一旦自分たちが残念に思わないと非対称性が擁護され、結果、存在してしまうことは常に害悪であるという結論も擁護されるということに気が付くと、自分はその火星人のことを本当に残念に思っているのだと言い始める人々がどうして出てくるのかは興味深い。とはいえ、そうしたことを言えるかということと、それがまともに意味をなすかということは、全く別問題である。

[29] より著しい反応を私たちがしないのはおそらく心理学的な防衛機能のおかげだろう。

第 2 章　存在してしまうことが常に害悪である理由

のもの——私たちが「歓迎される」とか端的に「良い」とか呼ぶだろうもの——なのか、という問いである。これまで示唆してきたようにその問いへの回答はイエスである。苦痛がないことが決して存在しないことの良い特徴の一つなのかと問われたら、私たちはそうだと答えなければならないだろう。

　（3）と（4）の間の非対称性が四種類の別の非対称性を説明するということをここまで私は示してきた。これらの他の非対称性が広く承認されるなら、（3）と（4）の間の非対称性も広く受け入れられると考えて良い根拠となる。大衆は間違え得るし、よく間違えるので、以上の説明が、その非対称性が真実であることの確実な証拠になるわけではない。しかしながら、私のこの出発点に幅広いアピール力があることを示してくれてはいる。

　（3）と（4）の間の非対称性によって擁護される判断は例外なく共有されるものではない。例えば積極的な——苦痛を最小限にすることにばかりでなく喜びを最大限にすることにも関心を持っている——功利主義者は更なる可能な快楽が存在していないことを、たとえそうした快楽を奪われた人が誰一人いないとしても嘆き悲しむ傾向があるだろう。積極的な功利主義者の見解からすれば、人を存在させることに幸福を増加させる可能性があるなら、そうする義務**はある**のだ。このことは、積極的な功利主義者たち全員が（3）と（4）の間の非対称性に関する見解を退け**なければならない**、ということを意味してはいない。その非対称性に共感している積極的な功利主義者は、（i）（現に存在しているか、その人がそう選択したわけでもないのに存在するだろう）人々の幸福を促すことと（ii）人々を生み出すことで幸福を増加させることとの間に、ある違いを設けるだろう。これは（i）人々を幸福にすることと（ii）幸福な人々を生み出すこととの間の違いとして今日では有名である。この違いを設ける積極的な功利主義者は積極的な功利主義を貫き、（i）だけが倫理の要請するものなのだと判断するだろう。これはより優れた積極的な功利主義と言える。誤って（ii）も同様に倫理の要請するものなのだとしてしまうと、幸福の価値が最重要となり、個々人の価値は幸福の価値から派生すると想定することになる。だが、更なる幸福をもたらしてくれるから人々には価値がある、というのはおかしい。そうではなく、更なる幸福に価値があるのは、それが人々にとって良いものだから——つまり、更なる幸福は人々の人生をより良くしてくれるからなのだ。そう考えないと人々を幸福を生み出すための単なる手段だと考えることになってしまう。もしくは

45

よくある別のイメージを使うと、幸福を入れる単なる器だと個々人をみなすということになる。しかし、自分の中にどれほどの価値ある中身が入っているかに無関心な単なる器と違って、一個人は自分がどれほどの幸福を持っているかを気にする。

　今までの私の論が妥当であれば、害悪と利益の間の非対称性に関する見解は説得力がありその影響も広範囲に及ぶ。害悪と利益の間の非対称性を考慮に入れて、存在してしまうことが常に害悪であるということがどのようにして導かれるのかを明らかにすることで、私は議論を進めていく。結論の章（第7章）では、その非対称性がどこへ導いてくれるのかを考えた時に、存在してしまうことが常に害悪であるという結論を受け入れるどころか放棄するだろう人々が行う反論を考察しようと思う。それはその非対称性を放棄することよりも私のこの議論の結論の方がより反直観的であるという反論であり、そしてそれ故にどちらかを犠牲にしなければならないのであれば、犠牲にすべきは非対称性の方だということになる。私はこの反論については最終章まで議論せずに残しておく。というのもこの反論は、今のところの私の結論のその反直観性にだけ向けられているわけではなく、私が次の章で論じている他の反直観的な結論にも向けられているからである（この反論に取り組んでいる箇所を待ちきれない人は第7章の一番初めの節――「反直観的であるとする反論に反論する」――を先に読んで下さい）。

　私が擁護してきた非対称性を前提に、存在してしまうことが常に害悪であるのは何故なのかを明らかにするためには、Xが存在するシナリオAとXが決して存在しないシナリオBという二つのシナリオを比較する必要がある。この比較は、すでに述べられた考えを加えて、以下の図で表される（図2-1）。

　私が正しければ、（1）が「悪い」で（2）が「良い」ということには議論の余地がない。しかしながら、先に述べられた考察に従うと（3）も「良い」なのである。たとえその「良い」を享受する人が誰一人存在していなくても。ただし（4）は「悪い」ではない。というのも存在していない利益を奪われている人なんて誰一人いないからである。

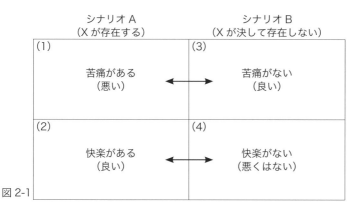

図 2-1

これまでの非対称の擁護にもとづき指摘しておくべきなのは、少なくとも一般的に受け入れられている重要な判断を維持しようとするなら、(3) と (4) を評価する別の方法を採り、苦痛と快楽との間の対称性を保とうとしても、必ず失敗するということである。そういった第一のオプションは 図 2-2 のようになる。

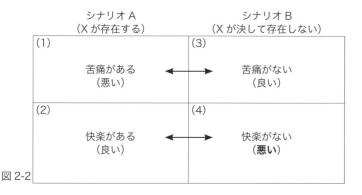

図 2-2

この場合、対称性を保つために快楽が存在していない (4) は「悪い」とされている。こうした判断はあまりに無理がある。何故ならシナリオ B において快楽が存在していないのが「悪くはない」ではなく「悪い」のならば、その時私たちは、X のことを思って、X が存在してしまわなかったことを当然残念に思わなければならないからだ。だが、それは残念に思えるようなことではない。

47

快楽と苦痛を対称的に価値評価する二つ目の方法は、図 2-3 のようになる。

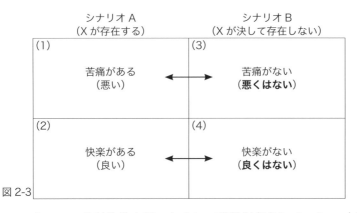

図 2-3

このケースでは対称性を保つために、苦痛が存在していない (3) が「良い」ではなく「悪くはない」とされている。また、快楽が存在していない (4) が「悪くはない」というよりはむしろ「良くはない」とされている。ここで「悪くはない」は「良い」に等しく、「良くはない」は「悪い」に等しいとする解釈もあるだろう。しかしそう解釈してしまうと図 2-2 と同じになり、図 2-2 と同じ欠点を持っていることになってしまい、わざわざ新しい図を出した意味がなくなる。従って「悪くはない」ということは、図 2-3 において「悪くもなければ良くもない」という意味でとらなければならない。しかしながら、このように解釈するとあまりにも説得力がなさ過ぎる。存在に含まれる苦痛を回避することは単に「悪くはない」のではなくそれ以上のものである。それは「良い」。

快楽が存在していないことを「良くはない」とみなすのも、示している内容が薄過ぎて説得力が全然ない。勿論、快楽が存在していないことを私たちは「良い」とは呼ばないだろう。だが快楽が存在していないことで何かを奪われる人がいないのであれば、快楽が存在していないことは「悪くはない」のか、それとも「悪い」のかが重要な問題になる。その答えは、私の考えでは「良くはなく悪い」ではなく「良くもなければ悪くもない」である。「悪くはない」は「良くはない」より情報量の多い価値評価〔informative evaluation〕なので「悪くはない」としておきたい。しかしながら「良くはない」に拘っても、それで対称性を取り戻すことはできないだろう。苦痛が「悪い」

で快楽が「良い」だが、苦痛が存在していないことが「良い」で快楽が存在していないことが「良くはない」場合、快楽と苦痛の間には対称性はない。

存在することと決して存在しないことを比較する

図2-2、図2-3があり得ないと分かったところで、もともとの図2-1に戻ろう。存在することと決して存在するようにはならないことにどんなメリットやデメリットがあるのかをはっきりさせるために（1）と（3）を、更には（2）と（4）を比較する必要がある。（1）と（3）の比較で非存在は存在よりも良いことが分かる。非存在には存在よりもメリットがある。しかしながら（2）と（4）の比較では、存在者の快楽は「良い」としても非存在を上回るメリットにはならない。何故なら快楽が存在しないということは「悪い」わけではないからである。「良い」には非存在よりもメリットがあると言うには、快楽が存在しないことは「悪い」としなくてはいけなかっただろう。

これに対し快楽の感覚は中立の状態より良いという理由で、「良い」には「悪くはない」より利点が**ある**という異論があるかもしれない。しかしながら、この異論には根本的な誤謬がある。その誤謬は、シナリオBにおける快楽の不在があたかもシナリオAにおける快楽の不在と同じように扱われている点にある——ある可能性が私の図では反映されていないが、それは非対称性に関して私が自分で述べた（4）の説明の中に含意されている。そこで私は、快楽が存在していないことは悪くはない、**この不在が誰かからの剥奪になってしまうような誰かがいない限りは**、と述べた。ここで含意されているのは、喪失や剥奪によって快楽が存在していないことは悪であるということだ。言うまでもないが、今私が、快楽が存在していないことは悪だと述べる時、私は、苦痛が存在していることは悪だというのと同じ仕方で、快楽が存在していないことが悪であると述べているわけではない[30]。言いたいのは、快楽が存在していないことは（内在的というよりはむしろ）相対的に悪いということなのである。言い換えれば、快楽が存在していないことは、快楽が存在していること**よりも悪い**のである。しかしそれはXがシナリオAにおいて存在しているから成り立つ。奪われる快楽をXが持っていたならその方が良かっただろう。快楽を感じている精神状態の代わりに、Xは中立の心の状態

---

(30) 快楽が存在していないことがここの意味で悪であると言えるのは、快楽が存在していないことが現実に苦痛を伴うものである場合だけである。

を持っている。対照的に、シナリオ B において快楽が存在していないことは、誰かしらの中立の心の状態ではない。それは誰かしらの精神の状態ではどうしたってない。シナリオ A において快楽が存在していることはシナリオ A において快楽が存在していないことよりも良いのだけれども、シナリオ A において快楽が存在していることはシナリオ B において快楽が存在していないことよりも良いということはないのである。

　このポイントは次のように述べても良い。それが剝奪となるような「快楽の不在」が悪いのだと述べている時、内在的な悪については全く述べていないのと同じように、それが剝奪とならないような「快楽の不在」について述べている時、内在的な「非悪」——中立状態——について述べているわけではない。それが正に剝奪となる「快楽の不在」が「比較すると悪い」という意味で「悪い」のと同じように、それが剝奪とならない「快楽の不在」は、「比較すると悪くはない」という意味で「悪くはない」。快楽があることよりも悪いわけではないのである。とすると、快楽があることは比較的良いというわけでもなく、それ故、快楽があることはそれが剝奪とならない「快楽の不在」よりも利点があるわけではないということになる。

　何故（4）より（2）に利点があるわけではないのかをなかなか理解することができない人もいる。その人たちには次の比喩を考えて欲しい。ただし、この比喩は二人の存在している人物の比較を含んでいるので、**そういう**意味では存在と非存在との比較の喩えになっていない。しかしそれにもかかわらずこの比喩は有益だろう。S（Sick ＝病気さん）は発病しやすい。また彼にとって幸運なことに体質的にすぐに快復はする。H（Healthy ＝健康さん）は、すぐに快復する能力はないが、病気には**絶対にならない**。S にとって病気になっていることは悪くすぐに快復するということは良いことである。H が病気に絶対にならないことは良いことだが、すぐに快復する能力がないことは悪いことではない。すぐに快復する能力は、S にとっては良いものだが、S が H に優る真の利点ではない。何故なら、そうした能力がないことは H にとって悪いことではないからである。逆に、そうした能力がないことは H にとって何の喪失でもない。H は、H が S の快復力を持って存在していた場合よりも、悪いというわけではない。S は、すぐに快復する能力を欠いて自分が存在していた場合より良いということは言えるが、兎にも角にも S が H よりも良いということにはならない。

この比喩は偏っていると反論されるかもしれない。病気さんよりも健康さんの方が良いのは明らかである。私がその比喩を決して存在しないことと存在することそれぞれを喩えたものとして扱っているのであれば、私は自分に都合の良い結論へと向かうように議論を偏らせているのだ、という反論である。だがこの反論が問題なのは、この反論自体独立したものとしてどんな比喩にも向けることができるということだ。どんな比喩でも大事なのは、事態が分かりやすくなる（HとSのような）ケースを見つけることであって、それによって、議論となっている（図2-1におけるシナリオAとシナリオBのような）ケースに光を当てることなのである。その場合、偏っていることは核心的な問題ではない。そうではなく、問題にしなければいけないのは、この比喩が適切なものかどうかということだ。

適切な比喩ではないと考えられるかもしれない理由の一つは、（図2-1における）快楽が**内在的な**善であるにもかかわらず、一方ですぐに快復する能力は**手段的な**善であるということだ。ある人が別の人が持っている何らかの**内在的な**善を持っていないせいで不利益を被っているわけではないと示すことができて、かつ（HとSのような）存在している二人の人物を想定している比喩は考えつかないだろうと言われるかもしれない。実在する人物が何らかの善を持ってはいないけれどもそのせいで不利益を被っているわけではない明らかなケースは、その善が**手段的な**善であるケースだけだ。それ故、内在的な善と手段的な善との違いは重要だと考えられるかもしれない。

だが、これは説得力に欠けている。なぜなら、内在的な善が存在しないことは実在する人物しか登場しない比喩においても悪いと常に考えることができるのは何故かを説明する、もっと深い理由があるからである。そうした人物の存在を仮定すると、とにかく内在的な善がないことは、その人は何かしらが奪われているという特性を持つと常に考えられるだろう。実在する二人の人物を比較する比喩において、何ものも奪われていないことが想定できるただ一つの方法は、手段的な善を考慮することだけなのである [31]。(3)と(4)のおかげで、奪われるということの有無が決定的に重要であるということが

---

[31] シナリオAとシナリオBに関するどんな有益な比喩も、登場し比較される二人の人物は実在している人物でなければならないだろう。実在している人と実在していない人の両方が登場する比喩が、私たちが光を当てようとしているケースより分かりやすいということはないだろう。それ故、ある人物が実在している状態とその人が絶対に実在していない状態とを比較する比喩を考察する必要はない。

はっきりと分かるので、この比喩ではそうした特徴が吟味されるべきで内在的な善と手段的な善との違いは考えなくてよいということは実に正しいように思われる。

いずれにせよ、四つのうち（2）が「良い」で（4）は「悪くはない」ということを立証するものとしてその比喩が読まれる必要はない、ということを分かって欲しい。その非対称性については前節でもうすんでいる。そうではなくこの比喩は、非対称性はもうあるとした上で、（2）には（4）よりも利点がない一方、（1）には（3）と関係して不利な点があるのはどうしてかを明らかにするものとして解釈されるだろう。つまりこの比喩で、シナリオBはシナリオAよりも良いということが明らかになったわけだ。

最初に提示した図で（2）と（3）の比較と（4）と（1）の比較を行うという別の仕方でも、存在と非存在を比べて利点や不利な点を確認することはできる。存在することと存在しないことの両方に利益はある。存在者が自らの快楽を享受するのは「良い」。存在しないことで苦痛が回避されるのも「良い」。だがこのことはその図のほんの一部に過ぎない。決して存在してしまわないことに関して悪いことは何もないが、存在してしまうことに関して悪いことは何かしらあるわけで、それ故、あらゆる点を考慮しても、存在しないことがより良いように思われる。

今まで考えてきたことを振り返ると、おめでたい人々が行う費用対効果分析——（1）人生における快楽と（2）人生における悪とを比較考量する分析——は、存在することと存在しないことの望ましさの比較としては説得力がないということも認められる。おめでたい人々が行う快楽分析は多くの理由で間違っているのだ。

まず、彼らの分析は比較が間違っている。非存在が存在よりも良いかどうか（逆も然り）を決めたいと思うのならば、図の左右を比べなければならない。図の左右が二つの選択肢を、つまりXが存在しているシナリオとXが決して存在していないシナリオを表しているからである。図の左の上下を比較しても、シナリオAがシナリオBよりも良いか、逆にシナリオBがシナリオAよりも良いかはわからない。これは（3）と（4）が無意味だとする場合を除いてのことである。(3)と(4)を無意味だとする方法の一つは、それら各々が「ゼロ」であると評価する方法である。この想定においては、（2）が（1）よりも大きなものである場合、シナリオAはシナリオBよりも良いと考え

第 2 章　存在してしまうことが常に害悪である理由

られるだろう。言い換えれば、（2）から（1）を引いた時、その価値がゼロ以上になる場合ということである。だが、これは第二の問題を引き起こす。（3）と（4）をゼロと見積もることは、（3）には確かな価値などないと考えることであって、先に話していた非対称性の話と両立しないのである。（それでは図 2-3 の対称性を採用することになる。）

　（1）と（2）にだけ着目し（2）から（1）を引くことで、シナリオ A とシナリオ B のどちらがより良いのかを計算することの問題はまだある。それは、前述の「始める価値のある人生」と「続ける価値のある人生」の間にある違いを考慮していないように見える点である。おめでたい人々は（2）が（1）よりも大きいのであれば、存在は非存在よりも良いと言う。だがこの場合「非存在」で何が意味されているのだろうか？　「非存在」は「決して存在しないこと」もしくは「存在しなくなること［死ぬこと］」を意味しているのか？　（1）と（2）にだけ着目している人は、決して存在しないことと存在しなくなることの区別がついていないように思われる。彼らにとって、もし（2）が（1）よりも大きいのであれば人生は生きる価値があるが（すなわち、始める価値もあるし、続ける価値もある）が、そうでなければ人生は生きる価値がない（すなわち、始める価値はないし、続ける価値もない）。すでに言及したように、問題なのは「決して存在しないこと」と「存在しなくなること」とは当然区別すべきなのにしていないことだ。ある人生が続ける価値がなくなるには、始める価値がないと判断できる時の悪さ以上の悪さがなければならないはずだ [32]。シナリオ A は勿論シナリオ B を考える場合も、明らかにどの人生が始める価値があるのかについて考えている。どの人生が続ける価値があるのかを見極めるためには、X が存在しなくなる第三のシナリオとシナリオ A を比較しなければならないだろう [33]。

---

[32] シナリオ A だけを考察した場合、どんな場合に人生は「生きる価値がある」ことになり、どんな場合に「続ける価値がある」ことになるのかに関しては別の判断も**あり得る**。別の閾値を設けて判断するのである。つまり、人生が続ける価値があると言うのには（2）が（1）よりもかろうじて大きければよいが、人生が始める価値があると言うのには（2）が（1）よりも遥かに大きくなければならないというようにである。シナリオ A しか考慮しない人たちがそうすることはできるだろうが、彼らが実際にそうしているという証拠はない。だが、同じような判断をしているように思われる。いずれにしろこのように修正したとしても、その立場が私の挙げる他の反論に屈するのは変わらないだろう。

[33] シナリオ C と呼ぶことになるこの第三のシナリオでは、苦痛が存在していないことは「良いこと」で、快楽が存在していないことは「悪いこと」となるだろう。

最後に、人生の質、QOL は単純に良いことから悪いことを引くだけでは決定できないということも言っておきたい。次章のはじめの節で説明するが、QOL を評価することは良いことから悪いことを引くといったことよりも遥かに複雑なことなのである。

さて、図 2-1 で表されている非対称性を認めてシナリオ A とシナリオ B を比較する必要があると分かって頂けたものの、その比較によってシナリオ B が常にシナリオ A よりも良いという結論が導かれることには否定的な——つまり、存在してしまうことは常に害悪であるということに否定的な方もいるだろう。そういった方の展開する議論はこうである。プラスやマイナス（もしくはプラマイゼロ）の値を図の四つの部分それぞれに割り当てなければならず、存在してしまうことは常に害悪であることはないとしたい方々が最も合理的だと考えるやり方で割り当てると、存在してしまう方が良い場合もあることが分かる（図 2-4 を参照せよ）[34]。

	シナリオ A （X が存在する）	シナリオ B （X が決して存在しない）	
−	(1) 苦痛がある （悪い）	(3) 苦痛がない （良い）	＋
＋	(2) 快楽がある （良い）	(4) 快楽がない （悪くはない）	0

図 2-4

（1）は悪いからマイナスとすべきである。また、（2）と（3）は良いからプラスとすべきである。（私の推測では、（3）は（1）が悪いのと**同じ程度**良いとすべきだ。つまり、（1）＝－n であれば（3）＝＋n）。（4）は悪くない（し良くもない）から、当然プラスでもマイナスでもなく、プラマイゼロだ。

図 2-4 に値の割り当てを行ったところで、シナリオ A の値を決定するために（1）と（2）を足す。次にそれと（3）と（4）を足したシナリオ B の値とを比較する。こうすると（2）に（1）の〔絶対値で〕2 倍以上の値がある

---

(34) こういった反論をしてくれたロバート・セガルに感謝する。

第 2 章 存在してしまうことが常に害悪である理由

場合、シナリオ A はシナリオ B よりも良いと分かる[35]。しかし、これには問題が多数ある。例えば、次章のはじめの節で説明するが、QOL が高いかどうかは、苦痛に対して快楽がどれほどあるかだけでなく、苦痛が純粋にどれだけあるかということにもかかっている。苦痛がある閾値を超えると、快楽がどれだけあっても苦痛を相殺することはできなくなる。

しかし、図 2-4 が間違っているということを示すのに最良の方法がある。図 2-4 の理論を前述の H（健康さん）と S（病気さん）の比喩に当てはめればいいのである。

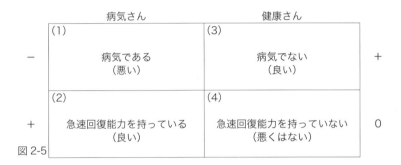
図 2-5

図 2-5 を見てみよう。(2) の値が (1) の〔絶対値で〕2 倍以上であれば、S であることは H であることよりも良いだろう。（思うにこれは、(2) によって取り除かれる S の苦痛の総計が、S が現実に被っている苦痛の総計の 2 倍以上である場合の話である。）だがこれが正しいわけがない。というのも、H であることは確かに**常に**相対的に良いからである（その H という人物は、決して病気には罹らないし、それ故、急速快復能力を持っていないことで不利益を被ることなんてない、といった人物なのである）。全体的なポイントは、(2) は **S にとっては**良いことではあるが、S が H に優る利点にはならないということだ。プラスの値を (2) に割り当て「0」を (4) に割り当てることで図 2-5 に関して分かることは、(2) は (4) よりも利点があるということなのだが、その利点は全然明白ではない。図 2-5 における値の割当は間違っているとすべきだが、となると図 2-4 における値の割当も間違って

---

[35] (2) が (1) の〔絶対値で〕丁度ぴったり 2 倍の価値を持っているのであれば、シナリオ A とシナリオ B の価値は同じになり、従って、存在してしまうことと絶対に存在してしまわないことのどちらも、より良くはなくなる。

55

いるとすべきなのである⁽³⁶⁾。

ここで、**正しい値の割当**とは何かと問われるかもしれないが、私はその問い自体に抵抗したい。何故なら、その問いは間違った問いだからである。図2-1 は、何故存在してしまわないことは常により良いのかを明らかにすることを意図した図である。存在してしまうことには、決して存在してしまわないことと比べて不利な点があり、一方、存在することのプラスの特徴には、決して存在しないことよりも利点があるわけではない、ということをこの図は明らかにしている。シナリオ B は常にシナリオ A よりも良い。それは、S であることよりもむしろ H であることの方が常に良いのとほぼ同じ理由でそうなのだ。図2-1 には、存在してしまうことが**どれほど**悪いことなのかという程度を決定する指標になることは意図されていないのである。

私が指摘してきたように、(a) 存在してしまうことは常に害悪であると述べることと (b) 存在してしまうことはどれほど大きな害悪であるのかその程度を述べることには違いがある。今までのところ、私は最初の主張だけを論じてきた。存在することの害悪の大きさは人それぞれ異なる。また、次章で論じるが、存在することの害悪は誰にとってもあまりに重い。だが、存在してしまうことは常に害悪であるという見解は是認しながらも、その害悪が大きいとは認めない人もいるだろうことは強調しなければならない。同様にもし存在することの害悪が大きくないと考える人がいても、そのことから存在することは存在しないことよりも良いと推論する人はいないだろう。

この認識は、私の論への想定され得るもう一つの反論をかわすために重要だ。私の論は、良いことで満ちていて悪いことがほとんど皆無に等しい人生でも――つまり、ちょっとしたピンで刺されたような痛みが混在しているだけの全くこの上なく幸せな人生でも――、人生がそもそも完全にないことより悪いということすら含意している。そんなわけない、それは信じ難いというのがもう一つの反論となる。(a) 存在してしまうことは害悪であるということと (b) 存在してしまうことはどれほど大きな害悪であるのかということの間の違いを理解すれば、どうして先の含意がそれほど信じ難いものではないのかが分かるようになる。たった一つの些細な鋭い痛みで損なわれた魅力的な人生を享受している人にとって、彼の人生は、決して存在しないこと

---

(36) 図2-5 における値の割当が、図2-4 に対する含意を持つということを、二つのケースの間の比喩が不適切なのに違いないということの証拠とみなすことは、これまた私の結論を回避することを当たり前のこととみなしているにすぎない。

を超える利点はないが、同じくらい喜ばしいのは確かだ。ところが、存在してしまうことはその一つの痛みという不利益な点を持つのだ。存在してしまうことは害悪であるということは否定せずに、存在してしまうことの害悪がちっぽけであると認めることはできる。存在してしまうことが害悪であるかどうかという問題は一旦脇に置いておいても、ある些細なチクッとする痛みが、大した害悪ではないにしてもそれが害悪であることを誰が否定するだろうか？　また、もし人がそうした痛みは害悪——つまり、もしその人生が始まらなかったのであれば、回避されてしまっていただろう害悪——だと認めるのであれば、たとえそれが大した害悪ではなかったとしても、一体どんな理由で人はそうした代償を払って始められた人生が害悪であるということを否定するのだろうか？　SとHの比喩についてもう一度考えてみよう。Sはたった一度だけ病気になる。それがちょっと頭が痛くなってすぐに治るということだとしても、Hであることの方がより良い（遥かに良いという程ではないにしても）。また、もしピンで一回刺されるだけの痛みしかないような想像上の人物の人生と同じくらいにあらゆる人生が苦痛から解放されているとすれば、その人が存在してしまうということによる（両親となるだろう人も含んだ）他者への利益が、存在してしまうことの害悪を容易に上回っていたことだろう。だが、現実の世界においては、こうした魅力的な人生に近い人生さえも存在していないのである[37]。

別の非対称性

　存在してしまうことが常に害悪だというために、快楽と苦痛は非対称的であるということを私は論じてきた。次の章で、この害悪が重いということを論じた後に、第4章では、子作りに関してこのこと全体が含意している事柄について論じようと思う。だが、今の段階で明白にしなければならないことがある。それは存在してしまうことは常に深刻な害悪であるという考えが、子作りに関して一つの問いを引き起こすということである。子作りは他の多くの点でも問題となるのだが、クリストフ・フェーイゲと[38]、シーナ・シフリンの議論に[39]、私の議論との興味深い類似点があるので取り上げたい。

　まずは、シフリンの議論から見てみよう。私が議論の中で暗に示している

---

(37) このことの含意を第4章（「子どもを持つこと」）で論じる。
(38) Fehige (1998):508-43.
(39) Shiffrin (1999):117-48.

利益と害悪の理解は、シフリンが彼女の議論において明示している利益と害悪の理解と似ている。彼女は利益と害悪を非相対的に理解している。つまり彼女は利益と害悪を、一つのものさしの両端だとか、そうした目盛りの上下だとかいうふうには理解していないのだ。そうではなく、利益と害悪を各々プラスとマイナスといった性質の絶対的な状態だと理解している。更に私の議論と同様に彼女の議論も利益と害悪の非対称性に訴えている。私が語る非対称性とは別の非対称性についてなのだが、ある人が本当はその反対のことを望んでいる証拠がない限りは、より大きな害悪を防ぐために、その人物により小さな害悪を与えるというのは問題がなく、ともすればしなくてはならないと彼女は言う。反対により大きな（純粋な）利益をもたらすために害悪を負わせることは悪いことになる[40]。従って、その人物に降りかかる、死といったより大きな害悪を防ぐために、意識を失っている人の腕を（同意無しに）折るということは認められ得ると私たちは考える（これは「救助のケース」である）。しかしながら、私たちは、より大きな何らかの利益を与えるために、その人物の腕を折ることに関しては非難するだろう。そうした利益といえば、例えば、「超記憶力や百科事典内の知識を使いやすいように蓄えることや新たな知的能力に値する20ポイント分のIQであったり、もしくは、副作用無しに大量のアルコールや脂肪を分解する能力[41]」のことである（これを「純粋な利益のケース」と呼ぶ）。

　あらゆる存在者が害悪を被るので、子作りは常に害悪を引き起こす。しかし、シフリンは「生みだされるということは人に利益をもたらし**得る**[42]」ということを（論証のためなら？）認めるにやぶさかではない。だが、今言った非対称性に従えば、私たちは利益を確保するために害悪を負わせてはいけないのである。相手のためになる何らかの利益を確保するという目的で私たちが害悪をもたらす正当性を、存在している人々は往々にして認めることがある。がしかし、私たちが存在させようとしている人々が生み出される前に彼らの承諾を得ることは私たちには絶対に不可能なのである。更に私たちは仮想上の承諾を想定することもできないのだ、とも彼女は論じている。これ

---

(40)「純粋な利益」という語句によって彼女が指しているのは、「害悪から免れることでもなければ、害悪を防ぐものでもない、単なる良いものとしての利益（Shiffrin (1999):124）」のこと。私が第3章で言及している内在的な快楽は「純粋な利益」の例となるだろう。他方で、私が言及している解放による快楽は「害悪から免れること」の例示となる。

(41) Shiffrin (1999):127.

(42) Shiffrin (1999):119.

には四つの理由がある[43]。第一に、私たちが彼もしくは彼女を生み出さない場合には当人は害悪を被らないから。第二に、存在することの害悪は耐え難いものであるかもしれないから。第三に、人生という害悪はかなりの代償を払わなければ逃れることはできないから。最後に、仮想上の承諾はリスクに対するその個人の価値観や姿勢に基づいてはいないから。

シフリンの議論と私の議論の間には興味深い違いがある。彼女の議論は、少なくとも表面上は、生きる上での良いことを非存在に勝る利点だとみなす可能性を排除してはいないのである（私が示そうとしているように、彼女の議論ではそうみなす必要はないのだが……）。彼女の見解では、存在者によって享受される快楽や他の良いことには非存在に勝る利点があるとしても、そうした良いことは私たちが存在するという代償を払ってまで手に入れるほどの利点ではない、ということになる[44]。

また、彼女の議論は私が支持してきた非対称性を基礎的なところで前提とはしていない。私たちはこのことを、図 2-1 における非対称性によっては特徴づけられていない、二つとも存在している人の場合の二つのシナリオを比較することで、理解することができる。一つは、害悪を代償とすることで純粋な利益が授けられるというシナリオである。もう一つは、純粋な利益を代償とすることで、害悪が回避されるというシナリオである。前述した図表のパターンを踏襲すると、図 2-6 のように示せるだろう。

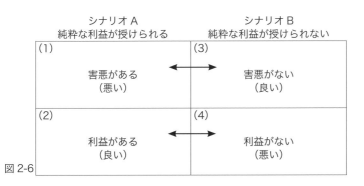

図 2-6

---

(43) Shiffrin (1999):131-3.
(44) もしくは、少なくともすすんで害悪の埋め合わせをするため以外には、そうした良いことが利点になることはない。シフリンは完全に子作りを認めないことに関してあまり論じたがらないが、他方、彼女の議論はこうした結論を実際含意しているように見えるし、彼女はその結論を採用しようとするだろう。彼女がはっきりと支持しているのは、子作りが「まぎれもなく道徳的に無害な試み」ではないという比較的弱い主張だけではあるが（Shiffrin (1999): 118）。

私が論じている非対称性はこのような場合には当てはまらないが、シフリンが論じている非対称性からすると、（2）を手に入れるために（1）をもたらすことに正当性はない。言い換えれば、私たちはシナリオBに優先してシナリオAの事態を引き起こしてはいけないのである（その人の承諾が無い場合は）。シフリンのようにシナリオAよりもシナリオBを優先させることが子作りの場合に適用されるとして、そこにも（私が論じてきた）非対称性は確かに当てはまるが、その優先付けは私の論じる非対称性に基づいているのではなく、むしろ彼女の論じる非対称性に基づいている。

　以上のことで、私の論じる非対称性がシフリンの議論と噛み合わないということを言っているわけでもなければ、両立しないということを言っているわけでも勿論ない。ここで分かるのは、少なくとも私が論じる非対称性にある一つの特性は、害悪を引き起こして純粋な利益を授けようとすることに反対するという彼女の根拠によるよりも、シフリンの子作りに反対する主張を非常に強力にするということである。シフリンは、子作りは誰かしらを救助するために害悪を与えるケースとは異なることに注目する。何故異なるのかというと、「生まれることで与えられる利益が授けられない場合、存在していない人間はそうした利益がないことを経験しないだろう」からである。そうした観点から害悪という代償について考えたとき、子作りは救助のケースと異なるだけでなく、純粋な利益を授けることになるケース、つまり子作りをしないケースとも異なるのだとシフリンは付け加えても良かっただろう。ここで暗黙の裡に認められているのは、誰かしらが存在させられていない場合に利益が存在しないことは悪ではないということである（図2-1の（4））。シフリンが図2-1の（3）に関する主張――誰かしらが生み出されていない場合害悪が存在していないことは良い、という主張――をどう見ているのかはあまり明白ではない。だが思うに、その主張は子作りに反対する彼女の議論を強力にするだろう（彼女は自分の議論を強力にしようとは思っていないように見受けられるのだけれども）。害悪が存在していないということが、単に悪くも良くもないことではなく良いことであるとしたら、子作りを擁護するのはますます難しくなる。

　シフリンの議論に対する応答として、これまで、純粋な利益のケースを説明するのに彼女が論じている非対称性は必要ないという異議が唱えられてきた――純粋な利益のケースとは、害悪という代償を払って何らかの利益が授

けられるケースのことだ。シフリンが説明する純粋な利益のケースでは、権利が（その人の同意なしにその人の腕を折ってしまうことで）侵害されている人がいるのであって、**このことが**なぜ純粋な利益が与えられてはならないかの説明となると示されてきた[45]。そうした利益は害悪を被らない権利を侵害することによって授与されるしかない。この議論だと、少なくとも結果的に生じる生が「生きる価値のある」生である限りは、子作りのケースにおいては誰の権利も侵害されないということが暗に仮定されてしまう。

　生み出された人物の権利を子作りが侵害しているということを退けるのに必要なありふれた根拠の一つは、子作り以前にはその人物は存在しないし、それ故に生み出されないという権利を請け負う人物は全く存在し得ないというものである。しかしこれは、権利を帰属させる議論としては限定的過ぎるだろう——子作りの特別な特徴を無視した議論だ。本章のはじめの節で論じたように、誰かしらが存在してしまうことで害悪を被り**得る**のであれば、そうした種類の害悪から身を守る権利は特殊な権利なのだと論じることができよう——その権利が侵害された場合のみその権利を持つ人間がいる、そのような特殊な権利なのである。言い換えれば、もしある行為の結果として不当に害悪を被る人物が存在している場合、人はその行為をすることで権利を侵害するということになると言えよう。これは通常の種類の権利ではないと私も認めはする。しかし、存在してしまうことは通常のケースではないのである。もしそのような権利を理解できるのであれば、存在しないという権利なんてものは全くないということが、ある人物が不当に害悪を被っているという主張に対する反論にはならないということが分かるだろう[46]。

　生み出されない権利には論理的な問題はないということに同意してくれる人であっても、シフリンが擁護したいと願っている（不適当な）非対称性を、純粋な利益のケースでは支持できていないと更に論じるかもしれない。というのも、現実には二種類の純粋な利益のケースがあるからである（それらを彼女は区別していないが）。一種類目は、自律した存在者のケースである。自律した存在者は、それが自分たちの利益になるとしても、承諾なしに

---

[45] Wasserman (2004): 8.
[46] これについては勿論もっとたくさんの説明が必要だ。ここでは、ある返答の概要を素描したに過ぎない。存在しなくてよい権利があるということを証明することは私の目的ではない。そうではなく、存在してしまうことは常に害悪であるということを明らかにすることが私の目的なのである。存在してしまうという害悪を引き起こさない義務が私たちにはあると、後で私は論じる。

は傷つけられない権利を所有している。二種類目は、自律していない存在者のケースである。自律していない存在者は同様に上述の権利を（論理的に）持つこともある**かもしれない**が、彼らには（道徳的に）そんな権利**はない**とするのが妥当だろう。両親が子どものためを思って与えてしまう害悪には限度がある一方で、（利益と害悪両方を考慮した上で）子どもの最善を考えたとき、害悪を強制することが正当化されるだろうケースは明らかにある。子作りを擁護する人であれば、こう論じるかもしれない。確かに、より大きな利益を与えてやることになるとしても、自律した存在者に対しては同意なく害悪を与えてはならない。しかし、子どもに対してなら、あるいは、まだ生まれていない子どもに対してならなおさら、そうすることが許される場合がある、と。そのような批判にシフリンが答える場合は、私が論じている非対称性に訴えたり、彼女が暗に行っているように私が論じている非対称性の少なくとも一部に訴えたりすれば良い。存在させられることによって誰かしらの最善の利益が供給され得るということを否定することで、シフリンは子どもとまだ生まれていない子どもとの間に違いを出すことができ、そうして、まだ生まれていない子どものためを思ってなら人生におけるいくつもの害悪を両親はその子どもに与えても良いのだ、というパターナリズム的な反論を回避できる。私が論じてきたのは、まだ生まれていない人を現実に生まれさせることはその当の彼らのためにならない、ということなのだ。

　フェーイゲの議論はシフリンのものより更に私の議論に近いと言ってよい。彼は、彼が「反失望主義〔antifrustrationism〕」と呼んでいる見解が含意しているものを擁護した上で詳述している（しかし、その「反失望主義」という見解は、時折、その反対のもの、つまり「失望主義」のようなものだと思われてしまう）。この見解によれば自分の選好が充足した場合も選好が全く無い場合も等しく良い。それ故、悪いのは選好が充足しない場合のみである。言い換えると、ある人が持っているかもしれない願望をそれがどんなものであれ実現させることは良いことではあるが、そもそも願望が全くないことよりもその望みが実現していることの方がその人にとって良いというわけではないと、フェーイゲは主張しているのだ。例を挙げてみよう。以下のような場合を考えて欲しい。私たちが「シドニーのオペラハウスに一番近い木を赤く塗り、またケイトにはシドニーのオペラハウスに一番近い木が赤ければいいなあという願望を持つようになる錠剤を渡す[47]」としよう。これをす

---

(47) Fehige (1998): 513-14.

ることで私たちは何かしらケイトのためになっているということを、フェーイゲは否定しており、それは妥当だ。重要なのは人が願望を充足させることではなく、充足しない願望を持たないということなのだ。重要なのは失望の回避なのだ。図 2-7 が示すように、ここに隠れた非対称性がある。

シナリオ A 選好が存在する	シナリオ B 選好が存在しない
(1) 充足しない （悪い）	良い
(2) 充足する （良い）	

図 2-7

　反失望主義は、人を生み出さない方が良いだろうということを含意している。人々が自らの選好を充足させることは、その人々が存在していなくてそもそも選好が存在していないことよりも良いわけではないだろう。だが、その人々が選好を充足させなかった場合、——充足しないのはたくさんの選好のうちのいくらかであっても——その人たちが生み出されていない場合のそもそも選好が存在していない場合よりも悪いのである。(1) はシナリオ B よりも悪いが、他方 (2) はシナリオ B よりも良いわけではないのである。

　私が擁護してきた非対称性との関係性をより明確に示すために、図 2-7 をちょっと変えてみよう（図 2-8 を見よ）。

シナリオ A （X が存在する）	シナリオ B （X が決して存在しない）
(1) 選好が充足しない （悪い）	(3) （A において）充足しなかった選好が存在しない （良い）
(2) 選好が充足する （良い）	(4) （A において）充足した選好が存在しない （良い）

図 2-8

この表では、フェーイゲはそうしてはいないが（3）と（4）を私が勝手に区別している。彼は選好が存在していないことを一緒くたにしている。しかし、それを勝手に区別したところで彼の議論と相容れないようには思えない。またそこで私は（2）、（3）、（4）全てを「良い」としている。というのもフェーイゲによれば、選好が存在していないのも選好が充足しているのも「等しく良い」からである[48]。もしこれでフェーイゲを正しく読めているのなら、彼が論じている非対称性は、その結果——シナリオAはシナリオBよりも悪いという結果——が同じだとしても、私のものとはほんの少し異なっている。

　しかしフェーイゲを別様に読むこともできる。（2）とシナリオBが「等しく良い」と述べる時、彼が（3）と（4）を良いと述べているとは限らない。彼は（2）がシナリオBよりも良いわけではないということだけを考えているのかもしれないのだ。これは、正に私が、図2-1の（4）を「悪くはない」とした際に考えていたことと同じである。私が考えていたのは（4）が（2）より悪くはないということである。図2-8の（4）を「悪くはない」とすると一つ問題が生ずる。それはフェーイゲが（3）と（4）とを同等のものだと扱っているように思われるからであり、とすると（3）も「悪くはない」としなければならないということになる。もしこの（3）での「悪くはない」が（4）と同じことを指している——つまり「より悪くはない」——のであれば、（3）は（1）よりも悪くはないだろう。だがこれもまた、私が以前に指摘したように論証として弱いだろう。（3）は（1）よりも良い。するとそのかわりとして、フェーイゲが（3）と（4）を区別している時、彼は（3）と（4）を別々に理解しているのだと想定すればよい。彼は図2-8の（3）と（4）にある何らかの違いを意味する言葉として「悪くはない」を考えているのかもしれない。（3）に関しては、（1）よりも「より良い」ということを指しているだろうが、一方（4）に関しては、（2）よりも「より悪くはない」ということを指しているわけだ。こうした読みをすれば私たちは（3）を「良い」としてよいだろう。というのは、「良い」は「悪い」よりも（十分に）良いからである。このようにして、フェーイゲが論じる非対称性は私の論じる非対称性と同様のものであると解釈できる。

　これら二つの読みのうちどちらを採用するとしても（3）は（1）よりも良

---

(48) Fehige (1998):508.

64

いし、(4) は (2) よりもより悪くはない。同じことが図 2-1 にも当てはまる。どちらにせよ、存在してしまうこと（シナリオ A）は、絶対に存在するようにはならないこと（シナリオ B）よりも悪いのである。

存在していることを悔いないことに逆らって

　今まで全く誰一人として愛したことがないよりも誰かを愛し失ったことがある方が良いのだと（アレフレッド・テニスンを持ってきて）考える人がいるのだが[49]、そうした人たちは、存在してしまうケースにも似たような論を当てはめることができると思っているのかもしれない。その人たちは、最初から存在しないよりも、存在してなおかつ（人生の中で苦しんだり最終的に存在しなくなることで）何かを失ってしまうことの方が良いのだと言っているのかもしれない。私は、今まで全く誰一人として愛したことがないよりも、誰かを愛し失ったことがある方が実際に良いかどうかという問題に結論を出そうとは考えていない。たとえそうした主張が真実であるとしても、存在してしまうことについてはそれは何の影響も及ぼさないと十分に言える。何故なら、愛することと存在してしまうことは決定的に違うからである。誰一人として愛していない人物は愛すること無しに存在しているのであって、それ故そのことを奪われているのだと言える。私の説明ではそれは「悪い」。（それが誰かを愛し失うこと**よりも悪い**かどうかというのはまた別の問題である。）反対に、絶対に存在してしまわない人は何ものも奪われていない。私が論じてきたところでは、それは「悪くはない」。

　存在してしまうことが害悪であるというのは、ほとんどの人にとって受け入れ難い結論である。ほとんどの人は、正に当の自らが存在していることを悔いたりはしない。それどころか、自らの人生を楽しんでいるという理由で存在してしまったことを幸せに感じている人も多い。しかしそのような評価は間違っている。その理由を正に私は示してきたのである。人が自分の人生を楽しんでいるというのが事実だとしても、その人が存在しているということが存在していないことよりも良いのだということにはならない。何故ならもしその人が存在してしまわなかった時、その人生を送る楽しみを取り逃がしてしまう人なんて誰もいないだろうし、従って楽しみがないことは悪いこ

---

(49)『イン・メモリアム』27-4（15-16行目）。

とではないからだ。反対に、もしも人が自分の人生を楽しんでいない場合、存在してしまったことを悔いるのが当然であるということに注目しよう。この場合、その人が存在してしまわなかったのなら、その人が送る生で苦しむ存在者は誰一人としていない。たとえ良いことを楽しみ享受した人が誰一人いなくても、それは良いことである。

　ところで、存在していることは存在していないことよりも良いのかどうかについて、どうしたって間違うことはないという反論があるかもしれない。苦痛に苛まれているかどうかについて間違うことがないように、生まれてきて良かったかどうかについても間違うはずがない、と言われるかもしれない。従って、「私は生まれてきて良かった」という、多くの人が同意するだろう命題が、「私が存在するようになったことはそうでなかったよりも良い」ということと等しいなら、存在は非存在よりも良いかどうかについて人は間違うはずがない。この一連の推論の問題点はそれら二つの命題が等しくない点にある。生まれてきたことを人が**現に**良かったと思っているかどうかについてその人は間違えないはずだとしても、人が存在してしまったことがそうでなかったより良いかどうかについて人は間違えるはずがないということにはならない。誰かしらが人生のある時に、自らが存在してしまったことを喜んでいて、その後に（もしくはそれ以前に）もしかしたら想像を絶するほどひどい苦痛の真っ只中に放り込まれて、自らが存在してしまったことを悔いている、といった事態を想像してみよう。こうなると、（あらゆる点を考慮すると）存在したほうが良かった、かつ存在しないほうが良かった、ということはありえない。しかしそれは正に、私たちが次のような場合に言わなければならないことになってしまうのである。存在してしまったことを喜ばしいとか不幸だとか言うことが、その存在してしまった当人の存在がより良いとかより悪いとかと言うことと同じだというのが本当だとしたら、そうなる。このことは自分が生まれてきて幸せかということについての考えを変えない人々にも当てはまる。何故自分の考えを実際に変える人はほとんどいないのかのそのわけは、少なくとも部分的には、大抵の人は自分自身のQOLに関して過度にバラ色のイメージを持っているから、ということで説明できる。次章で私は、（自らの人生がどれほど悪いかを正確に見通している可能性のある真のペシミストは例外として）人生は人が考えているよりも遥かに悪いものだということを明らかにしようと思う。

第3章　存在してしまうことがどれほど悪いのか？

きみは人生を、存在しないという祝福された平穏を破るムダな物語だとみなすかもしれない

アルトゥール・ショーペンハウアー [(1)]

生まれてしまったという事実は、不死への不吉極まりない兆しである

ジョージ・サンタヤーナ [(2)]

　人生のなかに最小限の悪いことさえ含まれていれば、存在してしまうことは害悪なのであると今まで述べてきた。この結論が受け入れられようが受け入れられまいが、多大な悪いことを含んだ人生は害悪であるということは認められるだろう。ここで取り組むのは、どんな人生も普通に考えられているよりも遥かに多くの悪いことを含んでいるのだということを明らかにすることである。自分の人生に含まれている悪いことがどれほど少なかろうと存在してしまうことは害悪であるということが受け入れられなくとも、自分たちの人生がどれほど悪いのかを正確に理解すれば、自分が存在するようになったのは害悪であると受け入れられるだろう。従ってこの章では、人が存在していることを残念に思ったり、存在してしまうことが害悪であるということに関する現実に生じたケースのすべてを考えたりする際の、考え方の基礎を提供していると思ってもらって良い。なお、その考え方の基礎は前章で論じた非対称性やそれに含意されていることとは直接的な関係はない。

　だが、本章の議論を第2章の議論の続きとして考えてもらっても良い。存在してしまうことは**常に**害悪であるという結論からは、その害悪の**大きさ**に関しては何も分からない。本章で考察したいのは、存在してしまうことは**どれほど**悪いのかという問題である。この問いに対する回答は、その結果生じている人生がどれほど悪いのかということによる。すべての人が存在させられることで害悪を被っているのだとしても、そのすべての人の人生の害悪の

---

(1) Schopenhauer (1942): 4.
(2) Santayana (1922): 240.

度合いは同じではない。それ故、他の人よりも自分の方が、存在するように
なってよりひどく悪かったという人もいるだろう。人生が悪ければ悪いほど、
ますます存在させられることの害悪は大きくなる。だが私が論じたいのは、
ベストな人生であってもそれは非常に悪いもので、それ故存在させられるこ
とはどんな場合でも相当な害悪だということなのである。はっきり言ってお
くが、すべての人生が悪いからと言って人生は続ける価値がないということ
を言っているつもりはない。私はそこまで言う必要はない。そうではなく、
私が論じようとしているのは、人生は自分たちが思っているよりも悪いもの
であるということ、またどんな人生も非常にたくさんの害悪を含んでいるの
だということまでである。

人生の良さと悪さの差が人生の質にはならない理由

　人生のプラス面からマイナス面をただ引くだけで人生の質や価値を判断し
たがる人はたくさんいるだろう。つまり、私が前章で提示した図の (1) と (2)
に値を代入して後者 (快楽がある) から前者 (苦痛がある) を引く人はたくさ
んいるだろうということだ [3]。けれども、こうした仕方で人生の質を決定す
るのはあまりに単純過ぎる。人生がどのくらい良かったり悪かったりするの
かは、良いことや悪いことが**どのぐらいの量**あるのかということだけでは決
まらず、他にも考慮すべき様々な事柄がある——何よりもまず考慮すべきな
のは、良いことや悪いことがどのように分布しているのかということである。
　そのような考慮すべきことの一つに、良いことと悪いことが起こる**順番**が
ある。例えば、人生の前半にその人生で生じる良いことのすべてが生じ、人
生の後半は回避不可能な悪いことがさんざん生じるといった人生は、良いこ
とと悪いことがより均等に散りばめられた人生よりも遥かに悪いだろう。良
いことと悪いことの総量がそれぞれの人生で変わらなかったとしてもそう
だ。同様に、徐々になにかを達成したり満足したりする方向へと向かう人生
は、人生の最初期の数年は晴れやかに始まるが次第に悪くなってゆくものよ
りも好ましい [4]。これらどちらの人生を選択しても、良いことと悪いことの

---

(3) 場合によっては合計した数がプラスになるが、だからといって存在していないより存在してい
　る方が良いとはならない。これは私が第2章で示したとおりである。
(4) これについては (作り話かもしれないが) とある子どもに関する話を念頭に置いている。話の

量は同じかもしれないが、その道程を見れば、後者よりも前者の人生の方が良いだろう。

　人生に良いことと悪いことがどのように分布しているかについては、それぞれの**集中度**も考慮すべきである。異常なほどに強力な快楽が散りばめられているが強い分だけその快楽はほとんどめったに生じず持続もしない人生は、快楽の総量は同じで比較的強くはない快楽が生涯を通して頻繁に散りばめられている人生よりも悪いだろう。しかし、快楽や他の良いことが**あまりにも**広く薄く人生に散りばめられてしまうこともまたあって、そこではそうした快楽や良いことは良くも悪くもないニュートラルな状態とほとんど区別できない穏やかなものになる。そのような特徴を持つ人生は、それなりに目立った「贅沢な状態」が少しある人生よりも悪いことだろう。

　人生における良いことと悪いことの配分がどのように人生の質に影響を及ぼすかの三つ目は、**人生の長さ**に由来する。確かに、人生の長さは、良いことと悪いことの量と相互に動的に影響しあうだろう。ほんの少ししか良いことがない長い人生は、かなりの量の悪いことで特徴づけられてしまっていることになるだろう。たとえ、単にあまりに長きにわたって良いことが全くないせいで、退屈という悪が生ずるのが理由であっても。また、良いことと悪いことの量が同じくらいで長さがやや違う人生を思い浮かべてもよい。良いことと悪いことの量に関係せずに、十分均等に比較的ニュートラルな出来事が散りばめられている人生もあるだろう。その場合、（そもそも人生に生き続ける価値があるのなら）より長く生きた方が良いとか、（そもそも人生に生き続ける価値がないのなら）より長く生きた方が悪いとかを、人はそれなりに判断するだろう。

　人生の質を価値判断するにあたって（良いことと悪いことの分布とは関係なく）更に考慮すべきことがある。人生がある一定の悪さの**閾値**を一度でも越えるとすれば（その悪さの量と分布も考慮に入れてのことだが）、良いことがどれほどあろうともその悪さを打ち消すことは決してできないということはほぼ間違いない。というのも、良いことの量ではその悪さに値すること

中でその子どもは小学校レベルを超えた成績を残した結果、新しく通うこととなった高校の校長からこんなことを言われて歓迎されたのである。「君の過去には素晴らしい未来があったのだね」と。

はないだろうから[5]。この価値判断こそ、ドナルド（「ダックス」）・コワート
が自らの人生に——少なくとも、ガス爆発のせいで身体の三分の二に大ヤケ
ドを負った後の人生に——下したものなのだ。彼は極度の苦痛を伴う救命治
療を拒絶したが、それにもかかわらず医者は、彼の意向を無視して治療を決
行したのである。その結果、彼は一命を取り留め、またかなりの成功を収め
たことで十分な QOL を再び手に入れた。けれども、ヤケドを負ってから手
に入れた良いことなんてどれも無理やり受けた数々の治療に耐え抜くという
つらさにとって代わるほど価値のあるものではないと、コワートは主張し続
けたのである[6]。ヤケドが治った後にどんなに素晴らしい良いことが起きよ
うとも、少なくとも彼自身が行った価値判断によれば、その良いことが彼が
経験した大ヤケドの悪と救命治療の悪に勝るなんてことはあり得ない、とい
うのである。

　ポイントをより一般的に表してみよう。二つの人生——X さんと Y さん
の人生——を比較し、簡単に考えるために良いことと悪いことの量だけを考
えてみよう（つまり良いことと悪いことの分布については考えないこととす
る）。X さんの人生には、良いことも悪いことも（比較的）わずかしかない
——例えばプラスの価値が 15,000 ありマイナスの価値が 5,000 あるとしよ
う。一方、Y さんの人生には耐えられないほど多くの悪いことがあるとする
（例えばマイナスの価値が 50,000 ある）。また Y さんの人生には X さんの人
生よりも遥かに多くの良いこともあるとする（プラスの価値が 70,000 ある）。
それでもなお X さんの人生の方が合理的に Y さんの人生よりも悪くないと
判断して良いだろう。たとえ、プラスとマイナスをその量だけで判断した結
果、プラス 10,000 vs. プラス 20,000 で Y さんの人生の方が X さんの人生よ
りも勝っているとしても、である。この議論を進めて行けば、何故（前章の）
図 2-4 における価値の割り当てが、そこで指摘したとおりに、間違っている
ことになるのかが明らかになる。

　これまでの考察から、人生がどれほど悪いものなのかを判断するというこ
とは、悪いことから良いことを単純に引くことよりも遥かに複雑なこととな

---

(5) パーフィットは、閾値の代わりに、苦痛が他のもので相殺されるされないを論じている（Parfit
　(1984): 408）。苦痛は相殺されるものもあればそうではないものもあるが、それは生きる価値の
　あるものが人生の中に見つけられるかどうかによる。
(6) 例えば、Pence (1995): 54, 61 を参照されたい。

らざるを得ないということが明らかになっただろう。従って、単純に（1）の価値から（2）の価値を引くことで人生がどれほど悪いものなのかを計算しようとするべきではないのである。

何故人生の質の自己判断は信頼できないのか

ほとんどの人は、総合的に考えて自分の人生は悪いものだということを否定する（またほとんどの人は、確実に、決して存在しない方が良いくらいに自分の人生は悪いのだということを否定する）。実際、ほとんどの人が自分の人生は実に順調に進んでいると思っているのである。そのような広く行き渡っている幸福に関する陽気な自己判断は、人生は悪いものであるという見解に対する反駁になると考えられがちである。そして、人生は悪いものだということをその人生を生きている人のほとんどが受け入れないのならば、どうして人生は悪いということになり得るのだろうかと問われるだろう。また、存在するようになってしまった人たちのほとんどが、そのことを快く思っているのならば、どうやったら存在してしまうことが害悪だということになり得るのだろうか。

だが実際、こうした自己判断が人生の質に関する信用に足る指標となるということを疑う、とても良い理由がある。人間心理には数多くのよく知られた特徴があり、それらの特徴から、自分の人生の質に対しては通常、好意的な価値判断が下されるということの理由が分かる。実際の人生の質がどうあるかよりもむしろ、こうした心理的な現象によってプラスの価値判断（の程度）が説明されるのである。

まず、そうした心理的な現象のなかでも最も一般的で最も影響力のあるものがポリアンナ原理と呼ばれているものであり[7]、楽観主義へと向かう傾向のことである[8]。この原理は様々な形で現れる。一つには、嫌だったことよりも好かったことを思い出したがるという傾向である。例えば、自分の人生

---

(7) Matlin & Stang (1978).「ポリアンナ原理」という名は、勿論、エリナー・ポーターが書いた児童書のタイトルと同名の主人公「ポリアンナ」に由来する（Porter (1927)）。

(8) ポリアンナ原理について詳細に論じているものとしては、Taylor (1989) もまた参照されたい。自らを過大評価しているかなり幸せな人は、自分自身について非現実的な見解を持ちがちだということが少しだが論証されている。比較的現実的な見解を持っている人は、憂うつになるか、自らを過小評価するか、もしくは両方の状態に陥る傾向がある。関連する議論としては Taylor & Brown (1998): 193-210 を参照されたい。

71

を通してどんな出来事があったのかを思い出すように言われると、数多くの実験の被験者たちが悪だったことよりも好かったことを挙げる[9]。このように選り好みをしながら記憶を掘り起こすせいで、自分の人生が今までのところどれほど順調に進んでいるのかという問いに対して誤った判断をしてしまうのである。バイアスがかかるのは自分の過去に関する価値判断だけではなく、未来に関する予測と期待にもバイアスはかかる。将来どんな良いことが起きるのだろうかということについて、私たちは大袈裟な見解を持ちがちである[10]。想起と予測に関する典型的なポリアンナ効果は、現代の一般的な幸福に関する主観的な価値判断における特徴である。数多くの研究が一貫して示しているが、幸福の自己判断は、自分を幸福だと思う方に著しくゆがめられている[11]。例えば、自分のことを「あまり幸せじゃない」と考える人なんてほとんどいない。それどころか、圧倒的に大多数の人が「結構幸せ」とか「とても幸せ」とか言っている[12]。実際、他のほとんどの人や平均的な人よりも自分は幸せだと信じている人がほとんどなのだ[13]。

　人生の質を改善するらしく思われる要因のほとんどは、人生の質の自己判断に対して（そもそも影響を及ぼしている場合にも）相応の影響を及ぼしてはいない。例えば、自分自身がどのぐらい健康かを自分でランク付けすることと幸福に関して主観的な価値判断を下すこととの間に相関がある一方で、人々の健康状態の客観的な価値判断は、身体の各症状から判断しているわけだが、自分の幸福に関する主観的な判断のあまりよい判断材料にはならない[14]。自分の健康状態に満足していないせいで自分が幸福かどうかを比較的低く自己報告する人々の中でさえも、自分がどのぐらい満たされているのか

---

(9) この問題に関する論文が Matlin & Stang (1978): 141-4 で批評されている。また、Greenwald (1980): 603-18 も参照されたい。

(10) この研究の一部についてのレビューとしては Taylor & Brown (1998): 197 を参照せよ。また、Matlin & Stang (1978): 160-6 も参考になる。主要な研究論文としては、例えば、Weinstein (1980): 806-20 や Weinstein (1984): 431-57 がある。後者の研究によれば、楽観主義は、その人の健康に関する自分でコントロールできると**把握している**側面までしか及ばない。

(11) Inglehart (1990): 218 ff.; Andrews & Withey (1976): 207 ff, 376. 様々な研究の概要を知りたければ、Diener (1996): 181-5 や Myers & Diener (1996): 70-2 も参照すると良い。

(12) Campbell & Rodgers (1976): 24-5.

(13) Matlin & Stang (1978): 146-7 はこのような結論に到達している多くの研究に言及している。また Andrews & Withey (1976): 334 も参照されたい。

(14) Diener, Suh, Lucas & Smith (1999): 287. また Breetvelt & van Dam (1991): 981-7 も参照されたい。いくつかの研究によれば、身体障碍者も知的障碍者も障碍のない人とちょうど同じくらい人生に満足しているらしい（Cameron, Titus, J. Kostin & M. Kostin (1973): 207-14. Yerxa & Baum (1986): 271-83）。

はプラスの方向に報告する人がほとんどなのだ[15]。ある特定の国では[16]、貧しい人は裕福な人と（全く同じではないが）ほぼ同じくらい幸せである。更には、教育と職業は（実際のところ少しは違いを生むとしても）**あまり違いを生まないのだ**[17]。上述した要因やその他の要因がそれぞれどれくらい幸福に関する主観的な価値判断に影響を及ぼしているのかに関して異論はあるだろう。しかし、人々を「とても不幸に」するかもしれないと考えられてしまうような類いの出来事があったとしても、実際にとても不幸だと思ってしまうのは非常にわずかな人々だけだということは明らかなのだ[18]。

　よく知られている心理学的現象はまだあり、それは私たちが幸福に関して下す自己判断を信用に足らないものにするもので、ちょうどポリアンナ効果について言及したときに挙げられたいくつかのケース（すべてではない）が、それによって明確に説明できる。その心理学的現象とは、適応とか順応とか習慣化とか呼ばれる現象である。ある人の客観的に判断される幸福が悪い方へと傾くと、なによりもまずそこにはかなり主観的な不満足が生まれる。しかしそのとき、未知の状況に適応しようとしたり、その状況に応じて自分の期待を順応させようとしたりする傾向が生じる[19]。どの程度の適応が起きるのか、適応の範囲が人生の様々な局面でどの程度変化するのかに関しては議論の余地があるが、適応が必ず生じるということについては意見が一致している[20]。結果、幸福の主観的感覚は元のレベルには戻らないにしても、思っ

---

(15) Mehnert, Krauss, Nadler & Boyd (1990): 3-17 の特に 9 頁。

(16) 興味深いことに幸福や人生の満足度の自己判断は国によってものすごく異なっている。だが、どんな地域であっても楽観主義へと向かおうとする傾向はある。異なるのは楽観主義の程度である。Inglehart (1990): 243.

(17) Andrews & Withey (1976): 138-9. Inglehart (1990): 227-32. 実に過剰な教育が格差を作り出している場所では教育が人を不幸にするかもしれない。例えば、Campbell & Rodgers (1976): 487 を参照されたい。

(18) 様々な外的要因が幸福に関する主観的価値判断に与える影響について概観したければ、Diener, Suh, Lucas & Smith (1999): 286-94 を参照されたい。

(19) Campbell & Rodgers (1976): 163-4, 485. Brickman, Coates & Janoff-Bulman (1978): 917-27. Headey & Wearing (1989): 731-9. Suh, Diener & Fujita (1996): 1091-102. この分野の最近の研究の概要は、Diener, Suh, Lucas & Smith (1999): 285-6 を参照されたい。

(20) 例えばリチャード・A・イースタリンは適応という現象に否定的で、適応の範囲は時に誇張されて説明されると考えている。詳しくは彼の論文である Easterlin (2003): 11176-83 及び Easterlin (2004): 26-33 を参照されたい。また余談ではあるが興味深いことに、イースタリンはもし適応が完璧に行われたら幸福がそれ以上増すことはないだろうし「社会的経済的現状を改良することで、民衆をより良い状態にすることを目的とした公共政策は実を結ばない（Easterlin (2004): 27）」と考え違いをしている。だがこれは、個人が認識した（主観的な）幸福のレベルと実際の（客観的な）幸福のレベルに違いはないということを前提にしてしまっている。

たよりは元のレベルに近づくし、いくつかの領域においては他の領域におい
てよりも一層近づくのである。幸福の主観的感覚は、人の幸福の実際のレベ
ルに依拠するよりも幸福のレベルの最近の変化に依拠するので、幸福の実際
のレベルの指標としては使えないのだ。

　幸福の自己判断に影響を及ぼす三つ目の心理学的要因は、他人の幸福と潜
在的に比較してしまうことである [21]。自分の人生がどのぐらい幸福かという
自己判断を決定づけるのは自分の人生がどのぐらい幸福かということよりも
むしろ、自分の人生が他者の人生と比べてどのぐらい幸福かということなの
だ。それ故に自己判断は、**実際の**人生の質の指標というよりも、**相対的な**人
生の質の指標なのである。このことから言えるのは、人生において嫌なこと
があってもそれがあらゆる人に共有されている場合は、人々の自身の幸福の
判断には響かないということである。そうした共有されていて判断に響かな
い嫌なことというのは重要で、それを見落としてしまうときちんとした判断
ができなくなる。

　以上に挙げた三つの心理学的現象のうち、人生がどのぐらい幸福か明白
にプラス方向に価値判断するようにさせているのはポリアンナ効果だけであ
る。私たちは嫌なことだけでなく好ましいことにも適応するし、今の自分の
現状よりも悪い状態にある人とだけでなく良い状態にある人とも自分自身
を比較する。けれどもポリアンナ効果の影響力を鑑みれば、適応であれ、比
較であれ、どちらも楽観主義的な基準線から、そして楽観主義的なバイアス
の影響下でなされていることになる。例えば、人は自分自身をより良い状態
にある人と比較するよりも、より悪い状態にある人と比較しがちなのであ
る [22]。それ故、適応や比較はものすごく条件がそろえばポリアンナ効果を強
め、条件が最悪の場合はポリアンナ効果を弱めてしまうが、それでも完全に
無効化することはないのである。良いことに実際に適応したり自分よりも良
い状態にいる人と実際に比較したときには、私たちの自己判断は適応や比較
をしなかったときよりもそのよさは減ってしまうが、適応や比較は常に自己
判断を悪くするわけではないのである。

　上述した心理学的現象は、進化論的な視点からは驚くものではない [23]。心

---

(21) 例えば、Wood (1996): 520-37 を参照されたい。

(22) このことは次の論文で議論されている。Brown & Dutton (1995): 1292.

(23) このことについてもっと知りたければ、Tiger (1979) を参照されたい。

理学的現象は、自殺を防ぎ、子作りを促すように働く。私たちの人生が、私が依然として悪いと示唆しているほど相当悪いもので、もし仮に、自分の人生がどういうものなのかの本当の質に目を向ける傾向が人に備わっていたなら、自殺しようとする人は今より非常に多かっただろう。また少なくとも、そんな悪い人生をこれ以上は生み出すまいと思う人は今より非常に多かっただろう。だが実際には備わっていないので、ペシミズムは自然には選択されないのである[24]。

人生の質に関する三つの見解と三つの見解どれをとっても人生はうまくいかない理由

　ある有力な分類法によれば[25]、人生の質に関する説は三つの説に分類される。**快楽**説によれば、プラスかマイナスどちらかの精神状態──（大雑把に解釈してしまえば）快楽と苦痛──が人生にどのくらいあるかに応じて、人生はうまくいったりいかなかったりする。**欲求充足**説によれば、人生の質は自分の欲求がどのくらい満たされるかによって価値判断される。欲求されている事柄は、精神の状態も含まれているであろうが、（外的）世界の状態もまた含まれているはずだ。そして**客観的リスト**説によれば、人生の質は何らかの客観的に良いと言われることや悪いと言われることが人生にどのくらいあるかによって決められる。客観的リスト説では、ある特定の条件下で快楽をもたらすか否かとも私たちが望むか否かとも無関係に、私たちにとって良いものが存在する。そしてそれ以外のものは、苦痛をもたらすか否かとも私たちが望まないか否かとも無関係に、私たちにとって悪いものとなる。当然、客観的リスト説はそのリストの良いことや悪いことの基準について、その説を唱える人それぞれで異なる。ある人のリストには[26]、良いことのなかには成し遂げることや「人間の実存を構成するもの（行為主体性や基本的能力、また、自由を含む）」や理解力や楽しむこと、そして親密な人間関係といったものが含まれている。また別の人のリストには、良いことの候補として「道

---

(24) 進化上の利点を持つ楽観主義にも限界がないとは言えない。過度の楽観主義は適応できなくなる可能性があり、またある程度のペシミズムは進化上の利点を持っている。例えば Waller (2003): 189-97 を参照されたい。

(25) Parfit (1984): 493-502.

(26) Griffin (1986): 67.

徳的善性、理性的行為、能力の向上、子どもを持って良い親になること、知識、そして、真の美に気付くこと [27]」が挙げられている。この人は悪いことの候補として「裏切られること、操られること、中傷されること、欺かれること、自由や尊厳を奪われること、そして、サディスティックな快楽や本当は醜悪なものを美しいと崇める快楽 [28]」を挙げている。快楽や欲求の充足をそれなりに含んでいるという点で、客観的リスト説は三つの説のなかでは最も包括的であるが、リストの他の特徴からの制約もまたある。

　人生がどれほど悪く、故に存在してしまうことはどれほど悪いことなのかを明らかにするためには、快楽説も欲求充足説も客観的リスト説も、どれも選択する必要性はない。必要がないどころか、それらのどの説を採用しようがそんなことは関係なしに、何故人生はあまりに悪いものなのかを明らかにすることは可能なのである。

快楽説
　まず、快楽説について考えてみよう。快楽説によれば、三種類の精神状態——マイナスの精神状態、プラスの精神状態、ニュートラルなプラマイゼロの精神状態——が識別される必要があるだろう。マイナスの精神状態には、不快、痛み、苦痛、悩み、罪悪感、恥、いらだち、退屈、不安、挫折、ストレス、恐怖、悲嘆、悲しみ、そして、孤独、といったものが含まれる。プラスの精神状態——広い意味での快楽——には二つの種類があり得る。一つはマイナスの精神状態から解放されていることだ。この解放による快楽とは、痛み（例えば頭痛）がおさまること、かゆみが和らぐこと、退屈しなくなること、ストレスが緩和されること、不安や恐怖がなくなること、そして罪悪感が静まるといったことである。もう一つは、内在的にプラスの精神状態である。内在的な快楽ということだが、それは感覚を通して快楽を与えてくれるような経験——つまり、味覚、嗅覚、視覚像、音響、そして、触覚を通した経験——もそうだし、加えて非感覚的な意識状態もそうだ（例えば、喜びや愛、興奮）。ある種の快楽は、マイナスの精神状態からの解放でありかつ内在的にプラス要素を持っていたりもする。例えば空腹時に美味しい料理を食べることで空腹から解放され、なおかつ美味しい料理が持っている内在的

(27) Parfit (1984): 499.
(28) Parfit (1984): 499.

な快楽を味わえる（対照的に空腹時に不味い料理を食べる場合、空腹からは解放されるだろうが、おそらく内在的な快楽は味わえない）[29]。ニュートラルな精神状態とは、マイナスの精神状態ではないし、解放という意味でのプラスの精神状態でも内在的な快楽の意味でのプラスの精神状態でもない、という意味である。ニュートラルな精神状態とは、痛みや恐怖、恥などの**不在**である（これはそうしたマイナスの精神状態からの**解放**とは区別される）。

　前述の心理学的理由から、比較するとマイナスだというだけの、頻繁にあるマイルドなものも含めて、どんなにたくさんのマイナスの精神状態が私たちの人生を彩っているのかは無視されがちである。例えば、毎日もしくはそれ以上頻繁にマイナスの精神状態が生じてしまう状況を考えてみよう。そうしたマイナスの精神状態は、空腹、喉の渇き、腸と膀胱の膨張（これら二つの器官がいっぱいになること）、疲労、ストレス、温度の高低による不快感（つまり、暑過ぎるとか寒過ぎるとか）、それからかゆみといったことである。大多数の人がそのような不快感のうちのいくつかを頻繁に経験している。空腹や寒さやストレスから逃れることができる人はほとんどいない。また、解放手段を見つけられてもそんなにすぐには解放されないし、完全に解放されることもないので、毎日ある程度の不快感を経験しているわけだ。実際このように考えてみれば、日々かなりの時間を何らかのマイナスの精神状態で過ごしていることになる。例えば、空腹や喉の渇きが生じないほどの頻度で、または空腹や喉の渇きが生じると同時に食べたり飲んだりをしないのであれば、おそらく日中のうち数時間は喉が渇いていて空腹だろう。また、ほぼ一日中横になってごろごろしていない限り、起きて生活している大部分の間に疲労するだろう。暑過ぎもしなければ、寒過ぎもしない、ちょうどぴったりな状態はどれくらいあっただろうか？[30]

　勿論、私たちは人生の大部分をどれだけこうしたマイナスの精神状態で過ごしているのかを普段あまり考えること**はない**。前節で説明された三つの心理学的現象から、どうしてそうなのかの理由が説明できる。つまりポリアンナ効果のおかげで、悪いこと（また特に、比べるとやや悪いこと）は見落とされるのである。適応もまた重要な役割を果たしている。私たちは日常的な

---

(29) だからといって、空腹は最大の調味料、ということが否定されているわけではない。

(30) まさしくゴルディロックス状態である！〔ゴルディロックスは童話『3びきのくま』の主人公の少女。ほどよい加減の状態をそう称する。〕

不快感に慣れ**過ぎている**ので、不快感がこんなにも蔓延しているのに、完全に見落としてしまうのだ。結局のところもれなくどんな人もそうした不快感を経験しているわけで、不快感は自身の人生の質と他の人の人生の質とに差を付けるのに役に立たない。結果、通常の不快感は、幸福に関する主観的価値判断をする際に注目はされないのである。日常生活の大部分がどれだけ不快感で満ち溢れているのかを私たちは考えないが、だからといって、私たちの日常生活が不快感で満ち溢れていないということにはならない。このように多くの不快感があるということは、快楽説には確実に関係してくるのだ。

けれども、これまで言及してきたマイナスの精神状態は、単に**健全な**日常生活によくある基本的な精神状態である。持病や加齢は様々な事態を悪化させる。痛みや苦しみ、眠気、そして、何かが困難なことから時々生じる挫折感は、どんな人にとっても、何かを経験するときの背景となる。

さてここからは、限られた（とはいえとても多くの）人々がそれほど頻繁にではなく経験するような不快感や痛みや苦痛について考えてみよう。アレルギー、頭痛、挫折感、いらだち、寒気、生理痛、閉経期に生ずる体のほてり、吐き気、低血糖、発作、罪悪感、恥、退屈、悲しみ、憂うつ、孤独、身体が思うように動かないこと、エイズや癌やその他の命を脅かすような病気による痛ましい被害、悲嘆、そして死別などである。日常生活におけるマイナスの精神状態の範囲は広い。

だからといって、人生には内在的な快楽も存在しているということが否定されるわけではない。内在的な快楽は、時にマイナスの精神状態が存在していない場合に生じるし、マイナスの精神状態が存在していないとき、内在的な快楽は最も強くなる。内在的な快楽は、マイナスの精神状態と共存し得る（マイナスの精神状態が、快楽を完全に無効化してしまうほど強くなければ）。ニュートラルなプラマイゼロの精神状態や何かから解放されたことによる快楽もまた人生の質に影響を及ぼし得ることは明らかである。マイナスの精神状態でいるよりはニュートラルな精神状態でいた方が良いし、マイナスの精神状態でいる時にはそれから解放されないよりは、（可能な限りすぐに）解放される方が良い。にもかかわらず、ニュートラルな精神状態や何かから解放されたことによる快楽**のために**生きるなんてことは、またより多くのニュートラルな意識状態を生み出したりより多くの何かから解放されたことによる快楽を作り出したりするために人生を始めるなんてことは、ばかげ

ているだろう。ニュートラルな状態と何かから解放されたことによる快楽は、それらがマイナスの精神状態ととって代わるからこそ価値を持ち得る。決して存在してしまわないことの方が良いという議論からは、人生に含まれているだろう**内在的な**快楽のために人生を始める、なんてこともばかげているということの理由が分かる。その理由には、存在することに内在的な快楽があったとしても、決して存在しないことに勝るような純粋な利益を構成しはしない、ということが挙げられる。一旦生まれてしまえば、存在することに含まれる内在的な快楽を味わうのは良いことだが、そうした快楽は、この世で生きてゆくという不運の代償として得られるものなのだ——そしてその代償ははかりしれないのである。

欲求充足説

　これまでの議論は、快楽説に基づく人生の質の価値判断にだけ関係しているのではなく、欲求充足説に基づく人生の質の価値判断にも関係している。というのも、私たちが持っている欲求の大半は、プラスの精神状態、およびマイナスの精神状態の不在を得ようとする欲求だからだ。まったくどれだけ多くのマイナスの精神状態を私たちが抱えているかを考えると、そうした精神状態がないほうが良いという欲求の多くが挫かれてきたことが分かる。また私たちは快楽を欲求し、そのうちの**一部**は満たされる。けれども、これから明らかにするが、大抵の人が思っているのとは反対に、不満足だったりあまり満足していなかったりする場合が多い。

　快楽説と欲求充足説には重なる部分があるにもかかわらず、両者には明らかな違いがある。というのは、欲求が満たされていなくてもプラスの精神状態でいることはあり得るし、また、プラスの精神状態ではないが欲求は満たされているということもあり得るからだ。前者は次のような場合に起こり得る。

　a) 欲求が満たされていると本人が勘違いしている場合
　　　　　　　　もしくは、
　b) プラスの精神状態になるのに欲求が満たされる必要はなかったのだと
　　本人が気づいた場合

後者は次のような場合に起こり得る。

a) 欲求が満たされてはいないと本人が勘違いしている場合

　　　　　　　　もしくは、

b) その人の欲求がプラスの精神状態になるためのものではなく、その欲求を満たすことではプラスの精神状態にはなれない場合

　　　　　　　　もしくは、

c) 以前はそうなると思っていたが、その欲求が満たされたとしてもプラスの精神状態にはならないと本人が気付いた場合

どの場合にしろ、欲求充足説をとるなら人生の質を判断するときにベースとなるのは、欲求が満たされたかどうかであって、心地よい精神状態であったかどうかではない。

　自分の人生をどれだけプラスの精神状態で過ごしてきたか、今後プラスの精神状態で過ごしていけるかについて間違うことはあるだろうが、ちょうど今現在プラスかマイナスどちらの精神状態を経験しているのかについては間違うことはないだろう。しかし、欲求に関して間違いを犯す余地があるということは相当重要だろう。というのも、ちょうど今現在本当に自分の欲求が満たされているのかどうかについては、間違いが**あり得る**からである（単に快楽を欲求している場合は除く）。従って、自分の欲求が満たされているかどうか、私たちはあまり分からないのである。このことが幸福の自己判断が間違う更なる可能性を作り出す。自分が満たされているのかどうか正確にわからないので、ポリアンナ効果も考慮に入れると、欲求充足説に基づいて人生がどれほど良いものかを評価する場合、**過大**評価してしまうことは明らかなのだ。

　人生で欲求が満たされている期間は思った以上に限られており、欲求が満たされていない期間は思った以上に長く多い。まず、欲求が人生の浮き沈みにどれほど影響を受けやすいかを考えてみよう。今持っていないものへの欲求がすぐさま満たされることはそもそもない。持っていないものへの欲求はそれが満たされ得る**以前**に存在していなければならず、従ってその欲求が満たされるまでの間私たちは欲求不満の状態に耐えることになる。欲求が生じた正にその瞬間にその欲求が満たされることは論理的には可能であるが、この世界の仕組みからすればそんなことは普通は起こらない。欲求は即座に満

たされることはなく、普通私たちは一定期間欲求している状態のままである。その期間はまちまちで数分から数十年の場合も考えられ得る。前述したように、（空腹状態を避ける食餌療法やちょっとずつ頻繁に食べる食餌療法を実践していなければ）空腹が満たされるまでには普通少なくとも数時間は待つことになる。また、疲れていても眠るまではかなりの時間がかかる。子どもが自立するようになるには長年の月日がかかる。青年であれ大人であれ、個人としての満足感や職業上の成功への欲求を満たすには、長年の月日がかかる。欲求が満たされる場合でも、その満足感は大抵一時的なものだ。公職に就こうと思って当選したはいいが、再選はできなかった。結婚したいという欲求がやっとのことで満たされたとしても、その後離婚に至る。休みが欲しいと思っても、（あまりにもすぐに）その休みは終わってしまう。大抵の場合、人の欲求は決して満たされることはない。自由になりたいと切望しても、投獄されたり虐げられたりして死ぬ。知恵を探し求めても決して獲得することはない。美しくなりたいと憧れても、生まれつきどうにもならないくらい醜い。巨万の富と権力を得ようと思っても、一生貧乏で無力のまま。嘘を信じたくないと思っても、とんでもない馬鹿な信念に知らず知らず死ぬまで取り憑かれている。人生や環境をその人の望む仕方で支配できた人は、これまでほとんどいない。

　欲求のすべてが、持っていないものを求める欲求なわけではない。私たちは時折、すでに持っているものを手放したくないと欲求する。定義上、そのような欲求はすぐさま満たされることになるが、悲しいことに大抵の場合、事実としてそうした欲求が満たされ続けることはない。健康や若さを手放したくないと欲求していても、本当にすぐにそれらすべてを手放すときはやってくる。肌にはしわがでてくるし、髪の毛は白髪混じりになったり抜け落ちたりするし、腰痛にもなれば、関節炎の痛みもあるし、視力は低下するし、おなかはたるみ垂れ下がってくる。家族を亡くしたくないと願っても、その人が割合早く自殺したくならない限り、祖父母や両親そして他の親しい人の死にすぐに直面しなくてはならない。

　まるでこのことがそれほど悪いことではない、とするようだが、今度は、「欲求のトレッドミル」と私たちが言っているものについて考えてみよう。欲求の充足は完全には成し得ないため、どんな欲求の充足も一時的なものに過ぎないわけだが、たとえその欲求が満たされ続けるとしても別の欲求がそこには

生じてくるから、欲求の充足は、一時的なものながらかなり頻繁に起こるのだ。結果として、初めの満足はすぐに新たな欲求に取って代わられるのである。

　このことに気が付いている心理学者の一人に、アブラハム・マズローがいる。彼は、要求段階説で有名である（要求〔needs〕と欲求〔desires〕には違いがあるかもしれないが、両者ともここで論じられるように同じ特徴がある）。マズローはこう言う。

　　要求を満足させるだけでは、一時的な幸福を得て終わりであり、別の（願わくは）より高次のものへの不満が次に来ることが多い。人間が永遠の幸福を望んでも、決してそれは満たされないように見える。確かに幸福は生じるし、手に入れることができるし、現実のものだ。だが、幸福には本来的なはかなさがあると認めなくてはならないように思える。より強い形の幸福に焦点を絞るときは特にそうだ [31]。

またロナルド・イングルハートは、欲しているものを手に入れることで永遠に幸福になれたのであれば、私たちは目標を追い求めるという行為をもはやしようとしないだろうと指摘する [32]。イングルハートによれば、主観的な幸福は「切望と状況とのバランスを反映している——そして長期間にわたって成功しているのであれば、その状況に順応しながら人はもっと望もうとする傾向がある [33]」。

　マズローは、私たちが絶えることなく不満足でいることに関して異議を唱えている [34]。対照的に偉大なる哲学的悲観主義者のアルトゥール・ショーペンハウアーは、生に関するこの事実にかなり早くに気付いており、ずっと不満足でいることは避けられないことだとしている [35]。人生は、ショーペンハウアーの見解によれば、常に何かを追い求めて努力したり意志したりする状

---

(31) Maslow (1970): xv.

(32) Inglehart (1990): 212.

(33) Inglehart (1990): 212.

(34) マズローは、私たちがこの特徴をもっているという所見を「グランブル〔欲求不満〕理論」と呼んでいる (Maslow (1970): xv)。彼は「人が自分の恵まれた点を数え上げるのに失敗すること」を「現実にあまりあることではなく、それ故それはある種の病的状態の一種だと考えられ得る」と言及しており、その病的状態は、マズローによれば、「大抵の場合、単に適切な喪失や欠乏を経験することで、非常に簡単に治り」得る (Maslow (1970): 61.)。

(35) 例えば、Schopenhauer (1966): 318, 362.

態——不満足の状態のうちにある。追い求めているものを手に入れることで一時的には満足できるが、すぐにその満足感はいくらかの新たな欲求を生み出す。何かを追い求めて努力することが終わるのであれば、最後には退屈というまた別の種類の不満がでてくるだろう[36]。従って何かを追い求めて努力することは人生の避けられない一部なのだ。私たちは死ぬときにだけ、何かを追い求めて努力することをやめるのである。

ショーペンハウアーも、幸福は実在するというマズローの主張は退けるだろう。ショーペンハウアーの見解によれば、苦しみだけが何にも依らず存在している[37]。幸福とは、彼によればむしろ、苦しみが一時的になくなることである。満足とは欲求のつかの間のはかない充足である。快楽説の用語でいえば内在的な快楽などない。どんな快楽もマイナスの精神状態から解放されることを通してのみ存在するのだ。

苦しみは人生に固有のもので人生に蔓延しているというショーペンハウアーの見解を受け入れるために、彼自身がしているように幸福が何にも依らずして存在しているということを退ける必要はない。快楽（たとえ内在的なものであっても）のような欲求の満たされた状態は、初期設定の状態というよりはむしろ何かを成し遂げた状態を指す。例えば、人は飽食しようと思ったらわざわざ取り組まなくてはならないが、空腹は自然とやってくる。飲み食いをすれば、続いて腸と膀胱の不快感が実に自然に起きてきて、私たちはその不快感から解放されることを求めなければならない。人が快い感覚を追求しなければならないのは、快い感覚がなければ当然面白味もなくなってしまうからである。この話の結論は、私たちは苦しみ（退屈も含む）を食い止めることにずっと取り組み続けなければならないということであり、そして私たちはどうしても完全にはその苦しみを食い止めることはできないのだ。人生は実に不満で充満しており、それは必然なのである。瞬間的に満足していたり、もしかしたら一定期間満足していることもあるかもしれないが、それは何かを追い求める努力が不十分だという背景があってのことなのだ。ポリアンナ効果のせいで、ほとんどの人にはこの背景が分からなくなっているが、その背景は依然としてそこにある。

さて、以上の話では実際に現実がそうあるよりも悪く聞こえてしまうと反

---

(36) Schopenhauer (1966): 312.
(37) Schopenhauer (1942): 1.

論されるかもしれない。私たちの欲求はすぐさま満たされることもなければ欲求が満たされても新たな欲求が生まれてしまうのかもしれないがそれでも、欲求が満たされておらず満たされるように私たちが努力することができる期間には価値がある。何かを追い求めて努力している時間または何かが欠乏している期間、もしくはその両方に何かしらプラスのものはあるのだ。

　欲求充足説に関するこの反論は、二通りの意味で理解できる。一つは、私たちは欲求する対象をなんであれ欲求するのに加えて、その欲求を満たそうと努力することも欲求するという意味である。それ故、欲求を満たす途中に努力をしているということ自体で一つ欲求が満たされている。結果、私たちの欲求は言われたほど満たされてはいないわけではないということになる。先の反論を理解する二つめの意味は、私たちがそれを欲求するしないに関係なく、欲求の対象が手に入れられていない期間が長ければ長いほど、自分（または他者）の欲求を満たそうと努力するその努力が大きければ大きいほど、その欲求が最終的に満たされたときの喜びが大きいという意味である。

　どちらの解釈を採ろうとも、この反論には限界がある。様々な欲求が満たされる過程を本当に楽しんでいる人もいることは、まあ認めよう。例えば、詩や本を書く過程を楽しむ作家もいるのは確かだし、お望みの野菜を育てる過程を楽しんでいる庭師も確かにいる。しかし、おそらく事実として、ポリアンナ効果やその他の心理学的特性のおかげで、自分は過程を求めてそれを楽しんでいるのだと思っていたり、その間は満たされていない欲求を持っているということを気にかけていなかったりする人はかなり多くなっている。そういった心理学的特性があろうがなかろうが、欲求を満たす過程を一つの欲求対象として欲求する人が全員であるわけがないのだ。作品を創造する過程がひどく嫌な作家もいるだろうし、詩や本を書き**終えた**ということにだけ楽しみを見出す作家もいるだろう。庭仕事はとても嫌いなのだが、食べるための仕事としてだけ庭仕事をしている庭師もいるだろう。更には（合理的に考えて）**誰も欲求しない**ような対象を追い求めて努力することへの欲求はどうだろう。例えば、癌との闘病の過程について考えてみよう。普通癌は治したいが、実際、誰が癌と闘いたいと思うだろうか？　癌治療やその副作用に耐えなければならず、またその治療が上手くいくかどうかその途中では分からないのに。

　欲求の対象が手に入れられていない期間と欲求を満たそうと行動したりす

る過程が、欲求が最終的に満たされた時の満足感を強めるから、欲求はすぐさま満たされない方が良いと述べるのはしばしば非常にもっともらしく思える。満腹時に食べるよりも空腹時に食べる方が食事は楽しめる。一生懸命練習した結果レースに勝った方が満足感は大きい。曲を弾きこなそうと何時間も練習しなければならない場合、複雑な楽譜を弾けるようになった方がより満足感が得られる。

　再び注意して欲しい。このことはどんな欲求にも当てはまるわけではない。しかし、このことが当てはまる欲求の中でさえも、その中の少なくともいくつかは、もし何かを追い求め努力することが全く必要ないのだとしたら、全体から見てその方が良かったりするのである。自由は、長い間熱望されたものだったり長い闘いの末に手に入れたものであったりすればより貴重なものとなるかもしれないが、それでもずっと自由を奪われたことがない方が良いだろう。長期間の投獄のすえに自由になれたとしても、生涯自由であることより、シンプルに良くない。つまり、失ったものを取り戻したりすることや何かを追い求めて努力することは、すぐに欲求が満たされることよりも実際的に良いのだ、という間違った考えを私たちは持つべきではないのである。

　お分かりだろうが、このことが当てはまる欲求は比較的少なく、ほとんどないと言って良いのだが、この現実世界でどんな欲求がそれに当てはまるとしても、欲求の対象を手に入れるまでに時間がかかったり努力したりは全然しなくていい世界を、想像することができる。そんな世界なんて想像できないと言う人もいるかもしれないが、それは単に想像力が足りないのである。例えば、私たちが今そうであるように、数時間空腹でいると食事がよりおいしくなるということについて考えてみよう。私たちと同程度の効果を得るために、数日間空腹のままでいなければならない存在者がいることも、私たちは想像できる。勿論、私たちよりもそうした存在者は悪い状態にある。というのも彼らの欲求は、私たちと同程度の満足を手に入れることができるまで、遥かに長い期間満たされないままでいなければならないからである。けれども同様に、同レベルの満足を食事で得るために現実の私たちが感じなければならない空腹と同じ空腹を、想像上の私たちが感じなくても良いなら、その想像上の私たちよりも現実の私たちは悪い状態にある。つまり、最終的に欲求が満たされた時に得るものを最大にするためには欲求の対象を手に入れるまでに時間や努力が必要だということを示しても、その欲求の対象を手に入

れるまでの時間や努力が私たちの人生を良くしているということを示すことにはならないのだ。むしろ、私たちの人生に関する不運な事実がしぶしぶ認められるだけなのだ。欲求を満たす途中の満たされていない状態は短くすんだ方が、単純により良いだろう。

　今までは、人生にどれほど多くの不満足があるのかということを論じてきた。今度は、実際に満足することの重要性が過剰評価されていることを示していきたい。つまりもし私たちが、何故私たちの欲求がその満たされている範囲で満たされた状態に**ある**のかを理解するなら、私たちは更にもっと厳しい図式を見なければならないのだ。

　欲求充足説によれば、欲求が満たされている限り人生はうまくいっている。けれども、欲求が満たされているという状態になるのは、以下の二つの方法のどちらかによるのである。

（a）持っている欲求をなんでも満たしてしまう方法
（b）満たされるだろう欲求だけを持つ方法[38]

大雑把な欲求充足説では、これらの欲求が満たされる二つの方法を区別しないだろう。そんな大雑把な説の問題点は、欲求を消し去ったり欲している対象を変化させたりすることでひどい人生が素晴らしい人生に変わり得ることになってしまうという点だ。例えば、自分という哀れな存在の様々な特徴を自分が欲求するようになった場合に、そのことによって人生は惨めなものから素晴らしいものへと変化するだろうということ、このことを受け入れるのは難しい。人生がそれで良くなったように**思える**（感じる）かもしれないが、人生は確かに実際にそんなふうに変化したりはしていないだろう（良くなったと感じるというそのことによって、というかなり限定的な形で、人生が実際に良くはなるだろうけれども）。

　あやしいのは、欲求充足説のより妥当なバージョンを作れるかどうかである――つまり、欲求が満たされることが（b）よりはむしろ（a）を通して達成される場合に人生はよりうまくいっている、と判断できる欲求充足説を作

---

(38) あるいはこの相違を、欲求が満たされないことがなくなる二つの方法があることに注目して、逆の形で表現できる。つまり（a）抱いているどんな欲求も満たされないことがない（b）（満たされないだろう）欲求を持たない、の二つである。

れるかである。これは欲求充足説に内在的な問題なので、ここで考えるつもりはない。欲求充足説のそのようなバージョンを定式化できないならば、欲求充足説はあまり良くない説なのだ、と言うだけで十分だろう。しかし、もし欲求充足説のそのようなバージョンが作られたとしたらどんなものになるだろう？ もしあったとしたら、先に説明した心理的現象があるが故に、欲求充足の仕方の大半が（b）で説明できることに気付く必要がある。私たちの欲求は、私たちの状況の限界に応じて確定され形作られる。従って、ただ（a）だけで（もしくは、「主に（a）で」でも可）欲求が満たされる空想上の人生よりも、私たちの人生は遥かに悪い人生なのだ。

　仏教徒やストア主義者のように欲求を全く無にしたり変化させたりすることが正に私たちがすべきことなのだ、と信じている人はいる[(39)]。けれどもこうした仏教的ストア的なことを信じることは、（a）よりも（b）の方が良いのだと信じることとは違う。実際（b）を推奨することは、（a）の**不可能性**への応答として最も合理的である[(40)]。言い換えれば、（a）の方が良いのは決まっていて、ただ（a）は無理だから（b）に頼らなくてはならないのだ。このことを認めたとしても、（a）に基づくよりも（b）に基づく方が人生は遥かに悪いという見解が成り立たなくなるわけではない。

客観的リスト説

　快楽説や欲求充足説に関する議論は客観的リスト説にも当てはまる。楽しく感じている精神状態や苦痛がない精神状態は、客観的に良いもののリストに確実に入る。同じく客観的に良いもののリストには、いくつかの欲求が満たされていることも確実に入る。更に、ちょうど私たちの欲求が私たちの環境に適応したり、他人と自分自身とを比較することで定式化されたりするよ

---

(39) 存在しているなかでの最も優れた状態は、仏教の教えによれば「涅槃」、あらゆる欲求そして（従って）あらゆる世俗的な苦痛が抹消されてしまっている状態である。仏教徒がこの状態を生きている間に成し遂げることができると考えている一方で、ショーペンハウアーはこれを否定しており、私もショーペンハウアーに賛成だ。けれども仏教徒は「涅槃」の状態に達することで輪廻転生から抜け出せるのだと本気で考えている。この点で仏教徒の見解は「欲求することの終わりは、（受肉化した）生の終わりと連結している」というショーペンハウアーの見解に近くなっている。

(40) だからといって——道徳的な、ことによると美学的な根拠に基づいて——欲求を**ある程度**抹消する方が良いということを否定しているわけではない。けれども道徳や美学の場合、欲求を抹消することの理由は欲求が満たされないからということではなく、欲求を満たすのは不適当だからということになる。

うに、人生における良いものの客観的リストも、それに従うと少なくともある人々は栄えていると言えるような仕方で構成されている。つまり、良いものの「客観的リスト」は、**永遠の相のもとに**〔sub specie aeternitatis〕——真に客観的な視点からは構成されていない。むしろ**人間の相のもとに**〔sub specie humanitatis〕——人間の視点から構成されているのである。個人個人で異なる欲求とは違い、客観的リストはどちらかといえばすべての人に当てはまるようになっている。そうでなくても、ある階級やグループの人間全体には当てはまるようになっている。ただ、個人個人で異なるわけではないという点で、このリストは客観的だとみなされるのである。どんな人生が**永遠の相のもとに**ある良い人生なのかを判断するという意味で客観的だとは、みなされない。

　個々の生が他の（人間の）生と**比較して**どのぐらい幸福か判断したければ、**人間の相のもとに**リストを構成することは理にかなっているだろう。しかし、特定の人の生が他人の生と比べてどのぐらい幸福か分かっても、ベースラインについて——人生というものがどのぐらい良いものなのかについては、ほとんど分からない。人生がどのぐらい良いものなのかということを決定することが目的なら、先の心理的現象を考慮すると、人間の視点は良いもののリストに載るべき事柄を決定する視点としては明らかに信用に足るものではない。人間の視点からすれば、価値あると私たちに合点がいくものは実際には、私たちが期待を持てるか否かで決定されてしまうのである。

　例えば、240歳まで生きている人なんて私たちのなかには誰もいないわけだから、240歳に届かなかったせいであまり幸福ではなかったなんてまあ考えない。けれども誰かが40歳で死んだとすれば（少なくとも、その人の人生の質が比較的良いものであったなら）、死んだことを悲劇的だと思う人はたくさんいる。だが、40歳で死ぬことが悲劇的であるとしても、90歳で死ぬことが悲劇的ではないのは一体どうしてなのだろうか？　答えとして考えられるのは、私たちの判断が私たちの環境によって制約されているということだけだろう。私たちの手の届かないところにあるものは、判断を左右する良いものだとはされないのだ。しかし、どうして良い人生は私たちの手の届くところにあるとしなければならないのか？　ひょっとしたら良い人生なんて手に入れるのが不可能なものなのかもしれないのに。何の不快感や痛み、苦痛、悩み、ストレス、不安、フラストレーション、退屈さの無い人生、90

第3章　存在してしまうことがどれほど悪いのか？

年以上もずっと長く続き、本当にたくさんの良いもので満たされているそんな人生が、最も幸運な人間が過ごす人生よりも良いというのは、ほぼ確実にそうだろう。それならば何故、私たちはこうした（良い人生は不可能だという）基準から人生を判断しないのだろうか？

　もしくは人生の意味について考えてみよう。客観的に良いものが載ったリストに代わる考え方の非常に妥当な候補として、人生が意味を持っているという考え方がある。もし人生に意味以外の良いものがあったとしても、意味のない人生には重要な良いものが欠けているということになる。ただ、場合によるとはいえ、どんな人生にも意味はないのだと実際に考えている人は多い。そうした人たちは、**永遠の相のもとに人生を見て人生に意味はない**としているのである。意識がある生命体は、悠久の時のレーダー上に表示された単なる点に過ぎないにもかかわらず苦痛にさいなまれる——その苦痛は永遠に続くだけで目的がない。しかしながらほとんどの人が人生は無意味であるという考えに耐えられず、私たちの人生は意味あるものだと提言する。そういった人たちの大半（全員ではないが）は、ある別の視点、その視点から見れば意味のある人生もあり得るような視点に訴えている——つまり、人間の視点もしくは個々人の視点である。例えば人類のために捧げている人生は、たとえ宇宙的な視点からは意味がなくとも**人間の相のもと**では意味があり得る。もっとも他の、例えばいろんな芝生に生えている草の葉の数を数えることに自らの人生を捧げている男の人生は [(41)]、**人間の相のもと**でも意味がないだろう。だが草の葉を数える人の人生は、その人がその一般的だとは言えないような人生計画から満足感を得ているのであれば、その人自身の主観的な視点からみて意味があると言って良い。彼の人生はこの彼の視点からは意味があるとはいえ、多くの人の主観的な視点では意味がないと考えられる。しかし、個々人の主観的な視点よりも人類全体をみている視点の方がもっと信頼できると考えるべきなのは何故なのか？　宇宙的な視点からは、慈善家であれ草の葉を数える人であれ、どちらの人生も意味がないのである（とはいえ、慈善行為が草の葉を数える行為よりも優れた行為ではないと言っているわけではない）。

　宇宙的な視点からみて私たちの人生に意味がないということは問題ではな

――――――――――
(41) ジョン・ロールズの考えた例。

89

いと論じる人もいる。たとえそれが正しかったとしても、私たちの人生が私たち自身の人間の視点からみようとみまいと意味がある——つまり、宇宙的な視点からみて意味があるなら、それに越したことはないだろう。従って宇宙的な視点からみて意味はないのだから、私たちの人生は少なくともそれほど良いものではないとは思うべきなのだ。これにポリアンナ効果やそれ以外の真実をゆがめる心理的現象を加えて考えると、人生がどのぐらい良いものか過剰評価しやすくなっているのは、人間の視点からみたときにだけ私たちの人生には意味があるからだ、と考えるべきだということになる。重要な意味というものはあり得ず、私たちの人生には重要な良いものが欠けているというのは十分あり得るのだ。

　永遠の相のもとで判断される場合、人間の生は深刻に欠陥のあるものだという私の主張への反論は二つあるだろう。まずはそんな宇宙的な視点を想像することは端的に不可能であり、それ故人間の生を宇宙的な視点から判断することはできないと語る人たちからの反論である。例えば彼らは、痛みやフラストレーションが全くなく非常に優れた知恵と知識と知性があってずっと長く続く人生がどのようなものかを想像することができていない。この反論には、欲求充足説に基づいた人生の質に関する私の意見に対する類似の反論に私が再反論したのと同じやり方で再反論できる。つまり私はこの反論を想像力の欠如だと言って退けよう。例えば、おそらく私たちは、認識の点で人間の力を遥かに超えて洗練されているのが正にどのような感じなのかを想像することはできない。にもかかわらず私たちは、子どもと大人そして動物と人間との違いを理解することで、認識能力が増大することによってどんな違いがでてくるのかを理解しようとする。こうした特定の例を使えば、認識能力が増大することで私たちの人生が良くなるのかどうかに関して議論できるようになる。その場合の人生が良くなるかどうかは、認識の点で洗練されていない動物よりも今の私たちの人生の方が今の私たちの認識能力のおかげで良いものだと考えられるのかどうか、ということにある程度依存する。人間は認識能力のおかげで動物よりも良い生を送っていると言いたがるが、それは明らかに間違っている。知性を持ったせいで莫大な代償を背負っているからだ。それでもなお私たちの必要以上の認識能力が、人生を人間以外の霊長類の生よりも豊かにしたり良くしたりしているのだと考える人がいるなら、私たちがもっと優れた認識能力を持っていたらそれは更に良いことだったろ

うと譲歩し認めなければならない。そして、理想的なレベルの認識能力が私たちには備わっているのだということを示せない限り、それを認めないのは疑わしく利己的だと思われてしまう。逆に高度な認識能力を私たちが持っているせいで私たちは人間以外の霊長類よりも悪い状態にあるのだと考えるのならそのことが、思っているよりも私たちの人生は悪いのだということを示すまた別の議論になる。

　二番目の反論は、私の議論に対するより説得力のある反論になる。その反論とは、人生の質を判断するには具体的な背景が**なくてはならない**というものである。それに適した比喩として、教師が生徒の作文や試験を採点する比喩が挙げられる[42]。その教師はどんな基準を設けるのだろうか？　生徒が12歳であれば、教師はどうしたって12歳に（そして、もっと正確に言えば、12歳の生徒に）適したレベルの基準を置くはずである。12歳の学業成績は、大学院生に適した基準で判定はできない。同様に、この二番目の反論からすれば、人生の質は**永遠の相のもと**ではなく人間基準で判定されなくてはならないのだ。

　勿論私は、12歳がやった課題はその年齢に適した基準で評価するべきだということには反対ではない。というのは12歳の子の課題を判定する際に、知りたいのはその子がその同じクラスの他の子と比較してどうなのかを知りたいからだ。この比喩が言いたいのは、人生の質を判断する場合に人間基準を採用するときもあるということだ。私たちは自分の人生がどのくらい幸せかを、他人の人生と比較して知りたがるかもしれない。そのような他人との比較はそれなりに有効ではあるが、価値判断を下すための唯一の方法というわけではない。

　これに対して、次のように反論されるかもしれない。12歳の子どもの課題を評価する際により高度な基準に切り替えてはいけないのと同様に、人生の質を判断する上で人間の視点を超えた視点に切り替えてはいけないのだ、と。けれどもこの反論には多くの問題が潜んでいる。例えば、単にある12歳の子どもが12歳の子どもの基準に沿って「A」を取ったからといって、その子どもに一流大学の物理学科の教授職が用意されるべきなのだと考えることは全くない。つまり私たちは、用いる基準が12歳の子どもに適したも

──────────

[42] この反論と比喩を提起してくれた、アンディー・アルトマンに感謝する。

のであるというのを理解しているのと同時に、子どもの知性のレベルには明らかに限界があるということも理解しているのである。けれども、人間基準で幸福な人生はあるのだから、想像可能な範囲で幸福な人生はあるのだと、一般的にはそう考えられている。

　この点で、私に反論してくる人は次のように反論してくるだろう。知性に関しては物理学の教授たちを決して人間基準を超えた基準では判断しはしないのと同様に、人生の質に関しても人間基準を超えた基準で最も幸せな人の人生を判断してはならないのだ、と。けれども問題は、私たちは時折人間基準を超えた基準で有能な人々を実際に評価するし、そうすべき時もあるということだ。このことは（人の特性や業績に関する）謙虚さについての哲学的な問題を考察すれば、はっきりと分かるようになる。この問題は、謙虚さが美徳だと解されることを帳消しにしないと、謙虚さとはどのようなものなのかを説明するのは困難である、ということだ。例えば、謙虚な人間とは、自分には最高に優れた特性が何もないと自認している人物だと解されるのであれば、その場合、謙虚さは認識の欠陥であり、謙虚さを美徳だとするのには無理が出てきてしまう。また、謙虚な人間が、自分がどのぐらい優れているかを知ってはいるが知らないかのように振舞っているのであれば、その場合、謙虚さとは一種のペテンとなり、謙虚さが美徳の候補となるのは妥当ではない。謙虚さに関する問題への最良の解決策はこうだ。謙虚な人間は自らの長所に関して正確な認識がある一方で、自分が不十分で至らない者となるような高次の基準もある、ということも受け入れているとするのだ [43]。**永遠の相のもとで自分自身を見ることができる謙虚な人間の能力**のおかげで、その人の特性や業績はその人が謙虚だと判断されるその視点の中に置かれることになる。これこそ正に私たちが美徳とするものだ。

　ここまで私は、最良の人生の質に関しては、より「謙虚な」見解を提言している。人生の質を他人のそれと比較することは、場合によっては——例えば、分配の公平さに関して議論している場合は——適切だろうし私もそれは認める。けれども、**永遠の相のもとに人生を価値判断する方がより適切な場**

---

[43] こうした見解は、Richards (1988): 253-9 で展開されている。私はより高次の基準を宇宙の視点としているわけだが、リチャーズはそうは言っていない。ともあれ、より高次の基準のおかげで謙虚さに関する説明が非常に妥当なものになる——というのも、より高次の基準つまり宇宙の視点に立たなければ、文字どおり最高の人間が謙虚であるということがどんな分野においてもあり得ないだろうから。

合もあるのだ。それは正に、一般に人生とはどのぐらい良いものなのかということを決定しようとする場合に他ならない。そのとき、人生の質が満足のいくものではないことが分かるのだ。

三つの見解についてのまとめ
これまで吟味してきた三つの見解——快楽説・欲求充足説・客観的リスト説——のどれからも、以下の二つの事柄の区別が可能になる。

(a) 人生は実際にどのぐらい良いものなのか
(b) 人生はどのぐらい良いものだと考えられているのか

この違いがどのようにして快楽説から説明可能になるのか分からない人もいるだろう。分からないのは、快楽説は主観的な精神状態に関するものだからある人が自分の人生の質に関して下す主観的評価は信頼できるものであるはずだと考えてしまうからだ。けれども、快楽説によれば、**実際に**プラスの精神状態であったりマイナスの精神状態であったりすることに応じて、人生はより良かったりより悪かったりするのである。このような精神状態と人生との関係について人は間違え得るので、実際のところ快楽説からも (a) と (b) の区別が可能になる。

これは (a) と (b) が相互に影響するということを否定しているわけではない。三つの見解のどれか一つに基づいて人生がとても悪いものであっても、そのように悪いとは考えていないのであれば、そのように悪いとは考えていないというその一点において、人生が実際にどのぐらい悪いのかに気が付いている場合よりも実際に人生は良いものとなる。だが、その点で人生がより良いものであると言ったとしても、あらゆる点で人生はより良いものなのだと言っているわけでもないし、その人が考えているのと同程度に人生が良いものなのだと言っているわけでもない。

これまで議論してきたように、人生の質は思っているよりも遥かに悪いのである。また、人生が実際そうであるよりも良いものなのだと考えてしまうのは人間の心理の作用によるのであり、その詳細も示せた。普通の人生の質についてのより正確な見取り図は与えられた。新しい人生をスタートしてもその人生をスタートさせた人は決して何の利益も得られないのに、そんな人

生をスタートさせることは不適切なことなのか否かを決定するためのより良いポジションに今私たちはいる。勿論、適切か不適切かという問題は答えるのが難しいことで有名だ。けれども、実に合理的な吟味を行っていけば、普通の人生にあるのと同じくらいの害悪で満ちている人生をスタートさせることは実に不適切に決まっていると分かる。その吟味とはこうだ。すでに存在してしまっている人の総合的な利益を増やすためでも功利主義的な目的のためでもなく、その人に人生における害悪の総計を押し付けることは適切かどうかを問うのである。存在してしまうことが存在してしまう人物にとっては決して利益をもたらし得ないという議論を考えると、第一の条件——その人自身の利益は考慮しないという条件——は明らかに極めて重要である。また、功利主義的な目的のためでもないという第二条件は、第一条件よりも議論の余地があると思われるかもしれない。けれども、議論の余地はあるはずがない。すでに述べられたように、功利主義のなかでも最も妥当な功利主義が、新しい人間を生み出すことを全く支持していないのだ[44]。新しい人間を生み出すことで生み出されてしまった人以外の人たちが利益を得るわけだが、そうした利益は功利主義的に最大化された利益ということにはならず、(第4章で議論するが)他の諸個人にとってのささやかな利益に過ぎないのである。

　私はこれまで、どんな人生も続ける価値がないほど悪いということを述べてきたのではないし、述べる必要もなかった。そうではなく、何であれ悪いと思われるものが相当な量、どんな人生にも含まれている、ということを述べたのだ。この章の初めの方で述べたように、人生の質を決定することは単に人生には良いことと悪いことがどのぐらい含まれているのかを決定するといったことではない。それにもかかわらず、人生には思っている以上に多くの悪いことが含まれているのであれば、その人生の質を判断しても期待できないだろう。第2章の私の議論によれば、悪いことの量が比較的少ないとしても、人生にあるかもしれない限られた量の良いことがその悪いことを上回ることはあり得ないのだ。

---

[44] 段階的絶滅へ向かう手段としての子作りを、一時的で非常に限定的であれば、あらゆる理論立ったアプローチを駆使した上で認めることができるのかという問題を第6章で考察する。

苦痛の世界

　上記のような悲観主義は弱虫の実存主義者が泣き言を言って自分を憐れんでいるだけだと退けられがちなのだが、それほどポリアンナ効果は強力なのである。楽観主義者たちは、勇敢にもバラ色の人生を描こうとしたり、人間が陥っている苦境をそれを埋め合わせるようなこじつけで説明したり、少なくとも平気なふりをしようとする。悲観主義者たちからすれば、こうした楽観主義者たちの態度は気に喰わない——それは葬式でおどけていたり拍手喝采していたりするのと同じなのだ。例えば、ショーペンハウアーは楽観主義に関してこんなことを言っている。「それ（楽観主義）が、狭い額の下に空っぽの言葉しか抱いていない人たちの考えなしの話に過ぎないのでないとしたら、私には単に不条理なものだというだけに留まらず本当に**悪辣**な考え方、すなわち人類が被っている言葉では言い表せないほどの苦痛への苦い嘲りであるようにも思われる[45]」と。

　普通の健康的な人生に関して私の提示した悲観主義的な見解が受け入れられようが受け入れられなかろうが関係なく、この世界にはっきりと含まれている苦痛の総量を考慮すると、楽観主義は明らかにあまりにも根拠薄弱である（ここで私は**人間**の苦痛にだけ焦点を当てているが、私たちが住む星を共有している数えきれないほどの動物たち——そこには人間が食用とするためや、他の目的のために虐待され殺される目的だけで、毎年存在させられることになる数えきれないほどの動物たちが含まれる——が被っている苦痛についても考慮すると、楽観主義者が描いている世界は更にもっと理に反しているものになる[46]）。

　まずは自然災害について考えてみよう。自然災害で死んだと考えられる人は、ここ1000年間で1500万人を超える[47]。例えばここ2、3年、洪水で死ん

---

[45] Schopenhauer (1966): 326.

[46] ショーペンハウアーはこんなことを言っている。「鈍感で冷淡な楽天主義者を、病院、診療所、手術室を通って、監獄、拷問部屋、奴隷小屋も通って、戦場を越えて、死刑執行場へと案内する、つまり彼にすべての不幸の暗いすみかの門を開いてやったとしたら、ちなみにそのすみかでは不幸は冷徹な好奇心のまなざしを避けているわけだが、また極めつけにウゴリノの地下牢の餓死部屋を覗かせたとすれば、彼もまた最後には必ずこのライプニッツの言う**あらゆる可能世界のなかでの最善の世界**がどんな種類の世界なのかを理解することだろう」と。Schopenhauer (1966): 325.

[47] McGuire (2002): 31.

だ人は、毎年およそ2万人に及び、幾千万人の人々に苦痛をもたらした[48]。もっと死んでいる年もある。2004年12月下旬には津波で2、30万の人々が命を失った。

　毎日、ざっと2万人が餓死している[49]。およそ8億4千万人が死ぬこともできずに飢餓や栄養失調で苦しんでいる[50]。これは、今生きているおよそ63億人という人口のかなりの割合を占めている。

　毎年何百万人もが病気で苦しみ死んでゆく。例えば、伝染病について考えてみよう。紀元前541年から紀元後1912年の間に、1億2百万人以上の人々が伝染病で死んだと推定される[51]。その時代、世界の人口は現在と比べてすごく少なかったことを思い起こして欲しい。1918年のインフルエンザの流行では5千万人が死んだ。現在の世界人口と人口増加の速さ、そして海外旅行者の多さを考慮すれば、新型インフルエンザの流行で更に何百万人も多くの人々が死ぬことになるだろう。現在、HIVのせいで毎年3百万人近くが死んでいる[52]。他のあらゆる伝染病を加えれば、毎年総計千百万人近くが相当苦しんだ後で死んでいる[53]。更には、悪性新生物によって毎年7百万以上の人々の命が奪われている[54]。しかも、通常は相当苦しんだ後でしかもしばしばその苦痛が長引いた後に死ぬことになる。およそ350万人におよぶ事故死（毎年百万人以上いる交通事故死が含まれる）も加えよう[55]。他のすべての死も加えると総計およそ5,650万という膨大な数の人々が、2001年には死んでいる[56]。つまりそれは毎分107人以上の人々が死んでいることになる。世界人口が増えるにつれて死の数は増える。世界でも幼児の死亡率が高い地域では、上述したような死の原因がいくつも、生まれて2、3年のうちに訪れるだろう。また一方、平均寿命が上昇しても誕生が増えれば死も増えるのは分かる。ここで、死亡者数に家族や友人の数をかけてみよう。その家族や友人

---

(48) McGuire (2002): 5.

(49) The Hunger Project: ＜ http://www.thp.org ＞（最終アクセス：2003年11月）

(50) 'Undernourishment Around the World', ＜ http://www.fao.org/DOCREP/005/y7352E/y7352e03.htm ＞（最終アクセス：2003年11月14日）

(51) Rummel (1994): 70.

(52) World Health Organization (2002): 186. 2001年にHIVで死んだ人の数は286万6千人である。

(53) World Health Organization (2002): 186.

(54) World Health Organization (2002): 188.

(55) 2001年の統計である。Krug, Dahleg, Mercy, Zwi & Lozano (2002): 190.

(56) Krug, Dahleg, Mercy, Zwi & Lozano (2002): 186.

は故人を悼み、恋しく思いながら生きる。それぞれの死ごとに、故人を思って深く悲しみ、深く悼んでいる人がたくさんいるのである。

　多くの病気も人間の行動のせいではあるが、より意識的に引き起こされた苦痛について考えてみよう。私たちの中の一部の人々が他の人に押し付けている苦痛である。ある研究書によると、20世紀以前には推定1億3,300万人を超える人が大虐殺で死んでいるという[57]。同じ研究書によれば、20世紀の初めからの88年間で1億7千万人（3億6千万人程だった可能性もある）が「銃殺、撲殺、拷問、刺殺、焼死、餓死、凍死、圧死、過労死、生き埋め、溺死、……［絞殺］、爆死、また他にも、各国の政府が非武装で無力な市民や外国人を殺してきた、無数のあらゆる方法で殺された[58]」。

　明らかに何百万もの人々が戦争で死んでいる。WHOの『暴力と健康に関する世界報告』によれば、戦争での死者数は16世紀には160万人、そして17世紀には610万人、18世紀には700万人、19世紀には1,490万人、最も多くの血が流れた世紀——つまり、20世紀——には1億970万人にのぼる[59]。WHOの推定では、2000年には戦争での負傷で31万人が死んでいる[60]。2000年がとりわけ血塗られた年だと私たちの心に浮かんでくるわけでもないのに、これだけ死んでいるのだ。

　苦痛の話はまだ終わらない。強姦された人、暴行を受けた人、不具にされてしまった人、（政府というよりはむしろ市民個人による）殺人で死んだ人の数についても考えてみよう。毎年およそ4千万人の子どもたちが虐待されている[61]。今現在1億人以上の女性と少女が割礼を受けて苦しんでいる[62]。また、奴隷化、不正な投獄、村八分、密告、辱め、脅迫、勿論それだけではない多種多様な抑圧もある。

　何十万人もの人々がその苦痛があまりにも大き過ぎて——もしくは苦痛の自覚があまりに強すぎて——自らの命を絶っている。例として2000年には815,000人が自殺したと考えられている[63]。

---

(57) Rummel (1994): 69. 少なく見積もっても8900万人が、多いと2億6千万人が虐殺で死んでいるとのこと。

(58) Rummel (1994): 9.

(59) Krug, Dahleg, Mercy, Zwi & Lozano (2002): 218.

(60) Krug, Dahleg, Mercy, Zwi & Lozano (2002): 217.

(61) Krug, Dahleg, Mercy, Zwi & Lozano (2002): 80.

(62) Toubia (1994): 712.

(63) Krug, Dahleg, Mercy, Zwi & Lozano (2002): 185.

ポリアンナ効果のおかげで、ほとんどの人が自分や自分の（生まれてくる可能性のある）子どもがこれまで挙げたすべての苦痛とは無関係だと考えている。そして実際、極端に限られた人だけかもしれないが、**不可避**ではない苦痛を避けることができる幸運な人もいる。しかし、挙げてきた悲惨な出来事のうちの少なくともいくつかは、誰しもが経験するに違いない。

　こうした苦痛のほとんどを逃れている人生もあったとして、そうした人生がこれまで私が述べてきた人生よりも良いのだとしても、そのような（相対的に）高い質を持った人生なんて珍し過ぎてほぼ見られない。不思議な力で守られているかのような人生なんて滅多になく、そんな人生が一つあったとしたらそこにはまた何百万の悲惨な人生があるだろう。自分の子どもが不幸な人の仲間入りをするだろうと悟っている人はいる。けれども、自分の子どもが限られた数の幸運の持ち主とされる人の一人になると分かっている人はいない。存在させられてしまう人には誰にでも大きな苦痛が待ち受けているだろう。それでも、恵まれた人のほとんどが、我慢できないほどの苦痛を被ったり、強姦されたり、暴行を受けたり、残酷なやり方で殺されたりするだろう子どもに命を宿すことになるだろう。楽観主義を貫くのなら、この子作りロシアンルーレットを正当化する責任を負わなければならない。存在させられる人にとって、決して存在しないことに勝る真の利益などないという事実を考慮すると、子作りロシアンルーレットという深刻な害悪が生まれる重要な賭けを正当化できる方法を見つけるのは無理だろう。どんな人でも耐えられないような非日常的な耐え難い害悪だけでなく、普通の人の人生に含まれるような実に日常的な害悪も考えると、陽気な子作り人たちにとって事態はより悪くなる。つまり彼らは、**めいっぱい弾が込められた銃**で、ロシアンルーレットをしている——勿論その標的は、自分自身の頭ではなく将来生まれてくる自分の子どもの頭なのだ。

第4章　子どもを持つということ：反出生的見解

哲学者たちは……苦しむ人類が増えるように駆り立てるのではなく、少数の個人個人に幸せを提供することにもっと没頭するべきなのだ。
ヴォルテール『カンディード』の登場人物　マルチン [1]

*この世に誰かを生まれさせるということを考えるたびに、私は**恐怖**でゾッとします……私の肉体が完全に無くなりますように！　私の存在の退屈と屈辱を決して誰にもうつしませんように！*
ギュスターヴ・フロベール [2]

子作り

これまで論じてきた通り存在してしまうことは常に害悪であり、しかもそれは深刻な害悪なのだ。この結論に至るための道筋は複数ある。第2章で「存在してしまうことは常に害悪である」という主張を拒絶する人もいると述べたが、そうだとしてもその人たちは第3章の「私たちの人生は実際にあまりに悪いものだ」という議論で説得されたかもしれない。「どんな人生もとても悪いのだ」ということを否定する人でさえ第3章を読んで、少なくとも圧倒的大多数の人生がとても悪いのだという結論を下すべきなのである。これらの結論は必ず子どもを持つことに関する問題と関連しているはずだ（「子どもを持つ」と言う時に私が言いたいのは「子どもを育てる」ということよりは「子どもを誕生させる」ということの方である）。

子作りの義務はない

子作りをしなくてはならない義務があると信じている人もいる。あると主張されるこの義務の（1）射程と（2）正当化の理由を理解する道筋は様々だ。

（1）射程：子作りをしなくてはならないという義務は、（a）子どもを**何人**

---

(1) Voltaire (1997): 134-5.
(2) Flaubert (1979): 174.

か持たなくてはいけないという義務だとして解され得る、もしくは（b）できる限り**たくさん**の子どもを持つべきだという義務として解され得る

（2）正当化の理由：あると主張される子作りの義務は、（a）存在させられる人びとの利害関心を根拠としている、もしくは（b）他者の利害関心や功利性や神からの命令といったような他の考慮すべき事柄を根拠としている[3]

　私がしている議論がもっとも激しく異議を申し立てるのは、存在させられる人たちの利害を根拠としているような義務に対してである。もし存在してしまうことが常に深刻な害悪であるなら、存在する可能性はあるがまだ存在していない人々の利害を根拠としてそうした人を存在させなくてはならない義務は全くあり得ないし、できる限りたくさんの人間を存在させなくてはならない義務はもっと強い理由であり得ないことになる。というのも、子作りの義務は非常にもっともらしい方法で正当化されているが、ある人が持ち得るただ一人の（もしくは二人目以降の）子どもが、始める価値のないほどの悪い人生を歩むというケースを除去するために、その義務は制限されなければならないのだ。つまり、存在する可能性はあるがまだ存在していない人々の利害に基づいて、彼らのうちの何人かを（できる限りたくさんの人をというのはもっとあり得ないのだが）存在させなくてはならない義務があるなどと、もっともらしく提言できる人は、もし彼らが始める価値もない人生を送るのだとしたら、一人もいない、ということである。私の議論からは「始める価値のある人生はない」ということが示されるので、すべての人生が子作りの義務の適用範囲からはずれる。その際、私の議論が明らかにするのは、子作りの義務なんてものはないか、もしくはそのような義務があるのだとしても、現実の世界に決して適用されない、純粋に理論的な義務になるということである。始める価値のある人生が少しは存在すると考える人でさえも、子作りの義務があるということについては否定せざるを得なくなるだろう。何故なら（a）これから始める人生に始めるだけの価値があるかどうかをあらかじめ知ることは不可能だし（b）他のすべての人生がどれだけ悪いのかを踏まえると、過ちの代償はあまりに大きいからである。

---

(3) 他の根拠に関しては Smilansky (1995): 41-53 を参照されたい。

私の議論は、存在させられる人たちの利害の考慮に基づいた子作りの義務に対して、どちらかというと間接的ではあるが、とはいえ本質的な難題を突きつけている。だが私がしている議論は、論理的にはそのような義務を（また、そうした義務が現実世界に適用されることを）排除していない。というのは存在してしまうことは害悪で、しかも深刻な害悪だと受け入れられたとしても、その義務の基礎となる考え――他者のためだとか神の命令だとかいったような――が、その害悪に勝って重要なのだと言われる可能性があるからだ。まあ、**そう言われたとしても**、存在してしまうことの害悪が私の示した通りに深刻だとすればそれは、非常に疑わしくなる。更に、被る害悪が大きければ大きいほどますます疑わしくなる。というわけで（2b）に基づいた先の（1b）は、（2b）に基づいた（1a）よりも遥かに疑わしいものである。つまり、できる限りたくさんの子どもを持つべきだという、存在させられるようになる人の利害以外を根拠としている義務は、何人かは子どもを持つべきだという、同じく存在させられるようになる人の利害以外を根拠としている義務よりも、遥かに疑わしいのである。

子どもを作ってはいけないという義務はあるのか？

　私がしている議論からは、子どもを持つことが現実的に間違っているということも示されるのだろうか？　言い換えれば、子どもを**作ってはいけない**義務はあるのか？　もしくは、子作りは義務的でもなければ禁止されるようなものでもないのだろうか？　**場合によっては**子どもを作ってはいけない義務がある、ということに同意をする人は多いだろう。存在させることにした子どもが際立って悪い人生を送るだろうという場合には、ということである。しかしながら私の問いは、人々を存在させてはいけないという義務が、すべてのこれから存在し得る人々に適用されるのかどうかということなのである。

　これに対して肯定的な回答をするのであれば、最も深く根付いている人間の強力ないくつかの衝動に激しく対抗することになるだろう――例えば、生殖衝動である。子どもを持つことが悪いことかどうか価値判断する場合、その衝動の持つ、私たちをその行動に向かわせる力に、私たちは鋭い注意を向け、疑念を抱かなくてはならない。他方で、子作りへの関心に対する熟考なしに子作りは間違っているのだとしてしまうのは軽率だろう。

　最初に、性交への関心と親になることへの関心から、子作りへの関心を分

けて考えなくてはならない。子作りへの関心は、新しい人間を、つまり自らの遺伝子を受け継いだ子孫を存在させることへの関心である[4]。子作りをしないということは、子作りへの関心を捨てるという代償を払うことで成り立つ。全員が全員そのような関心を持っているわけではないが、それでも非常に多くの人は持っている。

　性交への関心は、ある種の性的な繋がり——つまりは、性交——に対する関心である。性交への関心を満たすことが、大抵の場合、子作りへの原動力となっている。実際のところ、ほとんどの人々が存在させられることになったのは、子作りへの関心を両親が満たそうとしたことが原因なのではなく、両親が彼ら自身の性交への関心を満たしていたからなのである。言い換えれば、大多数の人については、自分たちが存在するようになったのは、両親が子作りをしようと決意した結果というよりはむしろ、単に親の性交の結果なのである。しかしながら、性交は誰かを存在させるようにすることなしに可能であるから（例えば、避妊がうまくいった場合）、子作りをしないからといって性交への関心を（もっと限定すれば、挿入行為を伴わない性への関心を）捨てるといった代償を払う必要性はない。結局のところ子どもを作らないようにするには、その当事者の片方もしくは両方が、ある（避妊に関する）配慮をすればいいだけなのであり、しかもそれは女性が閉経するまでの間だけなのである。そうした配慮をするちょっとした努力が、存在してしまうことの害悪を上回ることなんてとうていありえないし、それ故、性交の（目的というよりはむしろ）単なる成り行きとして子どもを作ってしまうなんて決して許してはならないのだ。

　親になることへの関心は子育てをすることへの関心でもあり、また自分が育ててきた（大人になった）子どもとの間に構築された信頼関係への関心でもある。こうした関心は自分の遺伝子を受け継いだ子孫である子どもを育てることでも満たされるが、私たちは自分が産んではいない子どもを育てることもできる。従って、親になることへの関心を満たすのに自分の子作りへの関心を満たす必要は必ずしもない。少なくとも、望まれずして生まれた子ど

---

(4)「遺伝子を受け継いだ子孫」というフレーズは必要不可欠である。というのは例えば、不妊治療専門医が持っている子作りに対する関心は自分以外の子作りを援助したところで満たされないからだ。（「遺伝子を受け継いだ子孫」というフレーズは、ある人自身の配偶子から形成された存在者には限定されず、その人のクローンも含み得る。）

もが存在するうちは、自分の子どもを一人も作らなくても、子育てへの関心を満たすことはできる。しかしながら、自分自身の子どもを作るのは、育てる子どもを手に入れる方法として圧倒的に断然簡単なのである。養子をとるのはとても大変で、気持ちやお金の面でかなりの代償を払わなければならなくなる。現在、こうした道をあえて歩んでいる人のほとんどは自分たち自身の遺伝子を受け継いだ子どもを作る能力がない人であるが、その一方、自分たちで子どもを作ることができるにもかかわらず養子を選ぶ人もいる。子どもを作る能力があるかどうかを問わず、養子をとっている人たちにとって、子作りをせずに子育てだけをするということは、養子をとる際の険しい代償を払ってのことなのだ。もし子作りをしないということがスタンダードになって（望まれてそうなることは多分ないだろうが）、望まれずして生まれる子どももいないとしたら、子作りをしないということには、子作りへの関心だけでなく親になることへの関心も捨てるといった代償を払わなければならなくなるだろう。

　その子どものためにその子どもが存在させられるということは不可能である。それが何故なのかを理解するためにわざわざ第2章の議論は要らないが、第2章での議論に基づけば、存在させられてしまった人がこうした子作りという出来事から恩恵を受けることはあり得ないことは確かだ。これは、子どものために子どもを持つとは考えずに子どもを作る人もいる、ということを言っているわけではない。ただ何を考えていようとも、自分たちで子どもを持つということが現実的にはその子どものためには決してならない、と言っているだけである。もし子どもを持つ上でその人たちが考えている理由がその子どもに何らかのメリットをもたらすことなのだとすれば、それは間違いなのだ。

　子どもを持つのに別の理由もあり得る。ほとんどの人は、正に子どもを持とうと決心するときに、おそらく、子作りへの関心およびそれに関連した関心を満たすために、その決心をしていることになる。そうした決心が、ある程度、他の人の関心も満たすことになる場合もある。ここで出て来る他の人には、（祖父母になりたいと願っている）両親も、（存続のために新たに人を必要としている）部族や民族も、（上手く機能するために十分に人が住んでいる必要がある）国家も含む。だがそのようなケースにおいても、こうした他の人の利益への関心を満たすということは、いつも、子作りをしている当人たちの利益への関心を満たすことと表裏一体だろう。両親に孫を見せてや

ることで、孫がいない不平不満を黙らすわけである。部族や民族または国家のために赤ちゃんを作れば、作った当人に幾ばくかのステータスがもたらされる。けれどもおそらく、子作りへの関心とそれに直結する関心が、意図的に子どもを作る理由の大半を占めているのである。子どもを作りたいという生物学的な欲求を満たせて両親は満足だろうし、その子どもを養い育てることで充実していると感じる。そうして生まれた子どもが育てば友達にもなれる。子どもが孫を見せてくれるかもしれない。更に子どもは老後の備えとなる保険証券でもある。子どもは老いた自分の世話をしてくれるからだ。跡継ぎは両親にある種の不死性をもたらしてくれる——例えば、両親からその子どもへと伝播することになる遺伝的なものとか価値観だとか考えだとかを通して。そしてそれらは、両親が死んだ後もその子どもや孫の中に残り続ける。上記のなかには人が子どもを持ちたいと思う適切な理由はあるだろうが、子どもを持つことが悪いことではないという根拠はどの理由の中にもない。その効用が自分自身の子どもを作らずとも成り立つ限りは、子作りを擁護するのにそうした理由を持ち出すことはできない。けれども、少なくともそうした効用の中には自分で子どもを作らなければ得られないものもある——最も顕著なのが子作りへの関心を満たすことである。ところで、子作りが当事者自身の関心を満たすということだけでは、子作りそのものが間違っているとは示せない。その人自身の利害を満たすことは常に間違っているというわけではないから。しかし、子どもを作ることが他の人に決定的な害悪をもたらすのであれば、子作りは大抵正当化されない。

　次に「存在してしまうことはどんな場合であっても害悪」という私の見解を受け入れた上でも子どもを持つことを擁護しようとするのならば、そうした害悪が大きなものであるということを否定するしかない。——つまり、第3章の結論を否定するしかない。そのときには「両親や他者の利益がその害悪を上回るのだ」と主張されることだろう。けれども「存在してしまうことは**大きな害悪である**」に同意するとしたらどうだろう？　子作りを擁護するために何か言う余地があるのか？

　子どもを持つことが許される可能性を擁護する際に浮かび上がってくるのは、今生きている大抵の人は自分が存在してしまったことが害悪だとそれほどには思っていないという点が、道徳的判断をする際に重要である、ということである。そのような人は存在してしまったことを残念に思っていない。

104

第4章　子どもを持つということ：反出生的見解

私の議論が示しているのは、こうした見解はあまり理性的ではないということだが、理性的でないからと言って彼らが道徳的判断をする際にその見解の重要性がすべてなくなってしまうわけではない。(比較的)快適な人生を送っているほとんどの人が存在してしまったことで幸せなのだから、そのような人々が将来親になることは、「もし自分たちが子どもを持つならば、その子どももまた、同じように幸せに感じるだろう」という想定の下、正当化される。その人たちが存在する以前にその人たちを存在させるかどうかの同意を得ることが不可能なことを考えると、こうした想定は子どもを持つことを正当化する際に重要な役割を担うことになるだろう。私たちが存在させることになる人たちが、私たちがそうすることを嫌だとは思わないという推測ができるなら、私たちは子どもを作るということへの、またそれ以外の関心を表明する資格があるといった方向に議論は進むだろう。またそうした関心が、比較的良い人生を歩む子どもか、比較的悪い人生を歩む子どもか、どちらの子どもを持つことでも満たされるのだとしよう。その場合、両親が悪い人生を歩む子どもを存在させたのであれば、子どもを持ったのは過ちであった可能性がある。その子どもが自分の存在を残念に思っていようがいまいが過ちだったかもしれないのだ。というのは、将来そうした子どもの両親となる人たちが子作りへの関心を満たすつもりなら、その人たちはできる限り代償を少なくしてその関心を満たすに違いないからだ。彼らが生じさせる子どもの人生が悪いものでなければないほど代償は少なくなる。代償が非常に高くつく場合は（例えば、その子どもが最低限度の水準を下回る人生を歩むといった場合）、代償が両親の関心を打ち消してしまうのだが。

　自分が存在していることを子どもが残念に思う結果になるケースはあまりに悲劇的だが、両親が理性的にこのことを見通すことができない場合は、両親は子どもを持つという重要な関心に従って悪いことをしているのだとは言えないということをその議論は示唆するだろう。この議論によれば、もし存在してしまっていることを残念に思うのが多数派あるいは少数派でもそれなりの数だったなら、状況はかなり違ったことだろう。そうした状況下では、先のような子どもを持つための正当化は明らかに退けられただろう。けれども大抵の人たちが自分たちが存在してしまっていることを残念に思ったり**しない**場合は、その議論は機能するのか？　実際のところ、この議論は（シーナ・シフリンが提示している理由だけでなく、第2章で私が言及した理由か

105

らも）問題含みだ。人々の人生に含まれる、干渉を受けたこと自体を後から承認させるようにしてしまう有害な干渉（例えば洗脳）を排除できないため、その議論の形式はこれまで別の文脈でも広く批判されてきた。持つように洗脳される見解を承認するようになることは、選好的適応の一つの形——干渉を受け入れるようになるという適応である。しかし、選好的適応には別の種類の、私たちが疑わしいと思うものもある。欲しいものでも手に入らないと分かったら欲しがるのをやめるかもしれない（「酸っぱいぶどう」）。逆もまた然りである。人々が自分たちは不幸な状況下にいる（無理やりすっぱいレモンを食べさせられている）のだと認識して、自分たちの選好をその苦境に適応させるのは珍しいことではない（「甘いレモン (5)」）。もし存在してしまうことがこれまで示唆してきた通り大きな害悪なのであって、しかもそれが心理的には耐え難いほどの重荷であるなら、私たちにとって物事はなんて素晴らしいのだろうと、私たちが大規模な自己欺瞞に陥ってしまっている可能性は大いにある。またもしそうなら、いま描いた子作りを擁護する議論が主張していたのとは反対に、ほとんどの人は自分たちが存在してしまっていることを残念に思ってはいないということは重要ではないのかもしれない。奴隷制は有害だと強力に主張する場合、私たちは、奴隷が自ら奴隷であることを受け入れていることで奴隷となっていることが正当化されるとはみなさないだろう。とりわけ、奴隷でいることは安らぎをもたらしてくれるといった、理性的に考えれば疑問符をつけたくなるようなある種の心理状態に注目する場合でもそうだろう (6)。そうだとすると更に、ここまででそう議論してきたように存在してしまうことが大きな害悪なのだとすれば、存在してしまっていることで満足感が広がっても、それを子どもを持つことを正当化する理由とみなしてはいけないのである。

　これに対して、子作りをしてはならないというのは、無茶な要求だという反論がされるだろう。私は、子作りを諦めることが大変なことだということを否定はしない——人間の本性を考えれば子作りは多くの人たちが求めるものだから。しかし、私たちは求め過ぎなのではないか？　前述したが、場合

---

(5) 常にではないがしばしば、これはメンツを保つための方法として機能するだろうが、その場合でも結局のところそれは自分の中に取り込まれ得る。

(6) 誘拐の被害者となった人のケースにおいては、ちょうどこのような現象が起きていると考えられる。というのも、しばしば、誘拐の被害者は、誘拐犯と一体感を持つようになることがあるからだ。

によっては子作りしてはいけないという義務があると同意してくれる人も多いだろう——つまり、その子孫がひどい苦痛を被るかもしれないような場合である。そうした場合は、子どもを持つことが間違ったことであるということを多くの人が受け入れやすい。だが、そのような場合に子どもを作ることをやめなくてはならない人たちの抱える精神的な負担が、他の親になる可能性のあった人が、子どもを持つことをやめることで直面することになる負担よりも、軽いことはないのだ、ということに気付かなければならない。もし先の場合に子どもをあきらめる人の負担が耐え難いものでないなら、他の子どもをあきらめる人の負担も耐え難いものではないはずだ。そこには子どもが送ることになっただろう人生の質に差異があるだけだろう。言い換えれば、受け入れ難いような質の低い人生をその子どもが送ることになるような場合は子どもを作らないことを求めることができるが、「人並みな」人生を送ることになるだろう場合はそれを求めることはできないということだ。だがこうした議論は、子どもを作らない場合の重荷の大きさについてではなく、むしろその重荷がどんな時に課されるかに関する議論なのだということに注目して欲しい。生み出された子どもたちがあまりにかわいそうな人生を送ることになるかもしれない場合においてのみ、子どもを作らないことが求められるべきなのだということにも私は同意してよいだろう。というのは、これまで議論してきたように、**どんな**人生であってもこのかわいそうというカテゴリーに当てはまるからである。このかわいそうというカテゴリーに当てはまらないような人生も**少数だが**あるだろうと考える人もいるが、そうした人は「子どもを作るなというのはあまりに要求が過ぎる」という反論をあまりうまく擁護できない。というのは、そうした人は以下の事実を深く受け入れなければならないことは明らかだからである。子どもを存在させるかどうか熟考しているときには、その子どもが送ることとなる人生がとてもかわいそうではないごく少数の人生の一つかどうかなんてことは分からない、という事実をである。そうすると、思うに、存在してしまうことは大きな害悪であるということを受け入れ、その子どもが存在させられていることで大きな害悪を被るだろう場合は子どもを作ってはいけない義務がある、と受け入れている人は、子どもを作ってはいけない義務は要求が過ぎるといったことはない、と認めるはずだ。

　だが、このことについて私の議論が間違っていて子どもを持つことが非道

徳なことではないとしても、第2章と第3章の私の議論によれば、少なくと
も子どもを持たない方がより良いだろう。私たちが将来作るかもしれないま
だ見ぬ子孫、彼らは存在してしまうことを残念に思わないかもしれないが、
存在するようにならなかったことを残念に思わないのは確かだ。実際のとこ
ろ、存在してしまうことは彼らの利害では全くないのだから、道徳的に望ま
しい行為をしていくには、その彼らが存在しないということを確実にすれば
良いのである。

子どもを作る自由

　もし子作りをしない方が良いということだけであれば、依然として子ども
を作る権利は残されてしまうだろう。すなわち、次善の行為をする資格が与
えられる——権利を持つ——だろう[7]。けれども子どもを作ってはいけない
義務があるなら、子どもを作る権利はまったくあり得ないだろう。してはい
けない義務がある行為をする資格は誰にも与えられない。従って「子どもを
作ってはいけない義務がある」という議論は、子どもを作る自由に通常属し
ているとされる権利をおびやかしているようにみえる[8]。それは本当なのか？

子どもを作る権利とされているものを理解する

　子どもを作る自由を持つ権利は、子どもを作るか作らないかを選択できる
権利だとしよう。この権利の一側面——つまり、子どもを作らなくてもよい
権利——は、明らかに子どもを作ってはいけない義務と対立しない。子ども
を作る自由を持つ権利がこの一側面だけしか含んでいないと理解できるもの
であったなら、その権利は、全体として、子どもを持つべきではない義務と

---

(7)「許され得る」、「要求されている」、「義務以上」の間の違いをなくそうとする最大化追求者は、
　　次善のことをする資格が私たちには常にあるということを否定するだろう。なので、次善のこ
　　とをする資格があるだろうと言う時に私が言いたいのは、最大化追求者の見解を否定すること
　　でそのような資格がある、ということになる。
(8) 1948年の「世界人権宣言」第16条によれば、「成人した男女は、……結婚をし家庭を築く権利
　　を持つ」とある。また「家庭を築く」権利は、「市民的および政治的権利に関する国際規約」第
　　23条および「ヨーロッパ人権条約」第12条に基づく。文字通りそれを受け取れば「家庭を築く」
　　権利は、子どもを作る権利では明らかにない。というのは養子をとって家庭を築くことも可能
　　だからだ。しかし家庭を築く権利には子どもを作って家庭を築くことが意図的に含まれている
　　し、そう理解されてもいる。

第4章　子どもを持つということ：反出生的見解

対立しなかっただろう。赤ちゃんを作る権利も作らない権利も両方をその権利が含んでいる場合にのみ、対立は起こる。

　更に私は、子どもを作る自由を持つ権利とは消極的な権利——つまり（それを望んでいるパートナーと）生殖すること、もしくは生殖しないことを邪魔されない権利——だと理解しよう。言い換えれば、子どもを作る自由を持つ権利は、子どもを持つことや子どもを持つことを避けるのを助長するような積極的な権利だとは理解しないということである。生殖補助に関する問いは、本章の後半で考察しよう。

　今問題となっている権利が道徳的権利だとすれば（私がしているように、子どもを作ってはいけない義務が道徳的義務だとすれば）、子どもを作ってはいけない義務と子どもを作る権利とされているものとの間の対立は、非常に厳しく避け難い。もし、子どもを持つことが道徳的に間違っていて、それ故、子どもを持つべきではない道徳的義務が存在している場合、子どもを持つ道徳的権利は存在しえない。けれどもこう考えたところで、子どもを持つ法的権利があるべきかという問いは解決しない。子どもを持つことは道徳的には間違っているかもしれないが、事実としてこの間違いを犯してもよい法的権利は残されるはずだ。法的権利の特徴の一つには、間違っているかもしれない、もしくはそうみなされていることをする自由が許されるということがある。例えば、言論の自由に関する法的権利は、誰もが良いとか賢いだとか思うような言論を保護するためではなく、むしろ悪いとか愚かだと思う人がいるような言論を保護するために存在している。人は、たとえその人が個人的に間違っているとみなすような発言や行為でも、それを言ったり行ったりする法的権利はあるべきだと考えることができているのだ。しかしそれだけでは、子どもを作る自由に関する法的権利が存在するべきだということを示すには不十分である。というのは、それらを実行する権利があってはならないような多くの間違いもあるからである。例えば、殺人や窃盗や暗殺をしてよい法的権利はあってはならないわけである。そこで問題となってくるのは、人を存在させることが法律で守られるべき類の間違いなのかどうかということである。この問いに今から取り組もう。

子どもを作る権利を自律性に根拠付ける

　当然のことだが、子どもを作る権利は子どもを**作らない**権利からは生じえ

109

ない。つまり、子どもを**作る**権利がなくとも、子どもを作らない権利はある
だろう。けれども、子どもを作る権利とされているものは、子どもを作らな
い権利を根拠付けてもいる考察に一部基づいている。例えば、自律性を保ち
たいという思いが子どもを作る選択を妨げることへの反証を立証し得ると論
じることはできるだろう。この議論は、子どもを作る決断がたくさんの人に
とって重要だということに気付くことでより説得的になる。子どもを作る自
由は、それ自体においてであれ親になる手段としてであれ非常にその重みを
増している。子どもを作るかどうかはその人の人生の特徴や質に絶大な影響
をもたらし得る（だが妊娠はさておき、自分が生んだ子どもを養子に出して
しまうか、自分が生んでない子を養子にとる場合はその限りではない）。子
どもを作ることが人生に意味をもたらしてくれる人や、宗教的に重要な意味
合いを持つことにもなる人もいるだろう。

　以上のような考慮から子どもを持つ法的権利が十分に正当化されるのだと
広く考えられてはいる。だがしかし、子どもを持つ法的権利はなくてはなら
ないと考えながら「存在してしまうことは常に害悪である」という結論も受
け入れている場合、次のような困難に直面することとなる。子どもを持つ法
的権利は無条件に受け取れる権利ではなく、子どもを持った方が良いという
とても強力な仮説なのである。仮説は仮説に過ぎないのでそもそも反駁され
得るのだ。従って、子どもを作る自由を持つ権利を擁護する人は「子どもを
作る選択を制限する人には、問題の子どもを作るという行為が正当に制限さ
れ得るほどの本質的な害悪を生み出すのだということを、はっきりと示す責
任がある[9]」という点を指摘する。これに論争の余地はあまりない。けれど
も「存在してしまうことは常に大きな害悪である」と考えるなら、子どもを
作る権利があるべきだという仮説は常に退けられる。しかし、常に退けられ
るような権利は、事実上権利ではない。権利の方が原理的なのだ――たとえ
その権利が常に退けられるとしても、退けられなければならないのは仮説の
方なのだ――と主張されるかもしれないが、そのような権利は法律で適切に
謳われているとは言えない。子どもを持つ法的権利があるということを正当
化するためには、子どもを持つかどうかを選択できるという単に原理的なだ
けではない実践的な仮説がなくてはならないということが当然明らかにされ

---

(9) Robertson (1994): 24.

るべきだ。その時、問題となるのは、阻却可能条件が常に満たされている場合、子どもを持つという阻却可能な法的権利は、法的権利として妥当な候補とはならない、ということなのである。

子どもを作る権利を無益さに根拠付ける

　「存在してしまうことは常に害悪である」ということを否定せずに子どもを作る自由に関する法的権利を擁護するために、次のように言う人もいる。もし子どもを作る自由を持つ権利が、存在させられるだろう未来の人たちに対する害悪を防ぐために与えられない場合、政府に可能なのは、二つのことである。一つは、子どもを作る権利はないまま人々に単純に子作りをさせることであり、もう一つは、積極的に子作りを禁止することである。最初の選択肢は意味がない。子どもを持つ資格を与えないということの意味は、人を存在させるという害悪を防ぐことにある。もしそうなら何故、子どもを持つ権利を与えないことの結果として子どもを作っても良い許可が下りるというのか？　従って、子どもを作る自由を持つ権利を抑えるということは、子どもを持つことを禁ずるということに繋がらなくてはならないだろう[10]。どんな風に子どもを作る自由に関する法的権利を擁護する議論が進もうともそれとは関係なく、子作りの禁止は端的に意味がない。人々はその法律を破る方法を見つけるだろう。その法律を施行するためには、不十分かつ不平等な仕方であっても、政府は非常に強引な監視やそれが引き起こすだろうプライバシーの侵害に手を染めなくてはならなくなるだろう。性交それ自体は実際禁止されるべきではないし禁止することはできないという妥当な想定に基づくと、政府は故意もしくは過失によって妊娠した人と事故で妊娠してしまった人との間に差異を設けるようにしなければならないだろう。その時、どちらの場合でも政府は中絶を要求しなければならないだろう。その人が中絶を望

---

(10) 自分の国境の内側にいるすべての人に関して子作りの禁止を真剣に考慮するような国家など存在しないだろうということを、私は分かっていないわけではない。（その人口の中の政府に望まれていない集団が子どもを作るのを制限したり、未然に防いだり、禁止したりしようとした政府は明らかにこれまでにあった——例えば、黒人やユダヤ人や「知的障碍者」や貧困層といった人々の例である）。しかしながら、どんな政府もあらゆる人が子どもを作るのを禁止するべきなのかどうかを問うてこなかったからと言って、その問いが問うに値しないものだということにはならない。何故どの国においても子どもを作ることが決して禁止されないのだろうかという問いに関しては、あらゆる種類の心理学、社会学、そして、政治学の観点から説明がなされ得るだろう。だからといってその立場が哲学的に健全であることにはならないが。

まない場合、この政府は物理的にその人を拘束しその人に望まれていない妊娠中絶を実行しなくてはならないだろう。そうしたことを恐れて妊娠が秘密裏に行われるものと化すのは非常に有り得るだろう。女性たちはこっそりと妊娠・出産をするのである。次にそうした状況から、妊娠・出産に関連する病気と死が増えるのもまた非常に有り得るだろう。そのような種類の道徳的代償は計り知れないもので、そうするとこの話は子作りの禁止による利益がその道徳的代償を上回ることはないという見解のための説得力のある議論となる。子作りの禁止による利益をすべて回収することはできそうもないし、また子作りを禁止したところで子どもを作るという行為がなくならないとしたら特にそうだ。この議論は非最大化主義的非帰結主義者の見解——権利といったものと非常に相性が良い種類の見解——において最も説得力を持つが、ちょうどどのぐらい多くの利益と害悪がそれぞれのシナリオ下で生み出されることになるのかを踏まえれば、この議論は最大化主義的帰結主義者の見解にも当てはまるかもしれない。

子どもを作る権利を意見の相違があるということに根拠付ける

　私たちの生きている世界について言うのであれば、子どもを作る自由に関する法的権利とそれの構成要素となる子どもを作る法的権利を正当化するためには、前の節の論証で十分かもしれない。しかし、考察して対処しなければならない反論がもう一つある。確かに私たちは、上述されたようなプライバシーの侵害や身体的拘束がなされなくとも、子どもを作らないということが（全世界的にとまではいかなくとも）広く確保されている社会を想像することはできる。人々が知らずに、個人個人との同意もなく、安全で非常に効果的な避妊薬がひろく投与されてしまうようになり得た場合の話である——例えば、飲み水に入れたり、大気中に散布したりするやり方で。こうしたことが執り行われる政府は、オーウェル的な一般市民常時監視体制や強制不妊や強制中絶など、そういった恐ろしいイメージを避けるだろう。勿論それでもこれは個人の自律性を侵害するものではあるだろうがしかし、すでに議論したように、それでは子どもを作る権利を支持する論拠としては不十分なのだ。

　上記のような、目立たず穏やかな形で子作りを未然に防ぐことができた社会では、子どもを作る自由を持つ権利を擁護する際にどんなことが言えるだ

ろうか？　深刻な難点がある主張だが、考えられる限り最も強力な主張は以下のようなものだ。つまり「存在してしまうことは常に害悪である」という見解には非常に議論の余地があるという主張である。たとえそれにもかかわらずこの「存在してしまうことは常に害悪である」という見解は正しいのだとしても、ほとんど支持を受けないということから、普通の人はこの見解に賛同できないということが分かる。またある行為が（正当化できない）害悪かどうかという問題に関してこのように賛同がなされないのであれば、政府はそうした行為を実行するか否かを選択する権利を人々に与えるべきなのだ。この議論では、あの有名な危害原理の必要条件を考えなくてはならない。危害原理に従うと、その危害原理に何の条件も付けなければ、政府はある行為が同意していない人々を傷つける場合にのみ、その行為を禁止してよい。必要条件を考えると分かるのは、ある行為が害悪であるかどうかに関して普通の人々の間で意見の相違があるというケースは、危害原理の射程には入らないということである。

　この「普通の人々の間で意見の相違がある場合は、危害原理が適用されない」という見解を支持しているように見えるケースはいくつかある。中絶をそのようなケースの一つだと考えている人もいるだろう。人工妊娠中絶反対派は、言われがちなことだが、中絶は不当に胎児に危害を加え、それ故、例の危害原理に従って禁止されるべきだと確信している。人工妊娠中絶賛成派の全員というわけではないが何人かは、胎児は道徳的に考慮すべき存在かどうかという問題には非常に議論の余地があるということに気が付いているのだろう。このことから彼らは、中絶が道徳的に悪いというのが事実だとしても中絶をしてもよい法的権利はあってしかるべきだと主張するだろう。

　けれども、例の危害原理の必要条件に深刻な疑念を投げ掛けるケースは他にもある。奴隷制のある社会における奴隷という身分に関するケースについて考えてみよう——もしくは、極端な話、奴隷が奴隷であるのは本性的に適しているからだという見解によって、奴隷制を擁護している類いの奴隷制のある社会について考えてみよう。そのような社会においては、多くの人々が奴隷制は奴隷に害悪を及ぼしたりはしないと信じているのに気付く。実際、奴隷制は奴隷を益していると信じている人さえもいるだろう。彼らは、奴隷制が奴隷に害悪をおよぼしていると主張するわずかばかりの奴隷制廃止論者の声を聞くと、「奴隷制廃止論者の主張は非常に議論の余地があるものであ

り、それ故、例の危害原理の適用から除外される」と返答することだろう。そうした決定を奴隷制擁護派はすぐさま受け入れるだろうが、そうした社会に生きる奴隷制廃止派も、奴隷制から年代的にも地理的にもいくぶんか離れているということで得をしている私たちも、全然これを受け入れられない。奴隷制が害悪であるということに議論の余地があるのだとしても、奴隷を所持してもよいという法的権利は確実に存在するべきではないのである。このことから次のことが分かる。ある行為が害悪かどうかに議論の余地があるというだけでは、危害原理が適用できないということも、人々にはその行為に従事する法的権利があるべきだということも示されはしないのである。

子どもを作る権利を妥当な意見の相違に根拠付ける

　危害原理の適用に条件を付ける議論を上手く進めるためには、以下の二つの問題を区別しなくてはならない。一つはある行為が害悪かどうかについて**議論の余地があることは妥当か**という問題であり、もう一つはそれが**無条件に**議論の余地があるのかという問題である。普通の人々の間でも意見の相違があるという事実だけでは、もはや危害原理を十分に制限するには至らない。だからこそ、意見の相違が起こっているのは妥当なのだということが示されなければならないのである。だが、何に注目すればそれが妥当な意見の相違だと分かるのか？　異なる見解を持っている人の数でそれが妥当だということになるわけはない。というのも、ある行為がそれに従事する権利を与えてはいけないと判断するのに十分なくらい害悪のあるものかどうかを決定する際、いかにして多数派の人々でさえもが誤った判断を下すかを私たちはすでに見てきている。従って妥当な意見の相違は、普通の人々——有名な「クラパム・オムニバス」の乗客のような——の間で起こるような意見の相違ではない。ある意見の相違が妥当なものであるためには、ある問題に関して一つの見解を採る時、その見解の根拠が対立する見解の根拠よりも強過ぎてはいけない。対立する見解のうちの一つを受け入れることが、（単にそう受け取られるというのではなく）現実的に妥当ではない、ということになるくらい強過ぎてはいけないのである。そこで、この基準に関しては現実的に妥当な意見の相違と、単にそう受け取られるだけの意見の相違とを区別することが問題となる。

　何故そうなるのか理解するために次のように考えてみよう。私が思うに、

奴隷を動産として扱う奴隷制の害悪に関する妥当な意見の相違はあり得ないが、そのような奴隷制が現在であれ過去であれ実際に行われていた社会に属している大多数の人々は、私に同意しない。奴隷制にその人々が近いということがその害悪に関するその人たちの判断を曇らせている、もしくは曇らせたのであって、それ故、私の感じ方は少しも歪んでいないと考えたい。勿論、ある社会的規範に近いからといって、常に人がその社会的規範に対して盲目になるわけではない。今も昔も、奴隷制のある社会の中に奴隷制度廃止論者はいた。そして、アパルトヘイト下の南アフリカで生まれ育ちながらもその直接の被害者とはならなかった私たちの多くは（それでも十分な数ではないが）、アパルトヘイトというレイシズムの過ちに関して妥当な意見の相違があり得たとは考えなかった。私たちは反対の意見を持つ人たち、つまり明らかに妥当ではないにもかかわらずアパルトヘイトを擁護している人たちのことを見てきた。彼らはアパルトヘイトに対して正しい判断ができなくなっていたのである。次に、現代でより論争の的となっているケースについて考えてみよう。私としては思いもしないことだが、人間が消費するために数え切れないほどの動物たちが飼育され屠殺されるが、そうした動物たちに与えられるひどい扱いは誤っているのだということに関して、妥当な意見の相違があり得るというのだ。誤っているという意見への反対派の意見に関する哲学的議論をこれまで慎重に考えて来たが、そうした議論はすべて前述のレイシズムへの絶望的な擁護と同じ性格を持っている。けれども、肉食を擁護する哲学者やその他の人たちは、明らかに私には同意しないだろう。そうした意見の相違が妥当かどうかに関して、私たちは異なる認識を持っている。いかにしてそれが実際に妥当な意見の相違なのかを判断すればよいのだろうか？

　何に関しても私に反対の人は皆、妥当な判断のできない非理性的な人だと私が思っているということを言いたいわけではない。もっと適切に言えば、これまでの私の議論がどうあれ、存在してしまうことは常に深刻な害悪であるということを否定する人々を妥当な判断のできない非理性的な人々だとは私は言えないのである。私は彼らが間違っていると心から思うだけだ。だが、私が採っている立場が最も優れた反論と比較して十分に吟味されるまでは、私の主張が妥当な判断のできる理性的な人々によって異論が唱えられることのできるものなのか、それともそれに異論を唱えることは妥当でないとされるようなものかという問題に結論を出すことはできない（また、ついでに言

えば、それに同意することが！）。

　私がこれまで明らかにしたのは、子どもを作る自由に関する法的権利が十分に私たちの現実の世界で正当化されており、そうでなければプライバシーの侵害や物理的介入といったゾッとすることが起きることになるということだった。意図せずに知らないところで避妊がなされていることによってそのような代償を払わずに、すべての（もしくはほとんどすべての）子どもを作ることが未然に防がれ得たような社会のケースがあれば、私のリベラルな直感〔instinct〕は揺らいでしまう(11)。そのようなケースにおいて、子どもを作る自由を持つ権利を最もよく擁護しているのは、存在してしまうことが深刻な害悪なのかどうかに関して妥当な意見の相違があり得るという主張である。存在してしまうことは常に深刻な害悪であるという見解に対して妥当な意見の相違があり得ないということが明らかになれば、子どもを作る自由に関する法的権利は、更に疑わしいものになるだろう。個人の自由を侵害する政府を疑わしいと考える人々は、このことに不安になるだろう。このケースにおいて慰めとなるのは、リベラルな政府であれば子どもを作ることへの禁止令を擁護するものすごく圧倒的な根拠なしに早急に子どもを作ることすべてを禁じる可能性は非常に低いということだけだ。他の多くの個人の自由が関係してくる事柄を制限するのとは違って、子どもを作ることすべてを禁じる気は政府にはないだろうから(12)、全面的な子作り禁止令が実施される可能性は非常に低いのである。また政府がはやまって時期尚早にそのような禁止令を下そうとすることもあまり考えられない。子どもを作る自由があるという立場の妥当性がなくなって長らく経っても（実際にそれがなくなるとして）、政府は子どもを作る権利を保証し続けることの方がよっぽどありそうである。子どもを作ってもよい法的権利を放棄することがこのように遅々として進まないのは惜しむべきことかもしれないが、そうではなく時期尚早にそのような権利を放棄するといったケースよりは、まだ惜しむべきものではないのかもしれない。

　その結果、当面は、子どもを作る自由に関する法的権利を認める強い論拠

---

(11) 私にはまた、苦痛をもたらすことを人々に許すことは間違っているという強力な直感もある。二つの直感は反対の方向を向いている。

(12) 先の注10で述べたように、子どもを作ることへのこうした一般的禁止措置は、望まれていない集団への禁止措置とは別のものである。ともあれ後者の類の禁止措置は平等性などの他の根拠に基づいて無効化され得る。

があることになる。この論拠が崩れ去る状況を想像することはできるが、存在してしまうことが害悪だという見解を嫌がる強いバイアスがあるせいで、権利を尊重する政府が子どもを作る法的権利を撤回するのには時間がかかり、政府がそうするより先にその論拠は完全に形骸化してしまっていることだろう。もしも事態がはっきりとそんなふうになるならそれは先のバイアスがなくなっているということだろうから、そのような権利が失われるのも惜しむべきことではなくなっているだろう。実際、リベラルな社会においてそのような権利が失われるには長い時間がかかる。権利がいつか失われるよりずっと前に、権利が失われることが惜しむべきことではなくなっているだろう——もしリベラルであり続けている社会においてその権利がいずれ失われるのだとしたら。それが失われるまでの長い間、新しい人間を存在させてはいけない道徳的義務は存在するのだということを考えながらも、子どもを作る法的権利を擁護することはできるのである。

　子どもを作る自由に関する法的権利が擁護され得るからといって、少なくともしばらくは、その権利の今現在の詳細や重要度をそのまま維持しなくてはいけないということにはならない。現在、たくさんの法域でこの権利に正にどのくらいの射程と力があるのかは興味深い。子どもを作る場面では、害悪を引き起こしたりその危険を敢えて冒したりすることが、他の場面では決して許容されない位のレベルのものまで、しばしば容認されてしまっている。例えば、（テイ・サックス病やハンチントン病のような）深刻な遺伝子の病気や（エイズのような）感染症にかかっていたり、それに苦しんでいたりする人の場合を考えてみよう。少なくともある状況下では（ハンチントン病の場合はどんな状況下でも）、こうした人の子孫には遺伝する確率が非常に高い——遺伝子の病気の場合は 25% もしくは 50%、エイズのような感染症では 25 ～ 50% である。多くの社会では、通常、他人にそのような非常に深刻な害悪を被るリスクを負わせるような振る舞いは許されないが、他方でこの種の危険や害悪を引き起こす子作りという行為は、多くの場合、許されてしまっているのである。

　これまでに指摘したように、場合によっては、これは当然のことだ。例えば、プライバシーを侵害しなければ、ある人に責任があるかどうかを決定できない場合である。彼は自分が遺伝子の病気を患っていることを知っていたのか？　彼女は自分が HIV 陽性であることを知っていたのか？　彼らは妥

当な避妊法を実行していたか？　そういった不確かな要素があるので、無責任な子作りに対して咎めたり、まして刑事罰を与えたりするのは難しい場合が多い。厳格な法的責任を積極的に与えようとしない限り、市民の行動には似通った問題が生まれてくるだろう。けれども、危険も害悪も伴う子作りを容認したり、擁護までしたりすると、今言った以上の影響がでてくる。明らかに非難に値するような有害な子作りを、プライバシーの侵害をせずに禁止したり未然に防いだり遅らせたり、場合によっては思い留まらせることすら、悪いことだと考えられてしまうのだ。

　他の同程度の害悪を扱うのとは別の形で子作りによる害悪を扱わなければならない内在的な理由はないので、子どもを作る自由の制限をここで新たに考えなければならない。子どもを作る自由を擁護するバイアスを踏まえると、リスクを伴うあらゆる子作りの実践が子どもを作る自由を持つ権利によって守られるべきかどうかを考えるにあたっては、自分自身にこう問うてみるとよいだろう。子作りの場合以外でも、そうした害悪のリスクを冒すことが許されるべきだと考えるだろうか、と。もしそれが許されるべきだと考えないのなら、子作りの場合でもそれを容認すべきだと判断してはならないのだ。

　自由について考えた最も優秀な思想家のジョン・スチュアート・ミルも、子どもを作る権利には何らかの制限が必要だと論じた。ミルは、養えない子どもを作る人たちについて書いているが、その議論はもっと一般に応用できる。彼は、「作家や演説家たちは、その多くが扇情的で非常に人目を引くような主張をしているが、彼らの人生論は実に根元から野卑で、貧民が正に救貧院の中で次の世代の貧民を養うことになるのを未然に防ぐのは困難なのだと考えている [13]」と述べて、非常にたくさんの作家や演説家たちを批判している。彼は、政府には貧困層を養う義務があるけれども「貧困層は何のとがめもなく養ってもらえるわけではないし、好き勝手にやらしてもらえるわけでもない [14]」とも述べている。従ってその後で彼は、「共同体にとって重荷となるような子どもをこの世に生まれさせてはならないという道徳的義務を法的義務へと変えることが確実に正当化される [15]」と述べているのである。

　ひどく無責任な子作りという行為への従事に人々を熱中させたがっている

---

(13) Mill (1904): 220.
(14) Mill (1904): 220.
(15) Mill (1904): 229.

リベラルな人たちが受け入れられないだろうきつい言葉使いをミルはしている。リベラルな人たちの懸念に根拠が全くないというわけではない。無力な人たちにだけ選択的に禁止が適用される危険はあるし、その上、力のある人たちは自分たち自身を同じ基準に当てはめることはしない[16]。しかし、子作りという最も害悪のあるものを禁じないでいると代償を払わなければならない。明らかに子作りは結果生まれてくる人たちにとって害悪である。従って、子作りの禁止へと至る審議の過程で起こり得る偏見や先入観を制御するよりも、子作りを即座に禁止する方が妥当だとしたら、非常に危険で害悪に満ちた子作りという行為の取り扱い方として、禁止はより適切なのである。

障碍とロングフルライフ（望まずに生まれた命）

子どもを作る自由を持つ権利を制限するのに気乗りしない人は多い一方で、子どもを持つことが道徳的に間違っている**場合もある**という主張も広く受け入れられている。通常（例外がないわけではないけれでも）、盲や聾や対麻痺といった深刻な障碍を抱えることになるだろう人間を、分かっていても分かっていなくても存在させるのは間違っていると思われている。深刻な障碍と共に歩む人生は始める価値がないと多くの場合は考えられる。そのような状態で犯罪的に生まれさせられたという被害を受けた人たちは「ロングフルライフ（望まずに生まれた命）」だとして訴えを起こすことができるようにするべきだと提案する人すらいる[17]。

非同一性問題およびそれとは別の障碍者の権利からの反論

第2章の冒頭で、私は、深刻な障碍が絶対に伴うことになる人生を送る人たちが、存在させられることで害悪を被り得るという見解に対する反論を一つ考えた。その反論の本質にあるのが「非同一性」に関する問題である。こ

---

(16) 貧困層が子どもを育てることを抑制しようとしたJ・S・ミルは、身分差別をしていると非難されるべきだと考える人もいるかもしれない。だが、彼は「上流階級」の人たちにも避妊を勧めていた。ミルは若い頃、（富裕層・貧困層問わず）避妊せよという忠告を書いたビラを配った罪で逮捕された。この行為は、19世紀前半では驚くほど前衛的だった。Schwarz (1972): 28, 245-54を参照されたい。

(17) 状況によるが、訴えられるのは、両親か、親に胎児の様子を伝えることを怠った医者かのどちらかになるだろう。

の反論は論駁することができたと私は述べたが、今から取り組むもう一つの反論とは別の区別されるべきものである。非同一性を持ち出す反論は、深刻な障碍を伴った人生は悪いものだということを否定しはしない。実際、その反論はそれを想定している。そのような人生は悪いものであるにもかかわらず決して存在しないという選択肢よりも悪いなんてことは言えないのだとされており、故にそのような人生を始めることを害悪であるとは言えない。だから非同一性問題は生ずるのだ。今から考えようと思っている反論——障碍者の権利からの反論——は、それとは別のものだ。その反論は非同一性問題の前提そのものを疑っている。それは様々な形式を取る。最も顕著な形式のものでは、障碍（もしくは、それらのうちの少なくともいくつか）は悪いものなのだという考えが強く否定される。比較的穏当な形式での反論では、数々の障碍がそのような障碍を伴った人生を始める価値のないものにするほど悪いものだという考えが否定される。このことから、障碍を持った人たちが存在するようになるのを未然に防ごうとする様々な試みは間違ったことだということになる。堕胎は言うまでもなく、受胎前遺伝子検査も間違っているということになるのだ。更に具体的に言えば、そのような試みをすることは障碍を持った人たちと彼らの人生の価値について否定的な判断を表明していることだとされる。今から私はこうした障碍者の権利からの反論について説明をして、私の論証が実はその反論を——最終的には無効にするとはいえ、その途上で——驚くほど独自の形で支持しているのだということを示したいと思う。

　障碍者の権利からの反論について議論するにあたって、私は、深刻ではあるが何よりも耐え難いほどではない障碍に焦点を当てたい。障碍者の権利からの反論は、テイ・サックス病やレッシュ・ナイハン症候群のようなあまりに深刻で生存を止めるのが実に明らかに患者の利益にかなっているとされるような状況で考えると、非常に信じ難いものになるだろう。そのような人生について「そうした人生は始める価値がある」とか、更にひどいことに「そうした人生は少しも悪くない」とか言うのはどう考えても考えられないほど信じ難い。また私は、色盲などの多くの人がそんなに深刻ではないと同意するだろう非常に軽い障碍について考えるつもりはない。そうではなく私は、盲や聾や歩行不全といった障碍に焦点を当てたい。これらの障碍は、しばしばそうした障碍のない人からは（時には口に出すのが憚られるが）悲惨だと

見られる。勿論、**実際に**そうした障碍を持っている人の多くも障碍がないことを望んでいるだろう[18]。けれども決して存在しないことと障碍をもって存在することのどちらかを選ぶことになると、障碍を持っている人のほとんどが障碍と共に存在することを選ぶだろう。また更にここで挙げた何らかの障碍を持っている人の中に、死ぬよりも障碍を持って存在し続けたいと望む人は多い。このような選好は、そのような障碍を持つよりは死んだ方がいいと言う障碍を持っていない人たちとは実に寒々しく対照的である。死んだ方が良いという選好を実際にそうした障碍を持った後も持ち続けることがどれほどめずらしいのかを踏まえると、死んだ方が良いという選好は興味深い。対麻痺のような障碍を持つよりは死んだ方がましだと言っていたが後にそうした障碍を持つこととなった人のほとんどは、死の方がましかどうかについての自分たちの考えを変えている。ここまででお分かり頂けたと思うが、深刻ではあるが何よりも耐え難いわけではない障碍が最も争点となり、それ故、焦点を当てるのに適しているのである。

「障碍は社会に作られたものだ」という議論

「障碍は社会に作られたものだ」という議論は、障碍者の権利を守ろうとして主張されたものだが、広く誤解されている——それはつまり、人間に障碍があるとするのは社会によって取り決められたことなのだという議論である。この見解を聞いた人の多くはそれをすぐに退ける。彼らは、それは明らかに間違っていると思い込んでいる。彼らによれば、目や耳、足の不自由は社会的に構成されてはおらず、むしろ社会とは何も関係のない一つの事実なのである。こうした返答こそ上記の議論を誤解しているものである。何故なら、「障碍は社会に作られたものだ」という議論は、社会的な取り決めが目や耳や足を不自由にしているという議論ではないからである。そうではなくて、この議論は、不能〔inability〕と障碍〔disability〕とを区別するべきだということを言っているのである[19]。目の不自由な人は目が見えないし、耳

---

(18) 障碍を抱えている人誰もがこうした見解を持っているわけではない。実に注目すべきことに、聴覚障碍者の中には、フランス語を話す人が英語話者でいるよりフランス語話者でいたいと思う場合と非常に似た理由で、耳が聞こえないことを好む人もいる。

(19) 実のところ区別は通例、機能的障碍〔impairment〕と障碍との間につけられる（例えば、Buchanan, Brock, Daniel & Wikler (2000): 285 を参照されたい。そこでは、Boorse (1975): 49-68 が引かれている）。機能的障碍は通常の人のヒトの機能からのマイナス方向の逸脱である。私は「機

の不自由な人は耳が聞こえないし、対麻痺の人は歩けない。こうした不能は、ある特定の社会的な環境下においてのみ障碍になる。それ故、例えば車椅子が使えない建物で歩けない人は、その建物に入れないという点で障碍があるとされる。けれども車椅子が使える建物であれば、そのような障碍は対麻痺の人からしても全然存在しないものとなる。障碍者の権利を擁護する人は、どんな人にも不能なことがあるということを指摘するだろう。（機械の手を借りずに）飛行能力を持った人は存在しないが、こうした事実は翼がないという障碍を持っていることにはならない。何故なら一階に入り口があって、階段やスロープやエレベーターがあるので、翼がない人にも利用しやすいように建物は建てられているからである。翼がないのは人間では当たり前だから、私たちはそういったことについて考えない。もしほとんどの人に翼があって翼のない人が少数ならば、その少数の人たちはその人たちのための設備が整えられていない場合に障碍を持っているとされたことだろう。それ故、機能的な障碍を持つ人が障碍があるとされる理由は、その人に実際できないことがある場合にその人たちが何らかの不能を抱えているからというものではなく、むしろ社会がそうした不能を抱えた人を排除するような仕方で構成されているからなのだ。

　さてこの議論において重要なのは、目や耳の不自由な人を障碍者にして彼らの人生を悪いものとしている原因は、見ることができないとか耳がきこえないとかいうことにあるのではないということだ。そうではなく、彼らそれぞれの不能に社会が適応していないという事実がその原因なのである。別の言葉で言うと、目や耳の不自由な人の人生を悪くしている原因は差別的な社会環境にあり、そういう環境下にいるからこそ彼らは自分が障碍者だと思うのである。

「表出主義者」の議論

　この「障碍は社会に作られたものだ」という議論は、障碍者の権利に関す

能的障碍」という言葉を使うこともあるが、非常に多くの場面で代わりに「不能」という言葉を使っている。というのはこの「不能」という言葉を使う方が、障碍者の権利への見解を提示する上で幾分かやりやすそうだったからだ。明らかにしたいことなのだが、どの人にも何らかの不能があるのに対して、ここで定義したような障碍を誰しもが持っているわけではない。それ故、不能と障碍との違いは私たち誰しもが持っている特徴と障碍者だけが持っている特徴との違いになるのだ。

122

る別の議論、いわゆる「表出主義者」の議論を擁護する[20]。表出主義者の議論によれば、障碍を持った人が存在してしまうのを防ぐ試みは人を不快にさせる。何故なら、そういった試みは、不適切で人を傷つけるようなメッセージを表現しているからである。そのメッセージとは、障碍と絶えず共にある人生は始める価値がないだとか、生きている限りあのような障碍と絶えず共にある人をこれ以上増やすべきではないといったものだ。こうしたメッセージのせいで、例えば、目が見えないとか耳が聞こえないとか足が使えないとかいった人の人生の価値に関して、偏見が残り続けるとされる。「障碍は社会に作られたものだ」という議論が何故「表出主義者」の議論を擁護しているのか、その理由をもっと詳しく見てみるために、人種差別について考えてみよう。人種を持ち出しても完全な比喩とはならないが[21]、人種差別と障碍の根本にある差別との間には、なんだか似たところがある。例えば、黒人は、その肌の色が原因でしばしば生活に障碍がある〔disable〕が、これはその肌の色固有の性質のせいでは全くない。そうではなくて、特定の社会が黒人に対して設けている障壁のせいなのである。当たり前だが、こうした障碍に対してどうしたらいいのかというと、その障壁を取り除けばいいのであって、これ以上黒人の赤ちゃんは生まれるべきではないという提案をするべきではないのだ。障碍者の機能的障碍が社会的に作られたものである限り、そうした障碍に対してどうしたらいいのかというと、諸々の障壁を取り除けばいいのであって、これ以上そのような障碍を抱えた人間を増やすべきではないと提案するべきではないのである。

障碍者の権利に関する議論に対して答える

　こうした議論は、始める価値のない人生とはどのようなものかという一般的な QOL の評価及び判断への大変な難題を引き起こす。これまで私が提示した様々な反論を考察するつもりはない。というのもそれらの反論はすべて、「障碍のない人生が始める価値のある人生だ」ということを前提としているからである。(実際そのような人生は「完全な」人々について言及されてきたもの

---

(20) Buchanan, Brock, Daniel & Wikler (2000). 著者たち自身はこの議論を認めてはいない。
(21) 何故なら人種というもの自体が一般的には障碍とはならないからだ（障碍のように扱われるケースもあるにはある。例えば、青白い肌の人は皮膚ガンになりやすい、といったように）。

であるし⁽²²⁾、これまで私が議論してきたように、現実の人生はこうした説明に近い状態にはならないのだ。）そうではなく障碍者の権利の立場とその立場から批判される立場の両方が間違っているということを示しつつ、「存在してしまうことは常に深刻な害悪である」という私の議論が、どのようにして障碍者の権利の立場をその反対者たちに抗して支持しているのかを示したい。

「障碍は社会に作られたものだ」という議論の一つの強みは、普通の人間にもできないことがあるという、ほとんどの人がQOLを評価する際に見落としてしまいがちな事実を強調している点である。なんで見落としてしまうのかというと、その一端に、「珍しいことはよくあることよりも普通は目につきやすい」という当たり前の事実がある。社会はこうした特定のケースにおいて、特に驚くことでもないのだが、できるとできないとの間の通常の範囲にうまく適合するように構成される傾向があるから、というのがもう一つの点である。よくあることではないできないことに対しては、特別な注意が払われる時にのみ、社会に適応してもらえる。だがこのように述べたところで説明しきったことにはならない。第3章であげたような、ポリアンナ効果だとか不運に対する適応だとか自分の人生を他の人の人生と比較することだとか、私たちの心理状態に関する様々な特徴のすべてが重なることで、私たちは自分たちの人生を現実にあるよりも遥かに良いものと思うようになる。その時、私たちは、自分たちの人生に潜むマイナスの側面には目を瞑っている。だが今や私たちはこうした問題が、いくつかの点において、よくある不能を持った人たちにとっては比較的悪いことなのだと理解できる。社会の構造はそれらの不能を目立たせないだけでなく、そこには彼らが自分たちと比べることのできるそれらの不能を持たない他の人々も居ないし、彼らと自分自身を比べるだろう人々も居ないのである⁽²³⁾。

障碍者の権利を擁護する人たちが、よくある不能はQOLを評価する際に無視されるということに注目しているのは正しい。しかし、健常者の不能に対するそうした応答は標準的だと考えていたり、また普通でない不能を無視したがったりするのは間違いである。そうではなく第3章での考察が示して

---

(22) Buchanan, Brock, Daniel & Wikler (2000): 272.
(23) それにもかかわらず障碍がある人は自分のQOLを高く見積もりがちである。このことは、二通りの仕方で説明できるだろう。ポリアンナ効果と適応は障碍を持っていない人との不利な比較よりも強く働き、また障碍のある人は自分よりも更に大変な人との比較に注目するのである（これこそポリアンナ効果の一例であろう）。

いるように、私たちがQOLを評価する際にはあらゆる不能を考慮するべきなのである。「よくある不能がQOLにもたらす影響を実に最小限にしているのは社会環境だ」ということは正しいが、にもかかわらずそうしたよくある不能の多くはQOLに対して実際にマイナスの影響をもたらしている。対麻痺の患者は公共交通機関を利用する特別な手段を必要とするかもしれないが、飛んだり異常なスピードで長距離を踏破する能力なんて誰にも具わっていないし、そういう能力がないということは自分たちの足を使うことができる人であっても乗り物という助けを必要としていることを意味している。私たちの人生は確かに非常に何かに依存的であるという点であまりうまくいっていないのだ。更には、空腹・喉の渇き・熱さ・寒さといったものに敏感だという点で（前者二つは、つまりは、食べ物や飲み物なしには生きていけないという点で）、私たちの人生はあまりうまくいっていない。言い換えれば障碍は社会に作られたものだとしても、一般的な人を特徴付けている不能やその他の人生の不運な特徴は十分に私たちの人生をとても悪い方へと運んでいる——実際、私たちが通常認識しているよりも、遥かに悪い方へ。社会的に構成された障碍のせいで更に悪くなる人生もあるわけで、そのような障碍を最小化したり取り除いたりするような妥当な社会的配慮を模索することで、障碍者の権利の擁護者への仲間入りを果たすべきなのだ。だがそれではすべての人生に始める価値はあるのだと言うのには十分ではないだろう。

　また、障碍者の権利の擁護者が、障碍がある人とない人とではQOLの評価がまったく顕著に異なっているということに注目しているのも正しい。障碍がない人の多くは障碍のある人生は始める価値がないと（更には、続ける価値すらもないだろうと）考える傾向にあるが、他方、障碍がある人の多くはそうした障碍がある人生は始める価値があると（更には、確実に続ける価値があると）考える傾向にある。障碍がない人の見解に関しては間違いなく利己的な何かがあるように見える。その利己的な何かが働いて、始める価値のある人生の質の価値の閾値が障碍者の人生よりは上だが、平均的な人間の人生よりは下に設定される。しかしその閾値を**自分たちの**QOLの下においている障碍がある人に関しては、利己的な何かはあまりないと言えるのだろうか？　障碍者の権利を擁護する人は、最低限まともと言えるQOLを構成する要素に関してほとんどの人が判断する閾値は高過ぎると主張する。けれども、異なる判断が生じるということは、通常の閾値が（私たちのうちの少

なくとも何人かがそれをパスするために）低過ぎるという主張と等しく両立可能である。通常の閾値が低過ぎるという見方は、正に、想像するにあらゆる苦痛や苦難から解放された素晴らしく幸運な生を歩むことができる地球外生命体が下すだろう判断である。その地球外生命体は私たちの種族を哀れみの目で見て、あらゆる人生を特徴付けている失望・悲痛・悲嘆・苦痛・苦悩を目撃し、存在していないよりも四肢麻痺で寝たきりで生きている方が悪いと（あまりない障碍を抱えていない人間である）私たちが判断を下すように、私たちの人生を判断するだろう。苦痛が受け入れられる限界を構成するものに関する私たちの判断は、第3章で詳しく述べた心理的現象に深く影響を受けている。従ってその判断は信用できない。しかし信用できないのは障碍がない人の判断だけではない。障碍がある人の判断も同様に信用できない。第3章で展開された主張からすれば、現実にある人生はどれも考えている以上に遥かに悪いものであって、私たちの人生には始める価値のあるものなんて一つもないのである。

　こうした結論には、表出主義者の主張に対する興味深い示唆が含まれている。表出主義者の議論からすれば、障碍を持った人を存在させるのを回避しようとする試みには、障碍を持った人は存在するべきではないしそのような人生は始める価値がないという攻撃的な見解が表れている、ということが思い出されるだろう。ある意味、私の結論は「攻撃的な」メッセージの攻撃範囲をシンプルにすべての人にまで適応するように広げている。それ故、私は、障碍を伴う人生は始める価値がないということに同意している点で表出主義者の主張への反対者たちに与するが、しかしその反対者たちを喜ばせるような仕方でそうするわけではない。というのも「**どんな人生も始める価値がある**」ということに私は反対するからだ。だが、不思議なことにこのような主張をすることで私の見解は、障碍者の権利を擁護する活動家に対してより攻撃的になるのではなく、むしろ攻撃的ではなくなるのである。私の見解にこうした影響力があるかどうかは、表現されたメッセージによる攻撃や傷が明らかに利己的な、排他的な、偏狭な、「私たちはいいけど、君たちはだめ」という判断に基づいているかどうかに因る。もし実際にそれがその傷の基にあるのなら、私の見解は「比較的多くの人生に始める価値はない」と言っていることになるかもしれないが、それも障碍のある人に対してあまり攻撃的ではないだろう。というのも私が主張しているのは、障碍のある人の人生に

ついてだけでなく私自身の人生も含まれる全人類の人生についてだからだ。

これ以上自分自身の人生のような人生を増やすべきではないというメッセージは、幾人かの人が思っているほど一個人として恐ろしく捉える必要はない。どうしてそうなのか理解するために、再度、私が第2章で描いた区別、今はまだない人生と今ある人生の区別について考えてみよう。今はまだない人生に関して私たちが下す判断――つまり始める価値のある人生かどうかという判断――は、今ある人生に関する判断――つまり続ける価値のある人生かどうかという判断――とは違ったレベルでなされる（し、なされるべきだ）。「自分の人生と質的に似たまた別の人生には始める価値がないのだ」と言うことは、「自分自身の人生に続ける価値はないのだ」と言うことと（必ずしも）同じではない。また、今生きている人生それ自体の特有の価値を損なうことでもない。勿論そのように言うことは「自分の人生は始まらなかった方が良かったのになあ」と言うことと同じであるが、それが恐ろしく思えるのは、自分が存在しているという視座から、自分がけっして存在しないことをよくよく考えてみる場合だけである。言い換えれば、それは自分自身の人生に関して、今ある人生の視点からまだ存在していない人生をどうするかを考えていることになるのだ。しかしそれは間違いである。その人が（まだ）存在しておらず、それ故、存在してしまうことに何の利害もないという反事実的なケースを、正確に考えることなんてできないのだ。

ロングフルライフ（望まずに生まれた命）

第2章や第3章の議論だけを考えてみると、あまり見られない耐え難い障碍を抱えた人だけでなく、**誰もが**生まれない方が良かったと訴え出ることが当然できると思うかもしれない。けれども本章のはじめの方で論じてきたように、子どもを作る自由に関する（法的）権利は（少なくとも今のところは）当然あるのだ。そうした権利はそのうちなくなるべきではあるが、正にそうした権利の存在そのものが弱体化させられなければ普通になくなっていくようなことはない。もしそうだとしたら、**比較的**良い人生を送れると妥当に期待され得る子どもなら作ってもよい法的権利は当然存在している。もしそのような権利を支持する議論が強力ならば、ロングフルライフに対して単純に誰であっても訴訟することができるということの論拠は弱くなる。けれども、そうしたケースが完全になくなってしまうわけではない。人には子ども

を作る法的な権利が当然与えられている一方で、その子どもが存在させられてしまったことで不幸になっているのであれば、その親は民事訴訟を免れ得ないという主張も依然としてあり得る。けれどもそれは難しいだろう。生まれない方が良かったのにという訴訟が十分根拠のある訴訟であるためには、被告人である親が不当に自分を生んだという証拠がなくてはならないだろうが、子どもを持つ法的権利が崩れない限りそれを示すのは困難だろう。そのような権利の妥当性は、最終的には妥当な意見の相違があり得るかどうかにかかっているのだということを思い出して欲しい。

　比較的良い人生を歩んでいる人が自分は生まれない方が良かったと訴える話はここまでにしよう。障碍を持った人は、自分をそのような状態で存在させた非難に値する行為をした人に対して、生まれない方が良かったと訴え出ることができて当然だろうか？　そのような訴訟は、以下のようなもっともらしい見解に基づいて行われるだろう。もしある人が子どもを持とうとするのなら、より悪い人生を歩む子どもよりはむしろより良い人生を歩む子どもを持つべきだという見解である。だがここで注意しなくてはならない。障碍を持っていない人たちは、障碍のある人生を過剰に悪く判断しがちだということが、障碍者の権利の議論から分かっている。ところで、自分は生まれない方が良かったと自分のために訴訟を起こす人たちは、自分のQOLが過剰評価されているとは思ってもいないということは明らかだ。けれどもロングフルライフ訴訟は、訴える法的能力がない人の代理でなされることが多い。本当に危険なのは健常な裁判官と陪審員が[24]、信頼性のない自分の基準で判決を下そうとするような場合である。誰かが代理ではなく自分でロングフルライフ訴訟を起こす場合でさえも、裁判官や陪審員は自分の持つバイアス故にその人の見解に共感するだろう。その見解が、同じような障碍を持った他の人たちのとは異なっているとしても。これを問題だとは思わない人もいるだろう。人が自分で判断したQOLを決定的なものだと考えるならそうだろう。その場合、当事者でない障碍のある人の意見は無関係だとみなされているのかもしれない。しかしながらロングフルライフ訴訟は罪のある側が妥当なことをしなかったということを立証しなければならないから、同じような条件を持つ人の意見も関係がある。もし尋常でない困難がある場合にのみロ

---

(24) つまり、通常は障碍だとみなされるものを持っていない人たち。

ングフルライフ訴訟が許されるのなら、尋常でなく低い QOL を構成するものに関する判断はある個人に独特なものではあり得ない。

障碍者の権利の議論は、ロングフルライフ訴訟に別の問題をもたらす。もし障碍を伴う人生が他の人生よりもほんの少し悪いだけなのであれば、ロングフルライフ訴訟を起こすという目的のために通常の人生と区別できるほど悪くはないのかもしれない。確かに、身体的であれ精神的であれ何の障碍とも無縁なのに、障碍を伴う人生よりも悪い人生もあるにはあるだろう。例えば極度の貧困生活を送る人生は、まあまあの資産を持っている目の見えない人の人生より悪いかもしれない。満たされており幸せな対麻痺患者の人生は、満たされておらず不幸な五体満足のアスリートの人生よりも高い QOL を持っているかもしれない。

以上のような懸念があるにもかかわらず、ロングフルライフ訴訟を考える余地はまだ残っているかもしれない。その訴訟がどのくらい力を持つかを判断するために、私たちは、いま言及したような間違いを修正しなければならないだろう。だが私たちはそのような途方もない苦痛を伴う人生を想像することができる——悪意または過失がなかったら未然に防がれるべきだったし、避けられていたであろう苦痛を。だとしたら、生まれてこない方が良かったという訴訟は全く適切な訴訟である。

生殖補助と人工生殖

ここで、障碍とロングフルライフに関する問題から生殖補助と人工生殖に関する問題に移ろう。この問題は第 2 章と第 3 章の私の議論とある程度関係している。

「生殖補助」と「人工生殖」はよく互換可能な用語として使われているが、同義語ではない。「人工生殖」とは性交ではない手段で子どもを作ることである [25]。ここには、性交が精子と卵子を接合させる自然な方法なのだという考えがある。もし精子と卵子を他の何らかの手段を通して接合させるならば、それは自然というよりむしろ人工的と言える。従って人工授精は、（自然な）身体の一部を用いてというより人為的な技術でもってなされる受精であるの

---

(25) この説明では問題が出てくるケースがある。単為生殖である。単為生殖において卵子はそれ自体自発的に減数分裂をして行く。だが、このケースは出産には至らないので無視できる。

で、人工的なのである。**体外**受精は、胚移植によってなされるが、これもまたこの基準だと人工的ということになる。クローンも同じく人工的だ。精子と卵子の結合も全く必要なく、技術の介在によってクローンはできるのである。

　生殖補助は、その名の通り、生殖の行為において生殖を何らか補助してもらうケースのことである。人工生殖のほとんどが生殖補助とも言えるが、すべてがイコールかどうかは「補助」をどう理解するのかによる。人工授精によって子作りするカップルは、受精させる手段が「補助」の一つの形式だとみなされない限り、何の補助も必要としてはいない。また、人工生殖ではない生殖補助もあり得る。例えば、勃起不全の治療は子作りを補助しているとみなされるだろう(別の目的があるにしてもだ)。けれども勃起不全の治療は、通常理解されているような人工生殖の範疇には入らないだろう。

生殖倫理と性倫理

　人工生殖を非倫理的だとする人もいる。そういった人は、子どもを授かる好ましい方法はただ一つ、結婚という範囲内で互いに愛し合った結果としての性表現を通しての方法だけだと考えているのだ。こうした考えにおいては、子作りをしようとするカップルは、結婚していて愛し合っており、自分たちの愛の表現として子作りをしようとするだけでは十分ではない。二人のお互いへの愛情が、性的に表現され、子どもの受胎の直接の原因でなければならないのだ。私にはこの最後の条件がどうすれば適切に主張できるのか分からない。愛の性的な表現についての何が、倫理的に容認できる子作りの必要条件になるほど重要なのか？

　子作りは性交によらなければならないという見解——「生殖倫理における性交についての見解」と呼ばれるだろう見解——は一旦置いておこう。この見解を受け入れる人の多くは、受け入れていない人もだが、これと対照的な条件を認める。それは「性的交流は子どもを作るためのものでなくてはならない」という条件である。これを「性倫理の子作りに関する見解」と呼ぼう。この考えによれば、セックスは子作りの目的でなされる場合**のみ**道徳的に容認できる。これは、子作りに繋がるあらゆる性的な行為が道徳的に受容できると言っているのではない。例えばレイプや不倫でも子どもは作れるが、通常、道徳的に容認されることはないだろう。子どもを作るという可能性は、

セックスが容認されるための十分条件ではなく必要条件なのだ。性倫理の子作りに関する見解からは、結果的に子どもができなかった性行為のすべてが間違っているとなるわけではない。性交による子作りの試みの多くはたやすく失敗に終わる。それなのに、性倫理の子作りに関する見解によれば、性的な行為は一種の子作りのためのものでなくてはならないわけである。こういった要求は、オーラルセックスやアナルセックスのような子作りに繋がらないようなセックスを除外している。興味深く、また不思議なことに、パートナーのひとりが不妊症であるカップルの結婚生活から挿入を伴う性行為を除外することは考えられていないのである。

　この見解に言及したのは、多数の支持者がいるから、そして私の議論がそれに独自の問題をつきつけているからである。私の議論は性倫理の子作りに関する見解をひっくり返すものである。性倫理の子作りに関する見解を退けようとする人のほとんどが賛成してくれるだろう。というのも彼らは、セックスが道徳的に容認されるために子作りと結びつく可能性**必要ない**と考えているからだ。私の議論は、一つの非常に強力な結論を生む——セックスが道徳的に容認されるためにはそれが子作りに繋がるものであっては**ならない**、という結論である。言い換えれば、性行為は子作りに繋がらない場合にのみ道徳的に受容され得るのである。この見解を「性倫理の反生殖的見解」と呼ぼう。より明確にしておくと、この見解は子作りに繋がらないセックスのすべてが道徳的に容認できると言っているのではない。子作りに繋がらないというのは、必要条件ではあるが十分条件ではない。また、性交が間違っていると言っているのでもなく、ただ子作りが防止されない性交が間違っていると言っているのである。だが、子作りが「防止されない」とは一体どんな意味なのだろうか？　それはおそらく、全く避妊がなされず（もしくは避妊の方法が拙くて）、結果的に新しい人間が存在させられるような場合のことを意味しているのだろう。それはまた、信頼できる避妊法を使ったが、何かの拍子にたまたま失敗してしまった場合についてもそうなのだろうか？　確かに、ある行為の、可能性としてはあり得るが極めてまれな結果の責任をその行為をする人に押し付けるのは難しいように思われる。ブレーキが故障して歩行者が死ぬ**可能性がある**という理由で、私は自分の車を運転することが間違っていることになるのか？　そうではなく、ちゃんと整備をするのを怠った車を運転し、その結果、操縦不能となって歩行者を殺してしまったそ

んな場合にのみ私に責任があるのではないのか？

　もし、存在してしまうことの害悪が受胎した時に負わせられるのだとすれば、めったにない避妊の失敗に関する問題はかなり差し迫ったものである。けれども次章（中絶についての章）で論じているように、存在してしまうことの害悪は受胎した時に負わせられるのではない。避妊が失敗しても、まだ中絶することはできる。勿論、中絶が制限されている地域も世界にはある。そのような場合は、妊娠を防ぐ義務がより強いものになるわけだが、そのようにしても実際に妊娠してしまったのならば、中絶を防ぐことは新たな人間を存在させてしまう道徳的な負債となってしまうだろう。

　以上をまとめると、私は「生殖倫理における性交についての見解」も「性倫理の子作りに関する見解」も退けているということになる。退ける際に私は、ありふれた応答はせず独自の方法——生殖倫理と性倫理の両方への反生殖的見解——を使う。とりあえずありふれた応答は「中立的見解」と呼ぶことにする（以下の表 4-1 と表 4-2 を見て欲しい）。

　もし新しい人間を存在させることが間違っているのであれば、新しい人間を性交で存在させようがそれ以外の方法で存在させようが違いはない。そして、もし新しい人間を存在させることが間違っているのであれば、子作りのためのセックスは間違っていることになる。

表 4-1. 生殖倫理

性交についての見解	中立的見解	反生殖的見解
子作りは性交によるもののみ道徳的に容認される	子作りが性交によるかどうかと道徳的に良い悪いは関係ない	子作りは決して道徳的に容認できない

表 4-2. 性倫理

子作りに関する見解	中立的見解	反生殖的見解
セックスは子作りのためにのみ道徳的に容認される	セックスが子作りのためかどうかと道徳的に良い悪いは関係ない	セックスは子作りのためでない場合にのみ道徳的に容認され得る

誕生の悲劇と婦人科学（gynaecology）の道徳 [26]

　生殖倫理における反生殖的見解の射程は、現在子作り中の人たちだけでなく彼らの子作りを補助するあらゆる人にも及ぶ。言い換えれば私の議論は、不妊症医療とその医者に対して問題をつきつけているのである。より詳しく言えば、誰かを存在させるという害悪を誰かにもたらすのを助長するようなことは間違いなのだということが、私の議論によって示唆されるのである。

　ここから、不妊治療を違法とするべきだということになるわけではない。もし子どもを作る自由を持つ消極的権利があるのなら、政府でも政府以外でも、不妊治療の援助を得ようとしている人の努力やそのような助けを供給しようという他の人の意欲に干渉することはできないだろう。このことは、不妊治療の専門家が新しい人間を存在させる補助をする中で、決して悪事を働くことはないと言っているわけではない。不妊治療の専門家には自分の仕事をする上での法的自由があるべきだと言っているに過ぎない。こうした自由は、その患者の子どもを作る自由を持つ消極的権利から派生している。

　けれども、子どもを作る上で補助を求めることが妨げられないという消極的権利が法律的にあるとしても、その根拠としてそのような補助を受ける積極的権利は、道徳的にも法律的にもない。また私の議論が正しければ、おそらくそのような権利はどうしたって正当化されることはない。それ故、不妊治療に関係する知識を持っている医療従事者に新しい人間を存在させる補助をするように要請することは、権利という観点からは当然できない。また政府に対して医療従事者が不妊治療やその基盤研究のための財源を用意しろと要請してはならない。実際、政府はそのような財源を用意するべきではない。たとえ財源が際限なくあっても、政府は害悪を生み出す補助をしてはならないのである。財源が有限ならばその財源は、害悪を生じさせるためではなくむしろ害悪を未然に防いだり軽減するために使われるべきだ。

将来生まれてくる人間を単なる手段として考えること

　今存在している子どもを救うために子どもを持つというようなケースはこれまでにもわずかながらあった。例えば、白血病を患った子どものいる夫婦

---

[26] このタイトルは、ニーチェの『悲劇の誕生』と『道徳の系譜〔genealogy〕』のもじり。アレン・ブキャナンの発案。

について考えてみよう。その子には骨髄移植が必要なのだが適合するドナーがいない。そこで夫婦は新たに子どもを作ることを決意する。その新しい子どもがドナーになれる可能性があるからだ。場合にもよるがその計画は一か八かの賭けに過ぎない。両親は次に生まれる子どもがドナーに適合するかもしれないということだけを願って、子どもをもうけ誕生させるのである。どの道、両親はその子を愛し育てるだろう。けれども場合によってはもっとすごい計画が存在する。生まれてくることになる子どもがドナーの適合者かどうかを判定する検査をおよそ妊娠8週目以前の胎芽の時点で実施し、適合者であった場合にのみ着床させるという計画だ。または、およそ妊娠9週目以降の胎児になってから検査し、子どもが育ってもドナーの適合者となりそうになかったら中絶するという計画である。

　いま挙げた二つの選択肢のどちらも、先の検査をしないで出産する例よりも物議を醸す。先の例の選択肢——確実性はないが、生まれてくる子どもがドナーの適合者であって欲しいと願ってその子どもを持とうとする選択肢——を採るかどうかでさえ頭を悩ます人もいる。反論として挙げられるのは、その両親は生まれてくる子どもを現在存在している子どものための単なる手段として扱っており、従って人間を単なる手段として扱ってはならないというカント的要請に反しているというものである。

　これと同じ反論は、生殖型クローニングに対しても持ち出されている。クローンはそのクローンのために存在させられるのではなく、むしろその場合が極めて多いわけだが、そのクローンの元となった人やそれ以外の人のために存在させられていると言われるわけだ。クローンはクローンの元となった人のための単なる手段として扱われる。これは容認できることではないという。

　カンティアン（カント主義者）のような反論を持ち出す人が決まって無視していることがある。無視しているのは、その反論がクローンを作ることおよび子どもを救うために子どもを持つ場合に適用できるのであれば、少なくとも同じくらいに一般的に子どもを持つ場合にもその反論を適用できるという事実である。この指摘は、存在してしまうことが常に深刻な害悪だと認められるかどうかに関わりなく、正しい。上の子の命を救うために生み出されるクローンや子どもは、彼ら自身のために存在させられるのではない。しかし、このことは他のどんな子どもとも全く違わないのである。子どもは、高尚な利他主義によって存在させられるのではない。形而上学的な虚空の中に

134

漂っていて、故に生の喜びと無縁のかわいそうな非存在者に対して、生命という利益をもたらす目的で作られるのではないのだ[27]。子どもは誰かのために存在させられているのであって、決してその子ども自身のためではないのである。

　従ってクローン作成は少なくとも以上の点については普通の子作り以上に問題があるわけではない。ここで示唆できるのは、クローン作成が普通の子作りよりも悪い場合があるということだ。というのは、クローンの元となった人間のためにクローンが作成される場合、それはまた一種のナルシシズムからくる行動でもあるからだ。自分のクローンを作った人は自分自身の身体的レプリカを欲しているわけだ。それ故そのクローンは、クローンの元となった人間の**ナルシシズム的な**目的の手段として扱われる。さて実際にナルシシズム的な理由から自分自身のクローンを欲しいと思う人間もいるかもしれないが、別の理由で自分のクローンが作られることを望む人もいるかもしれない（クローンは人によっては子どもを作るただ一つのまたは最善のチャンスかもしれないから）。更に言えばナルシシズムからのこの議論は、普通の子作りはナルシシズム的ではないということを前提としている。だが何故どんな場合でもそうだと考えられるというのか？　子孫を残したいという願望のなかには、なにか自惚れじみたものがあるのかもしれない。養子をとる人または子どもをどんな手段でも持とうとしない人は、クローン技術を使わない子作りに対してナルシシズム的であるという反論を展開するだろう。その反論は、クローン技術を使わずに子作りをしている人たちがクローンを批判する際の反論と同程度に強い（もしくは同程度に強くない）。養子をとる人または子どもをどんな手段でも持とうとしない人からすれば、夫婦が自分たちふたりのイメージが融合した子どもを自分たちの遺伝子を混ぜ合わせて作りたいと思うのはナルシシズム的なのである。子どもを作る上でクローン技術を使うのであれ一般的な方法を使うのであれどちらもがナルシシズムなのかもしれないが、どちらの種類の子作りも全部が全部ナルシシズム的なわけではないという点は重要である。

　従って、以上の点でクローン作成は一般的な子作り以上に問題があるわけではないのだ。だが、問題点が減ったわけでもない。その一方で、一人の子

---

(27) Benatar (1998): 165-6.

どもを救うために新たに子どもを持つといったケースは、普通の子作りの
ケースよりも問題含みではない。普通の子作りの場合、(a) 自分たちの子ど
もを作りたかったり親になってみたい気持ち〔interest〕を満たすためや、(b)
今存在している子どもに弟や妹を与えるためや、(c) 種族や民族や部族や家
族を大きくするためや、(d) 何一つ理由もなしに、人は子どもを作るのであ
る。こうした理由はどれも、子どもを作る理由としては、今存在している人
間の命を救うという目的よりもどうしたって明らかに弱い。何一つ理由もな
いのに子どもを持つことは受け入れられているけれども、誰かの命を救うた
めに子ども持つことは間違っていると考えるのは、確かに奇妙に見える。も
し誰かを救うために子どもを持つことが、ある人を他の人のための手段とし
て扱っているので正しくないというのなら、これは、子どもを持つ他のあら
ゆるケースに、更にいっそうの強制力をもって当てはまらなくてはいけない
のだ。

第5章　妊娠中絶：「妊娠中絶賛成派」の見解

私の生まれた日は呪われよ。母が私を産んだ日が祝福されてはならない。その男は呪われよ……なぜなら私を子宮の中で殺さなかったから。母が私の墓となり子宮は大きいままでいられるように。何故私は労苦や悲痛に直面するために子宮から出てきたのか？

『エレミヤ書』20章14-15,17,18節

そしてヨブは言った、「私が生まれた日なんて消え失せてしまえ、そして「男の子を身ごもった」と告げた夜も。その日は闇になるがいい……夜は暗闇にとらえさせるがいい……なぜなら母の子宮の扉を閉ざさなかったから……どうして私は子宮で死ななかったのか？　どうして私はその腹から出てきた時に滅されなかったのか？……この今も横たわり黙っていることができたのに……または、早産で葬られた子のように存在しないでいられたのに、決して光を見ることのない赤ちゃんのように」

『ヨブ記』3章2-4,6,10,11,13,16節

　私は、決して存在してしまわない方が良いと論じてきたわけだが、今までのところ、**いつ**——つまり、ヒトの発達過程のどの段階で——人は存在するようになるのかについては何も言及してこなかった。本章ではこの問い（とそれに関連した問題）に取り組みたい。本章の大部分がこの問いへの回答となる。「決して存在してしまわない方が良い」という見解に、いくつかの普通で非常に妥当な回答を組み合わせると、中絶への問いに対する極めてラディカルな示唆が生じる。

　現状では、ほとんどの人が中絶をする、またはその手術をする**ためには**何らかの理由がなければならないと考える傾向にある。中絶賛成派は、少なくとも妊娠の初期段階では、中絶をする女性の選好以上の理由は何も必要ないと断言する。にもかかわらず、この場合も、妊娠を継続させたほうが良いという考えを当人の選好が挫いているということは依然として真である。中絶

137

を手配したりその手術をする人たちの中にも、正当な理由があっても中絶は痛ましいものだと考えている人はいる。

　この道徳上の想定は、もし（1）存在してしまうことは害悪であり、**かつ**（2）中絶の手術が行われる妊娠の特定の段階においては誰もまだ存在してしまってはいない場合は、覆されるに違いない。この二つの条件が両方とも満たされるなら、（妊娠の特定の段階で）中絶をしようとは**しない**人の方がむしろ中絶をしない理由を説明しなければならなくなる。擁護する議論が必要なのは、中絶**しないこと**の方である。存在するという害悪が大きければ大きいほど、中絶しないことを擁護するのは、ますます難しくなるだろう。もし第三の条件——（3）存在してしまうことは（普通の場合でも）これまで私が示してきたように大きな害悪である——が満たされるなら、（妊娠の特定の段階での）中絶の失敗は、絶対に、もしくはほぼ絶対に、しょうがないではすまされないことになるかもしれない。

　すでにこれまでの章で条件（1）と条件（3）については考えてきた。従ってこの章では、条件（2）だけに焦点を絞りたい。「受胎した時点で人は存在するようになっている」という保守的な見解を採っている人たちからすれば、妊娠期間中に誰もまだ存在するようになっていない段階はないだろう。「妊娠期間の極めて後期になってやっと人は存在するようになりはじめる」という議論を紹介するにあたって、保守的な見解を他のいくつかの見解と一緒に退けたいと思う。

　「妊娠期間の比較的後期になって人は存在するようになりはじめる」といった主張を擁護する前に、「存在するようになる」といった表現で私が何を意味しているのかを明確にしておかなければならない。このフレーズには様々な意味合いが込められている——そこには、私たちが**生物学的な**意味とか**道徳に関係した**意味とかと言うものも含まれている。生物学的な意味によれば新しい有機生命体の誕生がその意味だとされ、また道徳に関係した意味によればある独立した存在が道徳に関係した者になり始めるというのがその意味だとされる。私が採用するのは後者の意味である。その際私は、ある独立した存在者は、人間さえも、これらの異なった意味で存在するようになる時点は別々である**はずだ**、という前提はしていない。今挙げている二つの意味は、「存在するようになる」というフレーズで人が**意味している**だろう二つのことに過ぎない。それらが**指している**のは同時なのか別々の時点なのかは、注

目すべき問題である——この問題にはすぐにとりかかろう。

「受胎したその瞬間に生物学的な意味で私たちは存在するようになる」という見解については、言っておかねばならないことが**確かにある**。受胎前は、精子と卵子しかなかった。精子と卵子はどちらも人を存在させるのに必要だが、受胎前は別々の存在なので、精子も卵子も、存在させられることになる人と同一ではあり得ない。2 が 1 と同一ではありえないのである。従って、私たちは新しい有機生命体が受胎以前に存在するようになったなどという話はできない。言い換えれば、私たちは誰でもかつて受精卵だったわけだが、精子や（まだ受精していない）卵子だったことはかつて一度もない[1]。受胎**以前に**（生物学的な意味で）人が存在するようになることはありえないが、新たな単一の有機体が発生するのは受胎の**瞬間に**他ならないということに関しても、いくらか疑う余地はある。というのも一卵性の双子の可能性があるからで、その可能性は受胎後およそ 14 日間は残されている。もしも結合双生児という現象を考慮に入れたいのなら、人に生物学的な個別性が不可逆的に生じる時期を更にもっと後に設定しなくてはならないだろう[2]。

けれども、「生物学的な意味で人はいつ存在するようになるのか」という問いに私たちが手間取る必要はない。もし、私のように道徳に関係した意味に関心を持ち、私が論じるように、生物学的な意味において人が存在するようになる時点の妥当な判断のうちで一番遅い時点よりも後に人が道徳に関係した意味で存在するようになるのならば、この問いは無視することができる。

道徳に関係した利害〔interest〕をいつ人は獲得するのかを決定することが、道徳に関係した意味でいつ人は存在するようになるのかを決定するためには必要であるわけだが、それには、「利害」という言葉に含まれる様々な意味を吟味しなくてはならない。

四種類の利害〔interest〕

哲学者たちは、「利害」とは何かという問いやどんな種類の存在であれば利害を持つことができるのかという問いを様々なかたちで解釈してきた。ま

---

(1) 父親と一緒にピクニックに行って母親と一緒に帰ってきたのを覚えているとか、受胎に関してふざけて言うときのばかばかしさの理由の**一部**である。

(2) このことについてより知りたければ、Singer, Kuhse, Buckle, Dawson & Kasimba (eds.) (1990): 57-9, 66-6 を参照されたい。

ず利害には四つの段階があると見きわめた後で、他の研究者たちの分類法がどのようにその私の分類と関係するのかを示したい。更にその後で、どの種の利害が道徳に関係しているのかを考察したい。

1. **機能的利害**：最初の種類の利害は、車やコンピューターのような人工物が持っていると時々言われるものである。人工物には機能があるので、そうした機能を強めたり弱めたりする何かが存在し得る。人工物の機能を強めるものは、その人工物にとって良いもの、つまり、その人工物の利害の利に関係しているとされる。そして、その機能を壊そうとするものは、その人工物にとって悪いものだとされる。つまり、その人工物の利害に反するとされる。故に、車にとってサビは悪いものだし、馬力があるのは良いことなのである。

2. **生物的利害**：植物には様々な種類の利害がある。人工物のように植物は機能をもっているし、植物の機能は増進させられたり損なわれたりする。けれども人工物とは異なり、植物は生きている。それらの機能とそれに関連した利害は生物的なのである。

3. **意識的利害**：意識のある動物もまた機能をもっているし、植物と同様に彼らの機能も生物学的だ。だが意識的な存在者になることで**感じられる**何かが存在する。それに関連した利害のことを私は「意識的利害」と呼びたい。けれどもこの語に関してはもっと詳しく説明しておく必要がある。意識的利害という語によって私は、人が意識的に持つ利害——明らかに自分は持っているのだと意識し分かっている利害——を意味したいのではなく、意識があるものだけが持つ利害を意味したいのである。例えば人は痛みを避けるという利害を持つが、そのような利害を持っている自覚はない。

4. **反省的利害**：動物のなかのあるものは——概してほぼすべての人間は——意識があるばかりでなく、より高度な認知能力をいくつも持ってもいる。そこには、自己意識や言語能力や記号化能力や抽象的推論をする能力といったものが含まれる。そのような動物は意識があるばかりでなく、「反省的」でもある。そのような者たちは、明らかに自分たちの利害に関心を持つことができるという反省的意味において利害を持つ。

私は利害のこうした四つの意味を最初に**段階**と表現した。もう「段階」という言葉で私が何を言いたいのかは説明できているだろう。各々の利害は徐々に高度なものになっていく。より上位の種類の利害は、より下位の利害を組み込んでいる。従って、人工物は「単純な」（機能的な）利害を持つ。生物は生物的利害を持つ。意識がある存在は意識的で生物的な利害を持つし、「反省的」存在は生物的で自己意識的な利害を持つ[3]。

何人かの哲学者たちが採用している利害の分類は、上述の区別を事実上崩している。例えばレイモンド・フレイは、「（ヒト以外の）動物にも道徳上の身分はある」という見解を退けるにあたって、(a) 良くあること〔well-being〕としての利害〔利益〕と (b) 欲望としての利害〔興味・関心〕とを区別している[4]。「X は Y の利害になる」という時は、前者の「利益」という意味で「利害」という単語は使われる。そして、「Y は X に利害がある」という時は、後者の「興味・関心」という意味で「利害」という単語は使われる。フレイの見解では、前者の「利益」という意味での「利害」は、人工物・植物[5]・動物にあり得るが、それは、それらの存在のどれにとっても、それぞれに良かったり悪かったりする色々な物事があり得るからこそである。けれども、彼は、欲望（としての利害）は人間（大人や言葉を話せる子どもに限る）のような言語を使うことができる存在者にのみあり得ると言う[6]。彼は次のように論じる。

(1) X を欲したり望んだりするには、人は「自分は現在 X を持っていない」のだと信じていなければならない。

(2)「自分は X を持っていない」と信じることは、「「自分は X を持っている」は偽である」と信じることに等しい。

---

(3) 反例として、意識を持ったまたは自己意識までも持った人工物すなわち人工知能の可能性に言及したくなるかもしれない。人工知能を考えるのであれば明らかにかなりの議論が必要となってくるが、私はここで以下のことを示唆するに留めたい。実際に意識を持っていて、人工知能のおかげで今問題としている意味で生きている存在としての資格を得る人工物はあり得るだろう。その人工物が誰かの子孫というより誰かの人工物であるかもしれないとしても、である。私は意識がある機械を存在させることについても、意識がある人間や動物を存在させることについてと同様の懸念を抱いている。

(4) Frey (1979): 233-9.

(5) 彼は植物についてははっきりとは言及していないが、彼の議論を踏まえると、確信をもってこのカテゴリーに植物を含めることができるだろう。

(6) 諸々の利害はどんどん増えてゆくものだという性質を踏まえると、言語を持っている存在者は明らかに（(b) の意味での）欲望としての利害に加えて、（(a) の意味での）良くあることとしてのより下位の利害を持っている。

141

（3）言語が世界とどう結びついているかを知らなければ、このような信念を持つことはできない。

（4）言語を使えないのであれば、言語が世界とどう結びついているかを知ることはできない。

（5）従って、言語を持たない存在は欲求を持つことができない。

　フレイが考えている「良くあることとしての利害〔利益〕」は、私が区別した利害の意味の最初の三つを含んでいる。彼の「欲望としての利害〔興味・関心〕」と「反省的利害」と私が呼んでいるところのものは、これら利害の二つの意味が同じではないとしても、同種の存在が有するものだろう。つまり、「欲望としての利害〔興味・関心〕」と「反省的利害」は同じ意味ではないにしても、（彼の見解に基づくと）それらを同種の存在が有することになる。

　環境哲学者であるポール・テイラーも、「(a) X は Y の利害になる」と「(b) Y は X に利害がある」を区別しているが[7]、それらの異なる意味の利害を帰属させる存在の種類に関してはフレイから離れる[8]。離れながら彼はフレイとは別のやり方で私の分類を崩す。テイラーは、人間だけでなく意識がある動物も (b) の意味での利害〔興味・関心〕を持ち得ると主張する。しかし人間や意識がある動物のように、意識がない動物や植物にも自分自身に良いものというのはあるはずだ。つまり、それらにとって物事が良いとか悪いとかということがあり得るのだ。それらは、(a) の意味での利害〔利益〕を持ち得る。同じことは単なる物体や人工物に当てはまるわけではないと彼は言う。とある機械にとって良いとされるものに関して私たちが話す際、その機械自身の持つ目的に言及しているのではなく、その機械を作ったり使ったりする人が機械に授ける目的に言及していることになる。この見解に基づくと、単なる物体や人工物にはどんな意味でも利害はないということになる。

　テイラーは単なる物質や人工物には（どんな意味においても）利害はないとするだけだが、他方、ジョエル・ファインバーグは植物のような意識のない生命体にも利害はないとしている[9]。言い換えれば、彼は機能的意味や生物的意味での利害自体、あるはずがないと考えているのだ。というのも彼は、

---

(7) Taylor (1986): 63.

(8) Taylor (1986): 60-71.

(9) Feinberg (1980): 159-84.（初出は、T. Blackstone (Athens: University of Georgia Press, 1974): 43-68）Steinbock は、Feinberg に従っており、同一の見解を採っている。Steinbock (1992): 14-24 を参照されたい。

142

実際は人工物や植物は「良いもの〔a good〕」を持たないと考えているからである（時折、私たちはそれらがそれを持っているかのように話したりはするわけだが）。ファインバーグは (a) の意味での利害〔利益〕と (b) の意味での利害〔興味・関心〕の違いを設けていないが故に、暗黙の裡にその違いを崩してしまっている。正にそれが理由となって、トム・レーガンはファインバーグと論争を繰り広げたわけだ [10]。レーガンは (a) の意味での利害と (b) の意味での利害との違いを主張しており、(a) と (b) の意味での利害のことを、それぞれ利害 1 と利害 2 と呼んでいる。彼によれば、「人工物や植物はある種の良いもの——例えば、意識的に好むものや「幸福」——を持っていない」という事実から「それらはどんな種類の良いものも全く持っていない」ということを導くことはできない。フレイと同じくレーガンも、人工物・植物・動物・人間は総じて、何らかの意味での利害を持ち得ると考えている（道徳的問題に関わってくるのはどちらの種類の利害のことなのかという問題については、二人の哲学者は意見を異にしている）。

　上述した分類の相互の関係性は、以下の図 5-1 でより明確に表すことができる。

(a) X は Y の利害になる （利害 1）	(b) Y は X に利害がある （利害 2）	
人工物 植物 動物	人間	レイモンド・フレイ
植物	（意識のある）動物 人間	ポール・テイラー
（意識のある）動物 人間		ジョエル・ファインバーグ
人工物 植物	（意識のある）動物 人間	トム・レーガン

図 5-1

---

(10) Regan (1976): 485-98. Elliot (1978): 701-5 はファインバーグの擁護を行っている。

ある種の存在が利害を持つ**かどうか**を決定すること**だけ**から、それが道徳的に考慮されるべき存在かどうかという問いを立てようと試みるのは誤りである。利害を持つということは、道徳上の身分を持つための必要条件であるが、十分条件ではない。もしもある存在が利害を持っていないのであれば、それは害悪を被ることもなければ利益を受け取ることもありえず、そしてそれ故、道徳上の身分を持つことができない。けれども、ある存在が利害、それも道徳に関係した利害だけを持つことは、論理的には可能だ。その場合、道徳に関係するのはどの種類の利害なのかが、重要な問いとなる。

　これまで私たちが見てきたように、このことについては少なからぬ意見の相違がある。フレイは利害2だけが道徳に関係すると考えているが、一方、テイラーは、利害1、2のどちらも道徳に関係すると考えている。ファインバーグは、すべての利害が道徳に関係すると考えているが、それは彼が非常に限定された利害のイメージを採用しているからなのである。

　「利害」の分類わけをおろそかにすると――ある論者は利害の種類をたった二つにしてしまったりするわけだが――、当然区別されるべき種類の利害を一緒くたにしてしまったり、もしくはいくつかの種類の利害を独断で取り上げないようにしてしまったりする。こうした理由で私は四種類の分類をしたわけだ。そのように分類わけすることで、通常思い起こされる利害の様々な概念がすべて区分される。ここでやっと、それらの中でどの種類の利害が道徳に関係するのかと問うことができるのだ。勿論、私がしている分類わけよりももっと詳細に分類わけをすることは可能である――例えば、意識や自己意識の程度で識別するといったように。けれどもそのような分類わけは詳細過ぎて扱いにくくなり、結局あまり役立たないだろう。更にその分類わけは、新たな**種類**の利害を提起するというよりむしろ既存の利害の程度の差を示すことになるだろう。後にはっきりするだろうが、**程度の差**を効果的に検討できるのは、道徳に関係するのはどの種類の利害なのかを考察した後なのである。

どの利害が道徳に関係するのか？

　どのようにして四種類の利害のうちのどれが道徳に関係すると決定するのか？　これは簡単な問題ではない。思うに利害の何らかの意味についての議論は、そうした利害の意味を受け入れていく**議論**というよりはむしろ、その

利害の意味が道徳に関係してくるという**直観**の**説明**になっている。言葉を変えると、自分の直観とは違う直観を持った人に反論する方法を考えるのは難しいということだ。私はこのことを、最低限、意識的利害を持っていれば道徳に関係した存在であると私が考える理由を示すことを試みることで説明したい。以下はそのような議論の一つをまとめたもの——つまり、研究者の幾人かが様々な形で進めてきた議論をまとめたものである[11]。

(1) ある利害が道徳に関係すると言うことは、その利害が（道徳的に）重要だということを言っている。
(2) もしある利害が道徳的に重要だとされるのであれば、その利害はその利害を持っている存在にとって重要でなければならない。
(3) ある存在が持っている利害が**その存在にとって重要である**ためには、そうした存在であることがそのようなことであるような（つまり、そうした存在になることで感じられる）何かが存在するのでなければならない。
(4) 自分が一個の独立した存在だというように感じている何かが存在している可能性があるのは、その存在が意識を持っている場合である。
(5) 従って、意識を持っている存在者のみが道徳に関係した利害を持ち得る。

　誤解されないように、「ある存在が持っている利害がその存在にとって**重要である**」ということで何を意味しているのかを明確にしておきたい。それは、「自分の利害にある〔自分のためになる〕ものを**求めている**」ということを意味しているわけではない[12]。そうではなくて、「自分の利害〔利益〕を助けられたり邪魔されたりすることであるような何かが存在する」ということなのだ。これを認めれば、「Y は X に利害〔興味・関心〕がある」というフレーズに潜む曖昧さが分かるだろう。このフレーズは「X は Y に重要である」もしくは「Y は X を求める」のどちらかを意味する。従って「動物には欲求がない」という点でフレイに同意すべきだとしても——私にはでき

---

(11) 例えば、Feinberg, (1980): 168; Thompson (1990): 147-60（とりわけ、p. 159 を参照されたい）；Steinbock (2003): 81 を参照されたい。
(12) これこそ、ドン・マーキスがボニー・スタインボックを批判する際に想定していた解釈である。Marquis (1994): 73-4 を参照されたい。

ないが――、それでも動物は道徳的に考慮されるべき利害を持ち得る。言い換えれば、(a) 良くあることとしての利害〔利益〕と (b) 欲望としての利害〔興味・関心〕の中間に位置するような種類の利害があるということになるだろう。それは、(議論の余地があるかもしれないが、植物も持っているかもしれない) それ自身にとって良いものをただ持っているということ以上の意味を含む種類の利害なのだが、それ自身が自己意識的に持っている欲求を同じくらいに含んでいる必要はない。

　今回、私が (1) から (5) で展開してきたような議論にはどうしても問題が残されてしまう。結論に内包されている直観を共有しない人は、重要な前提――今回だと前提 (3) ――に異議を唱えるだろう。私からすれば、前提 (3) は全く合理的だと思われる。だいたい、どんな存在でも自分がそのような存在であると感じていなければ、自らが良くあることや自分の何らかの側面をどうやって気にかけることができるというのか？　だが問題なのは、私の持つその直観を共有していない人は容易に前提(3)を退けることができる、ということである。その人はおそらく、意識などなくても、ある存在の良くあることがその存在にとって重要であるということを主張するだろう（例えば、植物にとって水の剥奪は、その植物がしおれて結果的に死ぬという点で重要だろう）。もしくは、(例えばだが、) 私たちが「植物になることがそれで**ある**ような何かが存在すること」を「植物になることで**感じられる**何かがあること」と同一視しない限りは、その人は、植物になることがそれであるような何かが**存在する**と主張するかもしれない。その要点は以下のように言い換えられる。人は植物に対して残忍にも優しくもなれない（なぜなら植物には意識がないから）ということは、私たちのうちのたくさんの人に決定的なことと思われている。けれどもそう思わず、何故、残忍さや優しさだけを問題になるものとして考えなくてはならないのか、疑問に思う人もいる[13]。もし私たちが他の観点で、植物に害悪を与えたり益したりすることができるなら、何故そうした他の観点は関係ないとしなくてはいけないのか？

　「意識がない生物が持つ利害も道徳に関係する」と考える人の意見にかかわってそれを掘り崩せるような決定的な論拠は、私には一つも見当たらない。思うに、機能的利害が道徳に関係するという見解についてとなると、話

---

(13) Regan (1976): 490.

は違ってくる。この見解は、機能的利害が実際には比喩的な意味において**人工物が持つ**利害を指すだけであることを踏まえれば、確実に退けることができる[14]。だが、この議論の詳細を説明するつもりはない。何故ならまず、受精卵や胎芽や胎児は決して人工物ではなく、それ故単に機能的利害だけを持つのでは決してないとすれば、機能的利害に関する問いは中絶に関する議論をする上では無視することができるからだ。

意識がない生物が持つ利害も道徳に関係するという見解に反対する決定的な議論を私は提示することができないので、私ができる議論の構成は、生物が持つ利害は道徳に関係するとみなすことが何を含意するかを指摘し、中絶反対派の全員とは言わないまでもほとんどがそうした含意を受け入れないということを示すというものになるだろう。

後に示すように、胎児でも妊娠のかなり後期にならないと意識は生まれない。従って、もし意識的利害が、最も基本的な道徳に関係した利害であるなら、胎児が道徳に関係した利害を獲得するのは、妊娠のもう本当に後期になってからだろう。中絶反対派の議論を基礎づける方法の一つに、生物的利害も道徳に関係するというものがあるだろう。けれども、もし生物的利害が道徳的に重視される場合、平等性の原理に基づけば同じ生物的利害は同じように重視されなければならないだろう。それ故、**人間**の生物的利害だけが道徳に関係しているということはあり得ないのである。植物やバクテリアやウィルス等々が持つ利害も人間の胎芽や意識を持つ前の胎児の生物的利害と同じように重視されなければいけないのだ。だが、こういったことを受け入れる中絶反対派の人は（もしいたとしても）非常にわずかである。そこで中絶反対派が一貫性を保つためには、自分たちの見解の根拠を「生物的利害は道徳に関係する」という主張に置いてはならない。（勿論これは、中絶反対の立場を擁護する術は何一つないのだと言っているわけではない。他の議論については後で考えよう。）

生物的利害が道徳に関係すると考えている人は、意識的利害もまた道徳に関係するということを否定しない。彼らが否定するのは、その関係するかどうかの閾値を生物的利害よりも上に設定することだけである。「意識的利害は道徳に関係する利害のなかで最低限度のものだ」と考える人に対しては、

---

(14) Regan (1976) はこれを否定しているが、Elliot (1978) はそれに説得力のある反論をしている。

また別の反論が控えている。その反論は、道徳に関係するかどうかの閾値を意識的利害よりも上に——つまり反省的利害のレベルに——設定しようとする人たちから生じる。この見解が示唆する内容もまた疑わしい。もし反省的利害だけが道徳的に重要だとされるのならば、意識があるが自己意識はない生物——ほとんどの動物とヒトの新生児すべて——に苦痛を与えることには（直接的には）何の間違いもないことになり得る。私たちは、反省的利害**だけが**道徳的に重要なのだという見解を退けることができるのだ。

いつから意識が生じ始めるのか？[15]

　自分に初めて意識が生じた時のことを覚えている人は私たちのなかには誰もいない。それ故、私たちは皆、かつて胎児や幼児であったにもかかわらず、人間の発達段階においていつから意識が生じたのかという問いに自分自身の経験を思い出して解答することはできない。意識が生じた瞬間がいつなのか決定するためには、私たちは、胎児や幼児の心を「他者の心」として扱わなくてはならないのだ。「他者の心」には一人称的にアクセスすることができないので、私たちは、第三者としてアクセス可能な情報から「他者の心」がどのようなものなのかを推測しなくてはならないのである。

　第一に、脳波検査（EEG）によって示される意識に関する間接的かつ機能的なエビデンスについて考察しよう。EEGというのは脳の電気活動を記録しているもので、意識がある時に要求される機能的能力——つまり覚醒状態——に関するデータを提供してくれる。強調しておかなければならないが、少なくとも神経学の専門用語では「覚醒状態」と「意識のある状態」とを混同してはならない。「覚醒状態」とは、「意識のある状態」とは違って、睡眠（の様々な段階）と対比される目覚めている状態のことを指す。目覚めているということは、脳幹と視床の覚醒系の数値が上昇している状態のことである。それは、大脳皮質の状態ではない。覚醒系の数値が上昇するということが完全なまま機能している大脳皮質と関係があるのならば、覚醒系が働くことで大脳皮質の状態が変化することになり、そうした変化が臨床上および脳

---

(15) 本節の資料はマイケル・ベネターと私による次の著作から引いてきた。D. Benatar & M. Benatar (2001): 57-76.

波記録的に認識可能なのである。意識が大脳皮質の機能に付随する一方、それは覚醒状態でのみ起き得る。このことから、脳幹と視床は間接的に意識を支えているだけだということになる。目覚めの状態——覚醒状態と睡眠——が脳幹や視床の状態を指し（たとえそれらが普通は大脳皮質への影響を伴っているのだとしても）、意識が大脳皮質の働きであるからこそ、覚醒状態と意識は分けて考えることができる。覚醒はしているが、意識はないということがあり得るのだ。覚醒系の数値が上昇し覚醒モードに入っているが、大脳皮質は特殊な仕方で障碍を持つことがあり、その場合に、こうしたことは起こり得る。例えば、ずっと植物人間の状態にある患者のなかには、EEG を見ると覚醒状態のパターンを示しているが、意識がないといった患者もいるのだ[16]。

　覚醒状態は意識があることの十分条件ではないのに対して、「覚醒状態にはない時に意識は生じ得ない」とするのは妥当だ。眠っている人は時々自分の周りの環境に反応することがあるが——刺激に対して反応することができるが——、彼らは目を覚ましているのでもなければ、意識があるわけでもない。もしこうした想定が正しい場合、覚醒状態に至る能力を欠いている存在はまた、意識を持つ能力をも欠いていることになるだろう。従って EEG は、それがなければ意識が起こり得ない状況——つまり、覚醒状態——のエビデンスを提供してくれているのである。だがそれでも、EEG は意識自体があることのエビデンスを提供してくれるわけではない。

　妊娠 20 週目ぐらいの胎児の（睡眠パターンにおける）脳波の活動には断続的な切れ目がある一方、およそ妊娠 30 週目ぐらいになるとようやく EEG は睡眠・覚醒サイクルを示すようになる。つまり、妊娠 30 週目ぐらいになってようやく覚醒状態の第一段階が認識可能になるということだ。強調しておかなければならないが、こうした初期段階での目覚めているときと眠っているときの EEG パターンは、大人のものとは全く異なっている。出産後の最初の数ヶ月の生活で、乳児の EEG パターンは徐々に大人のパターンに非常に似たものになっていく。EEG パターンの成熟過程は、新生児が生まれて最初の一年は続き、徐々に変化のスピードは遅くなっていくが、幼少期から青年期にかけてわずかながらずっと続く。

---

(16) Multi-Society Task Force on PVS (1994): 1499-508.

胎児と大人の EEG の比較的大きな違いに関しては、少なくとも二つの説明が成り立つ。一つは、胎児には意識があると言うために必要な類の覚醒状態は、依然として生じていないということである。もう一つは、脳波検査の違いを見れば、胎児の神経系は総じて未発達の状態にある（だから違いがあるわけだが）という結果が出てくるが、それは意識があるために必要な神経学的な機能が働いていないと言っているわけではない、ということである。こうした見解に基づけば、胎児の覚醒状態は、大人とは違う EEG を示すかもしれないが、それでも意識を生じさせるのに役立っているかもしれない。どうすればこの二つの考えられる説明の中から一つを選ぶことができるのか？

　一つの方法としては、覚醒状態の機能的エビデンスではなく、意識や痛みといった意識状態の反応上のエビデンスから考えるようにする方法がある。例えば、ケネス・クレイグらの研究を考えてみよう[17]。その研究では、**早産した**新生児が不快な刺激や不快でない刺激に対して示す反応を判断するために、新生児顔面分析法（NFCS）が用いられた。様々な週齢にある新生児のかかとを消毒しランセットによる処置をするその前と最中とその後の様子のビデオが撮影された。かかとを消毒するときの刺激は不快ではないが、一方、かかとへのランセット処置をする際の刺激は不快であり、成熟した神経系を持つ意識がある存在者にとっては痛みとなる。消毒ではなくランセットによる処置に対して、妊娠 28 週を過ぎた乳児は、一連の顔の動きで特有な反応を示すことが分かった。その顔の動きは、痛みを伴う刺激を受けた正期産児や大人と同じ特徴の動きだったのだ。そうした顔の動きというのは、眉毛が下がるだとか目をぎゅっとつむるだとか鼻唇の溝が深くなるとか口が開くとか舌が伸びたり丸まったりするといったことである[18]。また研究者たちは、こうした顔の動きが、ランセットによる処置をする時に未熟児が眠っているか起きているかで変化することをも観察した。覚醒状態が、意識が生じるのを促進し、それ故に痛みが生じるのも促進しているのであれば、こうした観察は注目に値する。妊娠 28 週目の人間に関してはこのように顕著な観察結果が現れたが、それに比べて妊娠 25 週から 27 週目の未熟児は、基準値から

---

(17) Craig, Whitfield, Grunau, Linton & Hadjistavropoulos (1993): 287-99.

(18) Craig, Whitfield, Grunau, Linton & Hadjistavropoulos (1993): 287-99.

十分に離れた顕著な反応を示すことはなかった[19]。

少し早産した新生児に観察される顔の動きは単なる反射に過ぎず、なんの（不愉快な）精神状態も表していないということはあり得るし、胎児の痛みに関して懐疑的な人はあわててそう言うだろう。そのような疑いをそのままにしておく法は断じてない。にもかかわらず、この動きが複雑でうまく組み合わさっているので、単なる反射としては片づけ難いわけだ。

反射的な動作は意識のある心から生じるものではない。従って、もし不快な刺激を避ける動きが痛みという感覚から生じたのでなければ、それは反射的な振る舞いである。痛みの感覚から生じたものなら、反射的な振る舞いではない。このことから、反射の存在と痛みの存在は相互に結びつかないと結論づけてはならない。例えば、脊髄反射の結果として、痛みを引き起こすインパルスが大脳皮質に到達する前であっても、不快な刺激の原因である物から手足を引っ込めることはあり得る。そうした手足を引っ込めるという動きはそれ自体反射である。たとえ痛みという感覚が反射の原因ではなく、むしろ反射の数千分の一秒後に生じるのだとしても、痛みの感覚が付随的に起こらないということが導かれるわけではない。反射的であり**かつ**痛みの経験が付随しない振る舞いと、反射的かどうかとかは関係なく痛みが付随**する**行為との違いを見極めるといっても、単に推測するしかない。新生児を観察することで得られるある程度共通の認識からすると、妊娠後期と初期の過期産の人間には意識がある。有力な科学的見解はこの共通の認識を裏打ちする。

そこで結論としては、およそ妊娠 28 週から 30 週目の胎児には少なくとも最低限の意味で意識があると考えるのに無視できない根拠があるということになる。そうした根拠と発達過程における段階的な性質を踏まえれば、意識が、一番最初に現れる段階で十分に形成されているなんて、まったくありそうにない。意識のレベルが発達していくという方がよっぽどあり得そうだ。実際、人間において意識は、自己意識へと徐々に発達してくるものでもある。従って、意識的利害は突然生じるわけではない。そうでなく、一定のペースではないかもしれないが、意識的利害は徐々に生じるのである。

---

[19] より幼い時期の未熟児らにこうした振る舞いの変化を見出さなかったのには、研究対象となった未熟児の数が少ないという人為的な問題があったのだろうとこの研究者たちは注意を促している。

存在し続けることへの利害

　妊娠 28 ～ 30 週目あたりで、道徳に関係するという意味で人がやっと存在するようになるのであれば、その段階の前なら、誰か人が存在してしまうことは、まだ中絶という手段で防ぐことができる。従って、存在するようには決してならない方が良いのなら、生まれさせられるよりかは、上記の期間までに中絶させられる方が良い。

　このことから、妊娠 28 ～ 30 週目あたりを過ぎてからの中絶はすべて（一応明白〔prima facie〕だが）誤りだということが導かれるわけではない。というのは、仮に最低限意識があるとされる存在は道徳的に考慮すべき利害を持っていると認めても、最低限意識があるとされる存在は**存在し続けること**に関して道徳的に考慮すべき利害を持っているとは認めない人もおそらくいるだろうからだ。従って、意識がある（が自己意識はない）存在に痛みを与えることは一応明白に誤っているが、その存在を痛みを与えない形で殺すことは誤りではないかもしれない、ということが主張できるだろう。

　マイケル・トゥーリーがこうした見解を持つ代表的人物の一人である [20]。彼の議論は以下のようなものだ（部分的には、私が先に概要を述べたフレイの議論と共通している）[21]。

(1)「A には経験やその他様々な精神状態の主体として存在し続ける権利がある」という命題は、「A は経験やその他様々な精神状態の主体であり、かつ、経験やその他様々な精神状態の主体として存在し続けようと欲求する能力があり、かつ、A が実際にそのような存在として存在し続けたいと欲求しているなら、A がそうすることを拒んではならない一応明白な義務が他者にはある」という命題とほぼほぼ等しい [22]。

(2) 欲求を持つことはある命題が真であることを求めることである。

(3) ある命題が真であることを求めるにはその命題を理解していなくて

---

(20) Tooley (1972): 37-65.

(21) トゥーリーとフレイの論文を逆の順番で紹介したが、トゥーリーの論文はフレイのものよりも前に出版されている。

(22) Tooley (1972): 46.

はならない。

(4) 与えられた命題に含まれている諸概念を持っていなければその命題を理解することはできない。

(5) 従って、人が持つことができる欲求はその人が保持している諸概念によって限定される。

(6) 胎児（どんな成長過程にあるにせよ）も生まれて間もない幼児も、自分が経験やその他様々な精神状態の主体であるという概念を持ち得ない。

(7) 従って、胎児にも幼児にも存在し続ける権利はあり得ない。

　トゥーリーは、ある存在がいつ生き続ける**権利**を持つようになるのかについて述べている――また、この種の**重大な**権利について述べたりしている。私は、利害の（関連する）概念ほどは権利について関心がないので、何故胎児と幼児には存在し続けることの利害がありえないのかという問題に関する議論として彼の議論を考察したい。

　彼の議論には、実に論議の余地がある前提が数多くある。まず、「存在し続けることの利害（や権利）を紐解けば、それは**存在し続けたいという**欲求を表しているはずだ」という見解は、明らかなものでは全くない。その欲求を満たすためには、人が生き続けることが必要となるような何か他の欲求を持っているならば十分なのは確かであろう。従ってもし、とある単に意識があるだけの存在が、今しがた持っていたのと同じ快楽経験以上のものを欲し、またその欲望とその存在に生じる利害が道徳的に考慮すべきものならば、弱い利害に過ぎないかもしれないが、この存在は生き続けることへの利害を持っていることになるだろう。

　これに応答するにあたって「胎児も生まれたばかりの幼児も**いかなる**欲求も持ち得ない」と言えるかもしれない。だが「存在し続けることへの利害を紐解けば、それは何らかの**欲求**を表しているに違いない」ということには、やはり議論の余地がある。ある人が生きることを欲求してはいなくても、生き続けることでその人の利害が供給されるということは十分あり得る。トゥーリーは自分の分析を見直す際にこの問題に確かな興味を示しており、「ある個人がXへの権利を侵害され得るのは、Xを欲求しているときだけでなく、これから欲求する**だろう**というときでもそうなのだ。しかしそれはそ

の個人が以下の条件に当てはまっているときを除く。（i）感情的に不安定な状態にある、（ii）一時的に意識不明の状態にある、（iii）Xがないことを欲求する状態にさせられてしまっている[23]」と述べている。このように修正することで、面倒な反例のいくつかを避けているのだ。だが、私たちは不思議に思うわけだが、何故、追加の条項を設けないのか。つまり（iv）必要な概念を持っていない、という条項である。トゥーリーが挙げた最初の三つの条件は、「生き続けることが、上述の条件に合う人が持っている利害の中に含まれている」といった感覚から出てきている。けれども私たちの中には「自分自身が経験主体であるという概念を欠いているが意識のある存在が持つ利害の中には、生き続けることが含まれ得る」という同様の感覚を持っている人も多い。もしいくつかのケースを欲求による説明にむりやり当てはめようとするなら、ほかのものもやすやすと追加することができるだろう。だが、欲求よりも（意識がある存在が持つ）**利害**の方が重要なのだと述べる方がより良い。

　欲求するためには何らかの能力が必要なのだとしても、依然として私たちは二番目の前提に異議を唱えることができるだろう――つまり、欲求を持つことはある命題が真であることを願うことである、という前提である。たとえ子どもが空腹や食べ物や空腹と食べ物との間の関係性についての命題を心に抱くことができなくても、空腹を満たしたいという子どもの欲求について、私たちは実に有意義に語ることができる。二番目の前提が崩壊すると残りの議論も同じく崩壊する。

　トゥーリーの主張は退けられるべきものだと私は考えているが、彼の見解には承認できる真なる核心部分が含まれている。私が提示してきたように、「最低限の意識がある存在は存在し続けることに関する利害を持ち得る」と言っても、「その利害は自己意識がある存在が持つ利害と同じ強さのものだ」と言っているわけではない。生き続けることへの利害が、更なる快楽経験への全く未発達な利害の派生物ならば、それは、自己意識と意図と目的が現れてからのそれよりも遥かに弱い。それらが現れてからは、その人間はその人自身の人生の中でより多くのものを与えられ、そして、死んだり殺されたりすることでより多くのものを失うという立場にある。けれども、その最も早

---

(23) Tooley (1972): 48.

い段階の利害が弱いものだからといって、それが利害ではないということには決してならない。

　私の見解には一つ利点があり、道徳上の身分は持つか持たないかのいずれかであるようなものではないということである。道徳上の身分といっても程度は様々だろう。道徳上の身分が、意識や自己意識のような他の特性に続いて生じるものであり、こうした他の特性が突然生じるのではなく徐々に発達するのならば、「道徳上の身分は程度の問題なのだ」と言うことに意味はある。もし発達過程のある段階までなら人間を殺すことが全然間違っていないのに、その段階が過ぎると突然それらの人間を殺すことが**本当に**間違っていることになるのは、とてもおかしなことだろう。

　こうしたことを踏まえると、「**いつ**人は道徳に関係した利害を獲得し始めるのか」という問いは、「中絶は道徳的により良いものなのか」という問いを考察する上で、ただ一つの適切な問いというわけではないということが分かるだろう。「人が持っている存在し続けることへの利害はどれほど強いのか」という問いもまた重要なのである。弱くて限定的な利害は、他にも考察していくと、比較的容易に退けられるだろう。そうした考察では他者の利害に関しても考えることになるが、胎児や生まれたばかりの幼児から成長していくだろう、今はまだいない人物のQOLというような要因も、また考えることになるだろう。

　ある存在がその人生において最低限のものしか与えられないのであれば、この利害は、将来被り得る害悪への見通しから、より容易に退けられるだろう。存在することへの利害が強くなるにつれて、その利害を退けるために必要な害悪は、ますます深刻なものになる。従って、非常に不快な人生が続いていくことを防ぐのであれば、妊娠後期——意識が生じるまで発達した後——に行われる中絶や、間引きといったケースのなかにも、道徳的に望ましいとされるものがあるかもしれないのだ。

　「生きることに関する利害も含めて、道徳に関係した利害は徐々に生じる」という見解を脅かす議論には、とても有名なものが二つある。その一つはR・M・ヘアの「黄金律」の議論であり、二つ目はドン・マーキスの「自分たちのような未来」という議論である。これら二つの議論のどちらも、妊娠の最初期の段階であっても中絶は一応明白に間違っている、ということを示そうとするものである。今度はこれらの議論をそれぞれ考察して退けよう。

黄金律

　ヘアは、中絶に対して一応明白な反論を唱えるために「黄金律」を用いたことで有名だ[24]。ヘアの（ポジティブな形の）「黄金律」によれば、「私たちは、自分たちに対して他者にさせるように、他者に対して振る舞うべきなのだ[25]」。彼によればこれを論理的に展開すると、「私たちは、自分たちに対して振る舞われたら**嬉しいように**、他者に対して振る舞うべきだ[26]」といった格率が導かれる。これを踏まえると「結果的に私たちを誕生させることになった妊娠を中絶させる人が誰もいなかったのを私たちは喜んでいる」から、「……私たちは、**他の条件が等しければ**、結果的に私たちと同じような人生を持つことになる一個人を誕生させるだろうどんな妊娠も中絶してはならないと命ぜられる[27]」。

　この議論の脆弱性についてはたくさんのことが言えるし実際言われてきたけれども、私は、存在してしまうことの害悪について私が展開してきた議論を通して浮かび上がった、このヘアの議論の欠陥を、いくつか論じたい。

　当然のことだが「**誰もが**中絶されなかったことを喜んでいる」というのは正しくない。ヘアは、彼の議論に対して人々が提起するだろうその反論について考察している。しかし彼は、もし人々が生まれたことを喜んで**きたのなら**、誰も彼らを妊娠中絶すべきではなかった、ということを人々は願っているに違いないと論じる。この回答は「生まれてきてしまったことを良かったと思うかどうかが道徳的な試金石となっている」ということを前提としている点で問題である。もし彼が、生まれて**こない**方が良かったと思うのが標準的だと考えていたとしたら、次のように言えてしまうだろう。すなわち、生まれてきて嬉しいと思って**いる**人々は、「もし仮に自分が嬉しいと思っていなかったとしたら、だれかが自分を中絶しておいてくれるべきだった」と願っているのだと。どちらの種類の人も、自分が実際に持っている好みとは真逆の好みを持っていたとしたら、「黄金律」の議論は、その人の好みが実際にそうある場合に生み出すのとは逆の結論を生み出してしまう。従って、生ま

---

(24) Hare (1975): 201-22.
(25) Hare (1975): 208.「黄金律」の消極的な形式では、私たちは自分たちに対して他者にさせないように、他者に対しての振る舞いを**控える**べきだ、とされる。
(26) Hare (1975): 208.
(27) Hare (1975): 208.

れたことを嬉しく思わない人がいるというケースでは、ヘアの回答はうまくいかないだろう。

どのようにして私たちは、どちらの選好——生まれて良かったと思うのか、それともそうでないのか——が優勢であるかを決められるだろうか？　生まれて良かったと思う方を擁護しようとして展開されるだろう議論には、ほとんどの胎児は成長してから、生まれて良かったと思う、というものが挙げられる。それ故、この生まれて良かったという選好が生じるだろうという推測をすることが、統計的にはより信頼に足るわけだ。けれども統計的な信頼性があるにもかかわらず、二つの理由からこの選好が優勢だとしてはならないのである。

一つは用心の原則である。この原則の支持者はこう考える。生まれてきてしまわない方が良かったと間違って思い込んでいる人がいる場合、そこには苦痛に苛まれる人は誰もいないが、生まれてきて良かったと間違って思い込んでいる人がいる場合、そこには確かに苦痛に苛まれている人が存在する。胎児が成長後に生まれてきて良かったと思うようになると想定する場合を考えてみよう。その場合、胎児を中絶はしない。もしその想定が誤っており、その胎児が成長して生まれてきて良かったとは思わないとしたら、その誤った想定をしてしまったという事実から、（一生涯）苦痛に苛まれる人を存在させてしまったことになる。今度は、逆の想定を考えてみよう——つまり、胎児が成長して生まれてきて良かったなんて思うようにはならない、といった想定である。その場合、胎児は中絶される。もしこの想定が誤っていて、この胎児が成長していたら生まれてきて良かったと思うのだとしても、その誤った想定のせいで苦痛に苛まれることになる人は誰ひとり存在しないだろう。

後者の想定のせいで苦痛に苛まれることになる人は存在**する**、と反論されるかもしれない——中絶させられる胎児がそうだ、というわけである。この反論に返答するのには二つポイントがある。一つ目は、この反論の方向性はヘアには利用可能ではないという点である。彼は、中絶が実行される時「どんな場合でも、通常人間の大人や子どもまでもが持っている、**自分たちが殺**されない理由となる特性を獲得する以前に胎児が死ぬ場合は、**その時点では**、つまりその瞬間には、その胎児は自らが殺されない理由となる特性を持っていない[28]」と思っているのだ。ヘアの議論は明らかに、胎児が一人の胎児と

---

(28) Hare (1993): 172.

して持っている特性ではなく、その胎児の潜在的な可能性についてのものである。二つ目は、（ヘアに反対して）胎児は自らを中絶の犠牲者とし得る特性を実際にその時点で持っているとする主張は、「黄金律」の議論のような潜在的な可能性に訴えて中絶に反対する議論の要点を弱めてしまう。潜在的な可能性に訴える議論の一番の要点は、たとえ胎児が自らが殺されない理由となる特性を一人の胎児として持っていないのだとしても、中絶は間違いであり得るということを示すことにある。

　生まれてしまわない方が良かったという選好に賛同する二つ目の理由は、第2章と第3章で私が主張したように、存在してしまうことは常に深刻な害悪だからだ。もしそこでの議論が正当なら、存在させられることで得をしたと思っている人は誤りを犯していることになり、それ故その人が存在するようになっている今の現状をより良いと考えているのは誤った信念に基づいていることになる。誤った前提に基づく「黄金律」の（もしくはカント的な）議論を用いるのは、非常におかしなことであるだろう。選好するのに十分な情報が与えられていないのに、何故それがどのように他者を扱うべきかという問題に影響するというのだろうか？　例えば、タバコを勧めるべきか否かといったありふれたケースを想像してみよう。タバコを勧めるというのは、喫煙によるリスクを無視することで成り立っている。ヘアの原理を用いると、そのような欲求を持つ人は次のような推論をしていることになる。「自分は喫煙を勧められて良かったと思っているし、故に私は他の人に喫煙を勧めるべきだ」と。喫煙を勧める方が良いという気持ちが喫煙の危険性について熟知した上で形成されたというなら、このような推論には非常に問題がある。だが、選好するのに十分な情報がない時には、（厳密に）すべてを考慮した上での判断はできないし、それ故、より問題があるということになる。同様に、存在するようになって良かったと思う人がたくさんいるからといって、他者を存在させても良いということにはならない。とりわけ、存在していることへの選好が、人は存在させられたことで得をしたという誤った信念から生じているのであればなおさらだ。

　生まれてしまったことを好ましいと思う選好が間違いであるとすると、ヘアの議論に対するまた別の（独立した）とても強力な批判を更に擁護することができる。これまで、彼の議論――「黄金律」を論理的に展開したもの――の一つ目の前提は誤っているのだということに注目してきた。「誰かし

らがある人のために何かをした」ということを嬉しいと思うことと、「その何かをした人物はその人がしたようにそうする義務があった」と考えることは違う。私たちがして欲しいと思っていること（もしくは、してくれたら嬉しいこと）のどれもがどれも、私たちがされるべきだと（もしくは、なされるべきだったと）考えていることだとは限らない。私たちは、義務として他の人々が私たちを（もしくは私たちが彼らを）扱っているのではないと感じるように扱われたいと願っていることがある[29]。その人の選好に誤りがないとしても、このことは真実だ。私たちの選好が、十分な情報を与えられておらず誤っている時、この点は更にもっと説得力を増す。

　もし、これまでに提示してきたように、存在してしまうことが害悪であって、（妊娠の初期段階では）誰もまだ道徳に関係した意味で存在するようになっていないのであれば、その場合、理性的な人は、自分は中絶されていたら良かったのにと思うだろう。その結果、「黄金律」を適用するのであれば、他者にも同じようにしなくてはならないことになる。

「私たちと同じような未来」

　マーキスの議論は中絶に反対しているが[30]、それは、「**私たちを**——成人の人間（もしくは、少なくとも、生き続ける価値のある人生を歩んでいる成人の人間、殺されてしかるべきどんな行為も犯していない無実の人間）を殺すのは誤りだ」という前提から始まっている。彼によれば、ある人の命が失われることでその人物からその未来に獲得できるかもしれない価値までも奪うことになるということが、何故中絶が誤りなのかを最もうまく説明してくれているらしい。人が殺される時、その人は未来に得られる快楽のすべてを奪われることになるし、現在と未来の目的や計画を追求する能力まで奪われる。だが、ほとんどの胎児は、私たちが持っているのと同じような貴重な価値ある未来を持っている。それ故、マーキスが結論するには、そうした胎児を殺すのは確実に間違っているのである。

　マーキスは、自分の議論には多くの長所があると指摘する。第一に、懐疑主義の問題を回避しているという点だ。言い換えれば、彼の議論は、単に胎

---

(29) Boonin, (1997): 187-97.
(30) Marquis (1989): 183-202.

159

児が人間だからという理由で人間の胎児の生命には価値があると主張しているわけではないということだ。結果、もし人間と同じ様に価値ある未来を持つ人間以外の動物がいれば、その動物を殺すことも誤りとなるだろう。そして、未来に持つことになる QOL があまりにも低いことが見込めるために価値ある未来を持てないような人間、勿論それには胎児も含むが、そのような人間を殺すのは必ずしも誤りではなくなる。第二に、「私たちと同じような未来」という議論は、殺すのが間違いなのは「人間（persons）」——理性的で自己意識のある存在——だけだという見解から生ずる諸問題を回避しているという点だ。人であることの基準に依拠するのではなく、「私たちと同じような未来」という議論に依拠するなら、幼い子どもや幼児を殺すことは明らかに誤りであるが、それは大人を殺すのと同じ理由で誤りなのである。第三に、「私たちと同じような未来」という議論は、中絶は**まだ生まれていない**人間を殺すことにならざるをえないから誤りだと言っているのではない。それを誤りだとする議論は、まだ生まれていない人間が現実に生きている人間と同様の扱いを受ける権利がある理由を説明できていない。「私たちと同じような未来」という議論の根拠になるのは、胎児が将来持つ可能性がある何らかの特性ではなく、現実に今その胎児が持っている特性——つまり、胎児は私たちと同じような未来を歩むという特性——である。

　マーキスは、彼の「私たちと同じような未来」という議論にとって代わるかもしれない二つの議論について考察し、退けている。「欲求説」によれば、私たちを殺すということは、生き続けたいという人間が持っている重要な欲求を阻止するから誤りということになる。だが、マーキスが言うには、この説では、生きる意志を失っているうつ病の人や、寝たきりや昏睡状態にあるために殺されるその時に生き続けたいという欲求を持っているとは言えない人を殺すことが誤りである理由を説明できない。「私たちと同じような未来」という議論を「欲求説」を参考に修正し、中絶を認める説にして支持している人もいるが[31]、私はそうではなく、マーキスが「中止説」と呼んでいる説の擁護を提案したい。この説に基づけば、私たちを殺すことが誤りなのは、そうすることで生きている中での価値ある経験や活動、計画が必然的に**中止される**からである。これまで見てきたように、妊娠期間が完全に後期になるまで胎児には経験というものがないし、更に確実なことだが計画や活動も（関

---

(31) Boonin (2003): 62-85.

連のあるどんな意味においても）ない[32]。それ故、胎児に意識が発達する前の中絶は、「中止説」に基づけば誤りではないだろう。

経験の中止を総じて誤りであるとすることはできないとマーキスは言う。もし将来経験することが和らぐことのない苦痛であるなら、それが中止されることは現実により良いことだろう。それ故「中止説」は、中止される経験の**価値**に言及していない限りは機能しないのである。更に彼は、一個人のそれまでの経験の性質は関係ないと言う。個人が耐えられないほどの苦痛に苛まれて**きた**かどうか、**今まで**昏睡状態にあったかどうか、価値ある人生を楽しんで**きた**かどうか、そこに違いはないと言うのだ。結果、将来が価値あるものかどうかということ**だけ**が重要なのだと彼は言う。もしそうなら、彼からすれば「中止説」は「私たちと同じような未来」という議論に吸収されてしまうことになるわけだ。

だがこの推論は性急過ぎる。「中止説」からは、未来に価値があるということは（価値ある未来のある人を）殺すことが誤りだということを説明するための必要条件ではあるが十分条件ではない、ということが言えるだろう。このような説明は、道徳に関係する利害を持った存在だけが、その価値ある未来において道徳に関係した利害を持つことができる、と主張しているのかもしれない。それ故、すでに道徳に関係した利害を持っている存在の人生を中止させるのは誤りなのである。言い換えれば、殺すことを誤りとするにはその未来が価値あるものでなければならないが、同時に、その未来はすでに道徳的に無視できない存在の未来でなければならないのだ。

さて、マーキスだったら、「私たちと同じような未来を生きるかもしれない個体**すべて**が、そのような未来を持っているという理由で、道徳的に考慮されるべき利害──その未来を享受する利害を持っているのだ」と応えるかもしれない。だが、何故（比較的未発達な）人間の胎児が**その時点で**そのような利害を持っていると考えられるのか？　彼は「その時点までに私たちは後にその未来を享受する存在をそれぞれ個別に認識できるから」と応えるだろう。避妊が「私たちと同じような未来」という議論によって禁止されていない理由を論じている彼だったら明らかにそう応えるはずだ。避妊は私たちと同じような未来が生じるのを防ぐが、彼によれば、避妊というケースでは

---

[32]「成長」や**子宮内**で「お腹を蹴る」などといったものを活動に数えようとする人もいるので、私はこの但し書きを追加した。

私たちは未来が奪われたその主体を（勝手に選ぶのでない限りは）見つけ出すことができないのである。彼は何が害悪を被り得る主体なのかを四つ挙げて考えている。（1）いずれかの精子（2）いずれかの卵子（3）精子と卵子がそれぞれに（4）精子と卵子が一緒に、の四つである。彼の主張では（1）だと勝手に選ぶことになってしまう。というのも（2）を選ぶのと同じくらい容易に選べるからだ。また（2）も勝手に選ぶことになってしまう。というのも（1）を選ぶのと同じくらい容易に選べるからだ。主体として（3）は当然あり得ない。というのも、それがあり得たら、避妊がなされなかった場合にその結果として生まれることになる人のたった一つの未来よりも多い未来、つまり精子の未来と卵子の未来があることになってしまうからだ。最後に、彼によれば、（4）も正しくない。というのも、**現実**に結合体になっている精子と卵子というものはないからだ。もしそれが**可能性として**結びつくということにしても、私たちは、あらゆる可能的な組み合わせの中から、それがどの精子とどの卵子が組み合わさったものかを言うことはできないのである。

　中絶や避妊が道徳的にどうなのかという問題は、生物学的な意味で存在するようになるのはいつなのかという問題とは違って、ある存在の同一性に依存するというようには私は考えない。マーキスが同意しないのは明らかだが、正に彼が同意しないからこそ、彼の見解は奇妙な含みを持つことになる。このことを理解するために、人間の生殖生物学が現実とほんの少し違っている場合を想像してみよう。新しい有機生命体の遺伝子素材の半分をそれぞれ提供してくれる精子や卵子の代わりに、二つのうちの一つがすべての DNA を提供し、もう片方が栄養摂取だけか細胞分裂を開始するための衝動のうちどれか一方を提供するという場合を想像して欲しいのだ。例えば、もし精子がすべての遺伝子素材を内包しており、栄養としてだけ卵子が必要であったら (33)、精子と卵子の関係性は、実際の接合体と子宮との関係性と類似していることになる。そうした場合、上述の（1）は、避妊の犠牲者だと言うことができるし、それ故、その場合私たちと同じような未来という議論においては、避妊は誤った行為であるということになるだろう。従ってマーキスの見解では、道徳的問題は精子が半数体か二倍体かにかかっているのだ。

　しかしながら、精子が半数体か二倍体かというその問題が、避妊が道徳的

---

(33) このような見解を持つ人が古代にはいた。アリストテレスがそうで、彼は人が人の形になるのは精子のみに因るのであり、女性はそれをおなかで温めるだけだと考えていた。

162

に殺人に等しいかどうかという問題に対して、どのように影響を及ぼすのかを理解するのは難しい。つまり、ただ遺伝子を単一化しただけで、私たちと同じような未来が生じるのを未然に防ぐのが誤りであるか否かといった問題にどうやって影響を及ぼすことができるのか、ということである。もし実際私たちと同じような未来が生じるということが重要ならば、一体何故、**遺伝子学的に**欠損のない完全な有機生命体の未来でなければならないのか？　私の代替案はこの議論のこうした奇妙な含みを回避する。それは道徳に関係した利害を持っている存在の価値ある未来が重要なのだ、とする案である。その人生において道徳に関係した利害を持っている存在者の価値ある人生を中止にするのは（一応明白に）誤りなのである。

　私の説は、「私たちと同じような未来」説に勝るメリットが他にもある。もしその未来の価値**だけ**が重要なのだとすれば、30歳の人間を殺すよりも胎児を殺す方が悪いことになってしまう。というのも胎児は、他の全ての条件が同じであれば、30歳の人間よりも長い未来を持つことになるだろうし、それ故奪われるものはより多いということになるからだ。30歳の人間の死と90代の人間の死とを比較して、ほとんどの人が前者の方がより悪いと考える場合は、奪われるものがより多いといった話は筋が通っている。けれども、胎児と30歳の人間の死とを比較して、私たちの多くが後者の方が遥かに悪いと考えるならば、それは全然納得がいかないものになる。このことは、胎児は30歳の人間が持っている自身の存在についての利害をまだ獲得していないという説明でうまく説明ができる。30歳の人間と90代の人間とを比較するケースは、もう一つの説明を使えばよい。30歳の人間も90代の人間も生き続けるということに関しては等しい利害を持っているが、90代の人間にはあまり時間が残されていない、というように説明できるわけだ。代わりの方法として、一部のケースに限っては、90代の人間の生きることに関する利害がすでにしぼみ始めてしまっている、というように説明することもできる。ひょっとしたら、利害がしぼむのは、歳を重ね、老いて行くにつれて、人生がより悪くなっていったからなのかもしれない。

　胎児と若者と老人を殺すことの相対的な悪さに関する直観を説明する派生的な方法は複数ある。その一つに、ジェフ・マクマーンの考える「時間相対的利害」がある。それを彼は生きることに関する利害と区別して使っている。生きることに関する利害は「時間的に展開している存在としての自分自身に

とってより良いものまたはより悪いものに関係しており、自分の全生涯にとってより良いものまたはより悪いものを反映している[34]」。それに対して、時間相対的利害とは、ある特定の時点において人が持つ利害である——つまり、ある特定の時点において「人が利己主義的な理由から気にかける[35]」利害のことである。これら二種類の利害は、同一性が利己主義的な関心の基盤となっている限り、両立可能である。けれども（パーフィットに従っている[36]）マクマーンは、心理的な連続性を同一性よりも重要であると考えるので、生きることに関する利害と時間相対的な利害とは別々のものになってしまうのである。これら二つの利害それぞれから生じるのは、死がいかに悪いことかに関する矛盾した説明である。「人生比較説」からすると、人生の価値の総計が今死ぬ方が死なずに人生が続く場合よりも低い場合にのみ、死は生きるよりも悪いことになる[37]。この説によれば、胎児の死は 30 歳の人間の死よりもずっと遥かに悪い。何故なら、胎児の人生の価値の総計は 30 歳で死ぬ人間の人生の価値よりも低いからである。けれども「時間相対的利害説」によれば死がいかに悪いかは、犠牲者の時間相対的利害の観点から判断されることになる[38]。マクマーンは「時間相対的利害説」をとるが、それは一つには、30 歳の人間の死が胎児の死よりも悪いことの理由が説明できるからだろう[39]。胎児は熟慮した上で未来の自分——私たちと同じような未来——とつながっているわけではないのに対して、30 歳の人間は熟慮した上で未来の自分とつながっているのである。

結　論

　妊娠の初期段階の胎児に道徳上の身分がないという私の見解は、中絶の選択を尊重する人たちの中ではありふれたものだ。とはいえ、私が示唆しているほど**ずいぶんと**長い間、胎児にはいかなる道徳上の身分もないというのはありふれた主張ではなさそうだ。「妊娠の初期段階の胎児に道徳上の身分がない」という見解と「存在してしまうことは常に害悪である」という見解と

---

(34) McMahan (2002): 80.

(35) McMahan (2002): 80.

(36) Parfit (1984): Part 3.

(37) McMahan (2002): 105.

(38) McMahan (2002): 105.

(39) McMahan (2002): 105, 165 ff.

を結びつけると、中絶に関する一般に広まっている諸々の想定は一新される。少なくとも妊娠の初期段階においては、妊娠を継続させる方向で考えるのではなく胎児を出産予定日まで身ごもっていることがないように考えるべきなのだ。これが、中絶への「妊娠中絶賛成派〔pro-death〕」の見解なのだ。この見解に基づくと（妊娠の初期段階には）どんな中絶もそれが正当である理由を考える必要はなく、むしろあらゆる中絶をしなかったことが正当である理由を考えなければならなくなるのだ。何故なら、中絶をしなかったせいで存在してしまうことで生まれる深刻な害悪を誰かしらに被らせることになるからである。

　妊娠期間中、一体いつ胎児が道徳上の身分を獲得し始めるのかに関しては異論があるかもしれない。意識がその適切な基準になるという見解に基いた上で、私は、妊娠のだいぶ後期の段階になるだろうということの証拠を示してきた。存在し続けることへの利害が初めから強力なのだと考える人は、胎児をそれよりやや前の時期から基本的な道徳上の身分があるとして扱うのが、間違いを防ぐという観点からはベストだと考えるかもしれない。それはそのような利害を誤って消してしまうことがないようにはしてくれるだろう。生き続けることへの最初の利害は弱いもので、普通の人生にある苦痛はとても悪いものだと考える人は、より幼い胎児にはなんらかの道徳上の身分があるとみなす必要は全くないと考えるかもしれない。私にはそれらの問題を解決するつもりはない。理性的な人々の間に、そういった判断をするために求められる適切な価値判断について、意見の相違はあり得るだろう。中絶の圧倒的大多数が、ちゃんと胎児に意識が生じる前に行われるなら、また行うことができるのなら、私が結論として言う必要があるのは、道徳的にグレーゾーンになる段階まで、意図的にでも意図的でなくても中絶を遅らせることには何らかの問題がある、ということだけだ。

　私は、妊婦に（妊娠の初期段階において）中絶をする**権利がある**と、単に言ってきたわけではない。私がしてきたのはもっと強力な主張で、胎児は生まれさせるよりも（妊娠の初期段階において）中絶することの方が**より良い**という主張なのだ。この主張は人々に中絶を強制すべきだという主張と同じ**ではない**。第4章で私が示したように、少なくとも今は、私たちは子作りをする自由に関する法的権利を認めるべきなのである。それらの議論は、中絶をしない自由に対して、子作りの自由に対するのと少なくとも（より大きく

ないにせよ）同じくらいの影響力を持つ。従って私の結論は、妊婦には、中絶をするかどうかを選択する自由をどのように行使すべきなのかということに関しての勧告としてみなされるべきなのだ。つまり私は、妊婦が実際に中絶をすることを勧告しているのに加えて、中絶をしないならそれに対する優れた理由が必要なのだと勧告しているのである。そんな理由は何一つないと私が考えているのは、当然そうなのだけれども。

　人工妊娠中絶に賛成する見解は、それを受け入れない人にとってさえも興味深いものであるはずだ。その見解の意義深い特徴の一つに、中絶する法的権利を否定する人工妊娠中絶反対派へのユニークな難問を提示しているということが挙げられる[40]。法的に人工妊娠中絶を擁護する立場は、人工妊娠中絶反対派に中絶を義務付けはしない——選択することを許している——が、一方、法的に人工妊娠中絶に反対する立場は、実際、人工妊娠中絶賛成派が中絶を実行するのを本気で未然に防ぐ。人工妊娠中絶に反対する立場が法律に盛り込まれているべきなのだと考える人は、ロビー団体に関して、何と言おうか自問したくなるかもしれない。そのロビー団体は、第4章における私の議論に反対しているが、人工妊娠中絶反対派が子作りの自由の制限を求めるのに同調して、人工妊娠中絶賛成に法が向かうように勧告しているのだ。法的に人工妊娠中絶賛成の政策を採るのであれば、人工妊娠中絶反対派にまで中絶を義務付けることになるだろう。こんな思い付きを前にすれば、法的に人工妊娠中絶に反対する人たちも、それをするかどうか選べるということの価値に興味を持ってくれるかもしれない。

---

(40) 人工妊娠中絶反対派の人全員が、その名の通り、中絶する法的権利に反対すると思われるといけないので、正しい道徳上の身分として人工妊娠中絶反対の立場を採ってはいるがそれでも人々には選択する法的な権利が当然あると考えることができるということを、注記しておくべきだろう。ある人の個人的な道徳観と、人がそうあるべきと考える法律の内容との間には違いがある。

166

第6章　人口と絶滅

もし純粋理性のみが行為することで子どもが世界に生じさせられたなら、ヒトという種族は存在し続けていただろうか？

アルトゥール・ショーペンハウアー [1]

　何兆もの意識を持った存在者が私たちの星には生息している。それよりも飛躍的に多くの意識を持った存在者がこれまでに生きてきた。今後更にどれほど多くの生命がそこに存在するだろうかといった問題は未解決の問題として残されている。けれども最終的にはすべての生命が終わりを迎え絶滅するだろう。絶滅するのがすぐなのか後なのかは、どれほど多くの生命がこれからここに存在することになるのかを決める一つの要因である。絶滅するときまでに数え切れないほど多くの要因が、地球上に生息する存在の数に影響を及ぼすだろう。人間の場合は、個々人が子作りをしようとする（もしくは子作りをしないようにする）ことや、行政や国際機関の人口政策（もしくは人口を減らす政策）が役割を果たすだろう [2]。

　本章で私は互いに関係している一連の質問を二組、吟味したいと思う。一組目は人口に関するものであり、二組目は絶滅に関するものだ。人口に関する問いの核となるのは――それは少なからぬ哲学的な注目を得てきているのだが――、「どれほど多くの人間が世界に存在するべきか？」といった疑問である。この問題への私の回答が「ゼロ」だと言っても、みなさんは今はもう驚かないはずだ。この私の回答が正しいと考える人もいるかもしれないが（中には明らかに正しいと考えてくれる人もいるだろう）、一方、遥かに多くの人が私の回答が明らかに間違いであると考えている。従って私の目的の一つは、私の「ゼロ」という回答が通常受け取るよりももっと真面目に考慮するに値することを示すことにあるだろう。この目的のために私は、人口に関する哲学的な理論のなかで問われている難問を、私のこの「ゼロ」という回

---

(1) Schopenhauer (1942): 4.
(2) 人間はどれほど多くの動物が存在するのかを決める役割もまた果たしている。一番それが顕著なのは、人間が動物を繁殖させる状況と、人間が動物に避妊手術をする（ことができる）状況である。

答がいかに解決しているのかを示そうと思う。

　絶滅に関しての中心となる問いは人類に適用する場合、「人間が絶滅する見込みは何か残念に思うようなものなのか」という問いである。この問いに対しての返答はこうだ。絶滅へと進む道のりが残念に思えるものであるかもしれないし、人間が絶滅する見込みはある意味で私たちにとって悪いものなのかもしれないが、それでももうこれ以上人間が（そして実際のところはこれ以上意識を持つ生命も）必要ないのならば、総合的に見て、人間は絶滅した方が良いだろう。絶滅に関して次に出てくる問いは、将来絶滅は事実として起こるとしてそれが早い方が良いのか遅い方が良いのかという問いである。ここで私は、あまりに差し迫った絶滅は私たちにとって良くないだろうがとはいえ絶滅するのは遅いよりは早い方が良いと、主張したいと思う。というのも早く絶滅すれば、絶滅しないせいで始まってしまうだろう今はまだない人生における深刻な害悪が生じずにすむからである。けれどもいくつかの見解に基づいて私は、限られた数であれば新たに人間を生み出すのが正当**化されるかもしれない、**ということを示したい。そういうことであれば、絶滅は可能な限り早く到来する必要はないが、とはいえ遅くにというよりはむしろ早く到来するべきではあるのだ。従って、こうした比較的穏当な結論であっても、人間が可能な限り存在し続けるのがすべての条件が同じでも一番素晴らしいことだと考えるもっと一般的な感情論からは、ひどく反感を買うものになる。

　人口に関する問いも絶滅に関する問いも互いに関係し合ってはいるが、別物である。その理由の一つに、人口の規模と絶滅までに要する時間が必ずしも相関している必要はないことが挙げられる。より長く人間が存在すればするほどより多くの人間が**存在できる可能性がある**のは明らかだが、より長く人間が存在すればするほどより多くの人間が**存在するようになる**、とはならない。絶滅までに要する時間の調整は人間の数を動かす方法の一つではあるが、出生率を調整することでも人間の数を動かすことができる。例えば、今からだいたい12年後に小惑星の衝突の衝撃で地球に人が住めないように突然なってしまって、人間が絶滅する状況を想像する場合、現在の出生率を踏まえれば、ホモ・サピエンスが絶滅する前に、ざっと十億もの人々が更に存在してしまうだろう。もし出生率を半分にすれば、これから生まれる人の数がトータルで増えずに、絶滅までの時間は半分ではなく二倍になり、小惑星

が24年後にぶつかるのと同じことになる。人間の数と絶滅までに要する時間との関係性は必ずしもコインの裏表のような関係ではない。相互に作用はするが。従って私たちは、より少数の人間を作ることにより長期間人間が存在することが確実になるような状況を想像できる。ひょっとするとあまりに多くの人間が生まれたせいで、ホモ・サピエンスという種族の絶滅を引き起こすような戦争が始まることもあるかもしれないのである。

人口過剰

この本が書かれている間にも、およそ63億人もの人が生きている[3]。これは多過ぎると考えている人、つまり私たちがすでに人口過剰という問題に直面していると考えている人は非常にたくさんいる。人口増加について何らかの対策をしない限り（もしくは、人口増加に対して何かしら対策がなされない限り）、もうすぐに人口はどんどん多くなると考えている人もいる。1世紀先や2世紀先に予想される人口規模が巨大になり過ぎるとまでは考えていない人もいるが、そういった人でも明らかに**地域によっては**人口規模が大き過ぎると考えている。地域によって人口が多過ぎるということ、または人口過剰になる**可能性がある**ということを妥当に否定できる人は誰もいない。

人口**過剰**という考え方は規範的なものであって、記述的なものでも予測的なものでもない。人間は**可能である**以上に増えることはないが[4]、**あるべき数**以上にはおそらく増えるだろう。しかしどのくらいになれば人口が過剰ということになるのだろうか？　この問いは、(a) 累積人口について問うこともできるし、もしくは (b) 任意の時点での人口について問うこともできる。(b) の問い——とある任意の時点においてどれぐらい多くの人間が存在し得るのか——は、お決まりの問いである。というのもある時点において生きている人間の数は、その人たち（に加えてこれから生まれる人たち）の幸福[5]、または（環境論者がそう主張しがちなように）この地球に、影響を及ぼし得るからである。人間だけを考えてものを言えば、全員に行き渡るほど食料がなくなるかもしれないし、またこの世界が単純に定員オーバーになっ

---

(3)〔不要な注。訳注参照のこと〕
(4) しかしながら、**長い間**存在するのが不可能なほど、多くの人々が存在しているのかもしれない。
(5) 例えば、Kate (2004): 51-79 を参照されたい。

てしまうかもしれない。環境面で考えれば、あまりに多過ぎる人口の人間が環境に残す「爪痕」は、あまりに甚大なものになるかもしれない[6]。従って、ある時点もしくはある特定の時期に過剰な数の人間を作らないように、当然気にかけなければならない。これは妥当な気遣いである。けれどもこれまでに私が指摘したように、私たちは累積人口に関する問題もまた問うことができる——つまり、どれぐらいの人間が初めから終わりまでに存在するのだろうか[7]、という問いである。その意味を正しく理解できれば、この問いは人口の集中化や人類の（可能な限りの）存続や人類史のそれぞれの時期の環境を理解する上で役に立つ。言い換えれば「どれぐらいの人間が初めから終わりまでに存在するのだろうか」という問いを正しく理解している人の回答は、人類が存続可能な連続した期間の、それぞれ時期ごとの「どれぐらいの人間がこの期間内に存在するのだろうか」という問いへの答えを足し算することによって出てくる、というものだ[8]。しかしながら、後に示すが、累積人口の規模への問いは、別の形で問われそして答えられ得るのである。

　存在してしまうことは常に重大な害悪であるという私の議論は、先の人口への問い（のどちらの形式のもの）に対しても本質的な回答を含んでいる。累積人口がたった1であっても、私の議論からすれば、人口的には多過ぎるということになるのである。理由は、地球からすればずっと人間が多過ぎる状態にあったからということでもなければ、地球が養える人口を超えているからということでもない。そうではなく存在してしまうことが深刻な害悪だからなのだ——そしてそのような深刻な害悪は一つでも多過ぎるのである。

　けれども実際には、私の基準からすればもうすでに多過ぎる何兆何億もの人間が存在してしまっている。何兆何億人いたのかを決めるのはむずかしい問題だ。仮に数えるとしてもいつから数え始めればいいのか？　これまでどのくらいの人間がいたのかを知るために、私たちは、これまでどのくらいの時間、人間が存在してきたのかを知っておく必要がある。またこれに関しては、一定の範囲内でだが、科学者たちのなかで異論があって明らかに

---

[6]　当然人口の規模だけが環境に爪痕を残すわけではなく、その一人一人が何をするかも大きい。少ない人口であっても環境に大きな被害を与えることは可能である。

[7]　この問いを問う人はしばしば次のように表現する。「どれぐらいの人間が**これまでに**存在しただろうか」（例えば、Parfit (1984): 381）

[8]　重複した人口、つまり時代にまたがって生きている人の数は考慮に入れなければならない。

170

見解が異なっている⁽⁹⁾。また分らなければどうしようもないのに、何人いた
かが分かっていない人類史上の期間が多過ぎる。けれどもある一つの有力
な計算では 1,060 億人を優に超える人間がこれまでにいたのである⁽¹⁰⁾。その
うち約 6 パーセントの人間が今現在生存している⁽¹¹⁾。初期人類の人口は少な
かった。とある本の著者は「生態学的な推論と文化人類学的な観察とを組み
合わせて考えると、［ヒトが最初に誕生した］アフリカ東部及び南部のサバ
ンナは、およそ 50,000 人の初期人類を擁していただろう」と言う⁽¹²⁾。およそ
10,000 年前に農業が登場するまでに、人類の人口はおよそ 500 万人にまで増
加した⁽¹³⁾。そして産業革命がはじまるまでに 5 億人にまで増えた⁽¹⁴⁾。世界の
人口増加はそれ以降かなり加速度を増していった。人口が 10 億人から 20 億
人にまで増加するのに一世紀以上（1804-1927）かかったが、それから 10 億
人ずつ人が増えてゆくにはどんどん時間がかからなくなっていった――33
年後の 1960 年には 30 億人に到達し、14 年後の 1974 年には 40 億人に到達し、
13 年後の 1987 年には 50 億人に到達し、12 年後の 1999 年には 60 億人に到
達した⁽¹⁵⁾。

　1,060 億人以上もの人間のうち誰一人として存在してしまわなかったので
あれば良かったのだが、その人たち（そこにはあなたも私も含まれている）
が存在することを未然に防ぐことはもはやできない。従って、**更に**どのくら
いの人数の人間が存在してもよいのかという問いに注目したくなる人は多い
だろう――未来のある特定の時期に何人かということではなく、累積的な意
味で何人かということである。ここでの理想的回答は、繰り返しになるが、「ゼ
ロ」である。その「ゼロ」という理想は、毎秒毎秒砕かれているのだけれど
も⁽¹⁶⁾。

---

(9) ちなみに人類はおおよそ 6000 年しか存在していないという雑過ぎる天地創造説支持者の明らか
　に間違った見解は無視させて頂く。

(10) Haub (2004)、（初出は 1995）.

(11) Haub (2004).

(12) McMichael (2001): 188.

(13) McMichael (2001): 188.

(14) McMichael (2001): 188.

(15) http://www.peopleandplanet.net（2004 年 10 月 5 日にアクセス〔※ 2017 年 10 月 28 日現在アクセ
　ス可〕）

(16) 現在のところ、人類の人口は一日 20 万人ずつ増加している（しかもこれはその日に死んだ人
　数も考慮に入れた**後**での数字である）。

人口に関する道徳理論に潜む問題を解決する

　私の主張は「存在してしまうことは常に深刻な害悪である」というものだ。もしこれが受け入れられるのなら、人口に関する道徳理論に潜む一連の問題に対して興味深い解決策が示される。こうした問題への解決策としてではなくその中の別の問題への解決策として、もはやこれ以上人間は存在するべきではないのだという見解を理解している研究者もいる。だがそうなるのは、彼らがもはやこれ以上人間は存在するべきではないという結論を生むその議論よりも、その結論についてだけ熟考してきたからだ。言い換えれば、私が示すように、ある種の道徳理論はもはやこれ以上人間が存在するべきではないということを示唆していることは気付かれていて、その種の理論はむしろそのような（言語道断だということになっている）示唆を伴うが故に退けられてきたのだ。しかしながら今は、もはやこれ以上人間は存在するべきではないという見解を導く独立した議論を私は提示してきたわけで、その種の理論がそうした示唆を伴うのは道徳理論の弱みではなくむしろ強みなのだと理解されなければならない。

パーフィットの人口問題

　人口に関する道徳の理論化を試みた**古典の名文**といえば、デレク・パーフィット『理由と人格』の第四部である。彼の議論は長くて複雑なので、ここではその議論の特徴を一つ一つ紹介することはできない。とはいえ彼の中心的な議論の概要を手短に紹介してから、私の議論と彼の議論にどのような関係があるのかを示したいと思う。

　パーフィットは非同一性問題について議論している。この本の第2章でなされた私の議論からその名を思い出すだろう。この問題は、QOL が低い命を誕生させるのを避けるにはその命を誕生させない以外にないという場面で生じる。非同一性問題とは、そんな人生を始めるのは間違いだというありふれた判断を説明しようとすると抱え込んでしまう問題のことである。パーフィットによれば、彼が道徳性に関する「人格影響」説と呼ぶものは、そんな人生を始めるのが間違いである理由を説明できていない。人格影響説は、行為をそれが人々にどのように影響を与えるのかという観点から道徳的に評価する説である。パーフィットが最初に人格影響説に関して述べている箇所で、彼はそれを「人々が悪い方向に影響を受けることになれば、それは悪い

ことだ[17]」という見解と同じだと説明する。このような説はパーフィットによれば、非同一性問題を解決できていない。何故なら非同一性問題の場合は、存在させられている人が、別の仕方で自分たちが存在した場合以上に**より悪い**というのはありえないからである。というのも、別の仕方で存在したというのがそもそもありえないからである。

人格影響説では非同一性問題を解決できないと思われたため、パーフィットは捉えどころのない理論 X を探し出そうとしている。理論 X は非同一性問題を解決するだけでなく、派生する他の諸問題も回避できている理論だ。彼は人格影響説が非同一性問題を解決できないと信じていたから、代案として非人格説を考えたのである。人格影響説が「あることがらが誰かにとってより悪い場合、それは端的に悪いとされる」と主張する一方、非人格説は特定の個人に対する影響を考慮しない。そうではなく、より非人格的に結果を吟味するのである。もし人々の人生が、ある一つの可能的な結果において、他よりもうまくいっているのであれば、そんなシナリオの下で誰一人幸福にならなくても、そのより良い結果は望まれるべきなのである。

非人格説で「QOL が低くなるだろう人を存在させるのは間違いだ」ということの理由が分かる。その結果が、そうはならなかった結果、つまりその人が存在させられずにすんだ結果よりも悪いからである。非人格説においては、ある人が存在させられている状態が、その人が他の仕方で存在している状態よりも悪くはないのだがといったことは問題にはならない。その人が存在してしまっているという結果が、その人が存在してしまわなかったという結果よりも（人格を考慮せずに）悪ければそれで十分なのである。つまり、非人格説は非同一性問題を解決可能なのである。

けれども非人格説は理論 X にはならない。非人格説は非同一性問題を解決するけれども、非人格説には非人格説特有の深刻な問題があるからである。どうしてそうなのかを理解するために、非人格説を二種類に分けて考える必要がある。

非人格的総計説：
「他の条件が同じとして、最良の結果とは、人生を生きる価値あるものにするものがなんでも最大限に含まれているだろう結果である[18]」

---

(17) Parfit (1984): 370.
(18) Parfit (1984): 387.

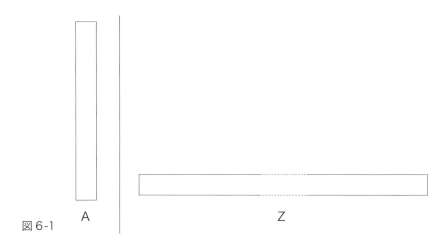

図 6-1

非人格的平均説：
「他の条件が同じとして、最良の結果とは、人々の人生が平均して最もうまくいっている結果である[19]」

　まず、非人格的総計説にまつわる問題を考えてみよう。この説では、少ない人口で QOL を高く維持する方が、多い人口で QOL が低いままいるよりも悪い。QOL の低さを補うほど多くの人口がいる場合に限りそうだ。パーフィットは、この二つの世界を図 6-1 で表している[20]。
　この図では、長方形の横の長さが人口に当たり、長方形の縦の長さが QOL に当たる。A の人口は非常に少ないが QOL が高い。Z の人口は非常に多いが QOL は低い。実際、Z の中ではほぼ生きる価値はないだろう。けれども、Z の良さの総計の方が、A の良さの総計よりも大きい。従って、非人格的総計説によれば Z の方が良いのだ。たとえ人口のより多い世界で人々がより低い人生を歩むことになるのだとしても、そうなのである。パーフィットも正しく示唆しているが、Z が A よりも良いという結論はいとわしい。従っ

---

(19) Parfit (1984): 386.
(20) Parfit (1984): 388. 彼はその中間に位置する世界の図も同様にうまく表している。掲載の図はオックスフォード出版の許可を得てコピーしたものである。

174

て彼はこれを「いとわしい結論」と名付けたのである[21]。

　非人格的平均説は、この「いとわしい結論」を回避している。というのはこちらの理論では、平均的な幸福を決定するために、ある世界のなかにある良さの総計はその世界にいる人の数で割って考えるべきだからである。人口がより増えた世界では平均的な QOL は更により低くなる。故に、その世界は人口がより少ない世界よりも悪い。

　非人格的平均説は非同一性問題もクリアしているわけだが、これもまた理論 X にはなりえない。何故なら、また別の問題に直面しているからだ。何故そうなのかを示すために、パーフィットは、私たちに異なる二つの世界を想像させる。一つ目は全員の QOL が非常に高い世界。二つ目は、皆一つ目の世界と同じ様な高い QOL を持っている人々の一団に加えて、裕福というわけではないが、十分に生きる価値がある人生を送っている人々がいる世界。こうしたケースをパーフィットは「単純な追加」と呼ぶ。詳述すれば、単純な追加は「二つの結果のうちの一つに、以下の 3 つの条件を満たす余計な人々が存在する場合に生じる。つまり、（1）生きる価値がある（2）誰にも影響しない（3）その人たちが存在することが社会的不正に関与しない[22]」なのである。

　さて、非人格的平均説からは、二つ目の世界の方がより悪いということになる。平均的 QOL がより低いからである。幸せではあるのだが、明らかに元からいる人々ほどは幸せではない余計な人々がその「単純な追加」となることで、その平均的 QOL が低下するわけだ。パーフィットはこれを信じ難いことだとしている。彼が言うに非人格的平均説では、もしこの上ない幸福な人生を歩んでいるアダムとイヴに**加えて**、それよりもちょっとだけ QOL が低い人生を生きる無数の人々が余計にいるとその世界は悪くなってしまうのだ。更に非人格的平均説では、何にせよ子どもを持つことが誤りかどうかはその子どもよりも前に生まれた人々全員の QOL がどうかにかかっている

---

(21) Parfit (1984): 388. 皆が皆、この結論をいとわしいとするわけではない。例えばトールビョン・テンショはほとんどの人々はかろうじて生きる価値がある人生を送っていると考えている。私たちが人生の価値のレベルを上げられるのはほんの一時のことにしか過ぎないのだ。もし人々が、Z における QOL が今自分たちの生きている QOL と同じだと気付いたなら、「いとわしい結論」を本当にいとわしいとは同意しないだろう（Tännsjö (1988): 161-2. を参照されたい。また Tännsjö (1997): 250-1 も）。私の話はテンショの話と直接かみ合いはしないが、私がこれまで進めてきた議論と今ここで進めている議論から彼の議論のどこが間違っているかは分かる。

(22) Parfit (1984): 420.

と彼は言う。故にもし「古代エジプト人の QOL が非常に高いものであったのなら、今の世の中で子どもを持つことは悪いことだとされる可能性が比較的高い [23]」。だがパーフィットが言うには、「エジプト学研究が私たちの子どもを持つべきかの判断に関係してくるはずがない [24]」のである。その結果、彼は非人格的平均説は信じ難いとしているのだ。

反出生主義が理論 X に適合する理由

　もし私の議論を真剣に受けとめてくれるのなら、パーフィットの数々の問題はクリアできる。まず、第 2 章で私は非同一性問題は解決され得ると言った。解決に繋がるだろうと私が述べた方法の一つは、「存在してしまうことは、当人にとっては、決して存在しないことよりも悪いもので**あり得る**」というジョエル・ファインバーグの議論を利用したものである。その代わりになるものとして私が主張したのは、たとえ〔決して存在しないよりも〕存在してしまう**ほうが悪い**わけではないとしても、存在してしまうことは当人にとって**悪い**ことだろうと私たちは言うことができるということである。反対に存在してしまわなければ**悪くはない**ので、その人が存在してしまったが故に害悪を被っていると私たちは言うことができる。これまで示してきたように、ある物事は「人々が**より悪い**方向に影響を受けることになれば、悪いことだ [25]」という説だと人格影響説を理解する場合は、この議論は不適当に見えるかもしれない。しかしながらパーフィットが最初に示したその説は、要求されている以上に限定的なものだ。後に彼は人格影響説を二種類——狭いものと広いもの——に分けるにあたって、狭い方を次のように説明している。

　狭い人格影響説：
　「ある結果が（狭い意味で）人々にとってより悪いのは、Y ではなく X が起きることが、X の人々にとって、より悪い、**もしくは単に悪い**、場合である [26]」

---

(23) Parfit (1984): 420.
(24) Parfit (1984): 420.
(25) Parfit (1984): 370（強調は筆者）
(26) Parfit (1984): 395（強調は筆者）

「もしくは単に悪い」という語句を追加しても非同一性問題は解決されないとパーフィットは考えているが、その理由は彼が「生きる価値がある人生を送る限り、人々が存在してしまうことは悪いことではない」と考えているからである。けれども私は「生きる価値がある人生」というフレーズに潜む曖昧さについて解釈して、そのフレーズが「始める価値がある人生」か「続ける価値がある人生」かのどちらかの意味を持つと指摘した。この区別を念頭において「存在してしまうことは常に害悪である」という主張を考察することで、（続ける価値のある人生があるのだとしても）始める価値のある人生は存在しないということが導かれた。それ故、存在してしまうことは、その人にとってそのことが（他の可能性と比べて）より悪いということはないのだと考えられたとしても、その人にとっては常に悪いのだ。

　人格影響説が実際に非同一性問題を解決できているとすると、それを解決するために非人格説を持ってくる必要はなくなる。私の議論が非人格説への反論を強めていると考える人もいるだろう。例えば「いとわしい結論」は、私の説に基づくと、すべての条件が同じ場合、余計な人生を作ることが良いという説に基づくよりも更にいっそういとわしくなる。私の説では、余計な人生を追加で作ることはより悪いことだし（害悪を被る人の数を増やすことになるからだ）、その余計な人生がかろうじて続ける価値しかないのであればなお悪い。人口がより多く QOL のより低い世界は、人口がより少なく QOL のより高い世界よりも、**あらゆる**点で悪いのである。

　もし非人格的総計説が私の議論を考慮するなら「いとわしい結論」を回避することができると指摘する人は他にもいるかもしれない。私の議論は、「いとわしい結論」が「続ける価値のある人生だったら余計に増やすのは良いことだ」という間違った前提から生じている、ということを説明しているように見えるかもしれない。非人格的総計説は、この間違った前提と「いとわしい結論」の両方を回避するように修正可能である。その一つのやり方は、非人格的総計説の適用範囲を次のように制限することだ。この説を実際に存在しているか、どうしたって存在してしまう人々にだけ適用し、どれだけの人間が存在すべきなのかというような問題には適用しないようにするのである。言い換えれば、現存する人間の幸福を最大化するが、存在者の数には影響を与えない原理とみなすことができるということだ。けれどもこの修正は明らかな代償を払うことになる。修正版の非人格的総計説は、どれだけの人

間が存在するべきなのかといった問いに対するガイドラインを提供しなくなってしまうのである。

　更に私の議論は、非人格的平均説にも光を当てる。思い起こせば、この説は「単純な追加」という（うたがわしい）問題に直面していた[27]。言い換えれば、非人格的平均説からは、もしこれまでに生きてきた全人類の幸福の平均値を下げるなら、そんなことをする余計な人生を増やすべきではないということになる。新たに追加される人生が「生きる価値がある」――つまり「続ける価値がある」――ものでも増やされるべきではない、という示唆は信じ難いように思われる。けれども、私の議論を踏まえれば、信じ難いわけではないことが分かる。もしどんな人生も始める価値がない場合、始める価値のない新しい人生を増やすことを排除するのは、理論上の欠陥にはならない。たとえそれらの人生に続ける価値があるのだとしても。実際、アダムとイヴのエデンの園での生活に新しい人が一人も加わらなかったなら、それに越したことはなかっただろう。

　けれどもこの話は、非人格的平均説を擁護するようなものではない。というのも、非人格的平均説に基づけば、もし新しい生命を生み出すことでこれまでに生きてきたすべての人の QOL の平均値が上昇する可能性があるなら、私たちにはその生命を生み出す義務があることになるからだ。これは私の結論とは相入れないし、これではまだ私たちが子作りをすべきかどうかにエジプト学が関わってくることになってしまっている。非人格的総計説についても同じだが、非人格的平均説は、どのくらいの良いことが存在しているのかを問題にしているのであり、人々がどのくらい幸福なのかは問題にしていない。どちらの非人格説も人々が幸福を（総計でであれ平均でであれ）増大させる限りにおいてでしか人々を評価しないという誤りを犯している。二つの説は「幸福の価値が一番にあるのであって、個人個人の価値は幸福の価値から派生するものだ」という間違った想定をしている。けれども、私が第 2 章で注目したように、幸福を新たに増やすから人々には価値があるというのも

---

(27) パーフィットは「単純な追加」をただ単に「問題」ではなく「パラドックス」と言い表している。便宜上、私はパラドックスの考察に乗り出すつもりはない。「単純な追加の問題」について私が述べているところからそのパラドックスがどんなものかは推測できるだろう。パラドックスに詳しい人向けに言えば、私はパーフィットの A⁺ が A よりも悪くはないという主張を否定することでこのパラドックスを解決する。私からすれば、A⁺ は A よりも悪いのは当たり前である。A⁺ には余計な人生が（つまり余計な害悪が）含まれているからである。

間違っている。そうではなく、新たに増やされた幸福は、それが人々にとって良いから価値があるのである——つまり、それが人々に人生をより良く歩ませてくれるという理由で価値があるのである。

　非人格的総計説と非人格的平均説は、こうした間違いが害を及ぼさない方向で修正できる。これは両理論それぞれが抱えている問題——「いとわしい結論」や「単純な追加の問題」——を回避することにもなる。どう修正するのかというと、非人格的総計説と非人格的平均説を幸福の最大の総量や平均値を目指すものとはせず、むしろ不幸の最小の総量や平均値を目指すものにするのである。つまり修正版の二つの説は、不幸の総量や平均値を最小にすることを目指すのである。こうした二つの説の修正にはメリットが二つある。一つ目のメリットは、どれくらいの人間が存在するべきなのかという問題にガイドラインを提示してくれる非人格説の機能は修正しても維持されたままだということ。二つ目のメリットは、それが私の主張してきた結論——つまり、理想的な人口の規模は「ゼロ」である、という結論——を生み出してくれることである。不幸を最小にするためには、人間（やそれ以外の意識のある生物）がいなくなればいいのである。不幸の総量の最小化も不幸の平均値の最小化も、不幸がゼロなら成立するわけだし、「不幸がゼロ」というのは、曲がりなりにも現実世界においては、人間の数がゼロになることで成し遂げられるのだ。

　ここに至って、悪いものは一つも含まれておらず含まれている良いものの量だけで他の人生と区別される人生がある世界を想像することで「いとわしい結論」や「単純な追加の問題」を蒸し返したいと願う人は、多くの難問に直面することになる。まず、人生における良いものと悪いものとの相互関係を踏まえたら、私たちにはそのような世界を理解することができるかどうか分からない。第3章で示したように、ほんの少ししか良いものを含まない人生は、なんらかの悪いもの——つまり、良いものが長らく無いという退屈さ——を含んでいることにどうしたってなる。これを避けるためには人生を短くすればいいのかもしれないが、人生を短くすることはまた別の悪いことになってしまう。

　この問題が克服され得ると仮に考えても、その場合は第二の問題が生じる。まず「いとわしい結論」について考えてみよう。「いとわしい結論」のどこがいとわしいのかと言うと、ギリギリ生きる価値がある人生でいっぱいの世

界の方が、それよりも遥かに優れた QOL を持ってはいる人生が遥かに少なくある世界よりも良いことになってしまうという点である（これは非人格的総計説によって導かれる）。だが、人生に悪いものが含まれないのだとすれば——また、より良いものが欠けているのが悪いことではないということであれば——、その人生がギリギリ生きる価値がある（つまり「続ける価値がある」）というのはどういう意味だろうか？　言い換えれば、良いものだけを含み、悪いものは含まない人生が、どうしたらギリギリ続ける価値があるというように言えるのか？　もし図 6-1 の Z における人生が、現実に全く問題なく生きる価値があるならば、A よりも Z を選ぶのは、もはやいとわしいことではない（たとえそれが依然として間違っているとみなされるとしても）。

　次に「単純な追加」について考えよう。これから生まれる可能性のある人生に悪いことが含まれないことが分かっているという想像の下、不幸を最小にすることを目指す非人格的平均説であっても「単純な追加」を免れ得ないという予想は正しい。しかしながら問題は、このことが問題たり得るのかということである。「単純な追加」が問題だとみなされる大きな理由は、非人格的平均説が「単純な追加」を退けると、生きる価値がある人生を余計に増やすのは良いことだという暗黙の仮定に抵触してしまうからである。非人格的平均説は、生き続ける価値のある人生を増やすことが悪いことである場合があり得ると述べる（余計な人生が幸福の平均値を下げる場合そうなる）。人生が何らかの悪いものを含んでいる場合は、私はすでに、私の議論が非人格的平均説は正しく「単純な追加」を拒絶するのだと主張していることを示せている。確かに私の議論は、余計な人生に悪いことが含まれていない場合も非人格的平均説は正しく「単純な追加」を拒絶するということを示してはいないけれども、その問題を克服するのに役立ちはする。忘れないでほしいのは、私の第 2 章の議論にしたがうなら、何か良いものを含んでいるが悪いものを何も含んでいない（想定上の）人生は、決して存在しないことよりも悪くはない——がしかし、決して存在しないことよりも良いということもない——ということである。私の議論に従えば (a) 決して存在しないことと (b) まったくもって悪いものが何も含まれないような人生を約束されて存在してしまうことのどちらかを選択することはできない。故に、非人格的平均説が「単純な追加」に対してする判断はあまり信じ難いものではなくなるの

である。もし、生きる価値がある人生を増やすのがより良いことで、非人格的平均説はそれを悪いと判断しているのなら、問題は深刻である。しかしながら、一つの基準だけでは「単純な追加」を良いとするか悪いとするか判断できず、非人格的平均説がそれは悪いと示唆している場合は何も矛盾は起こらない。非人格的平均説は、「単純な追加」が、その追加された人々にとってはより良くもより悪くもないという判断の上に更なる（非人格的）条件を重ねているように見えるかもしれない。

　非同一性問題を解決し「いとわしい結論」と「単純な追加の問題」の両方を回避することに加えて、私の「存在してしまうことは常に害悪である」という主張は「非対称性」についても回答を与えている。「非対称性」とは以下のものだ。

　　生き続ける価値がない人生を歩む子どもを持つことは間違いだろうが、
　　十分に生き続ける価値がある人生を歩む子どもを持つべきだという道
　　徳的理由はない [28]。

(たとえその人生に生き続ける価値があろうとも）存在してしまうことが常に害悪だとすれば、子どもを持つべきだという道徳的理由は決してありえない――もしくは、少なくとも、全てが考慮された上での道徳的理由はない（「**ある程度までの理由** [29]」はあるかもしれない――将来両親になるかもしれない人たちの利益になるというような）。

　従って、私の「存在してしまうことは常に害悪である」という主張は、パーフィットが、「理論 X」がなさなければならないと主張していることの大部分をなすことができている。私の議論は、

---

[28] この「非対称性」の表現はパーフィットが定式化しているもの（Parfit (1984): 391）を改変したものである。パーフィットの「非対称性」を理解するためには、彼の「惨めな子ども」や「幸福な子ども」といった例をちゃんと熟知していなければならないだろう。また、私の表現は「生きる価値がある」というフレーズがあいまいだという問題を回避できている。

[29] これはシェリー・ケイガンの用語である。彼はこれを「確かに重要性はあるけれどもそれにもかかわらず他の考慮すべき事柄よりは重要ではないかもしれない」理由という意味で使っている。彼はこれをより一般的に使われている「**一応明白な理由**〔prima facie reason〕」と区別している。「**一応明白な理由**」を彼は、「理由であるように見えるが、実際のところは全く理由にはならないかもしれない、もしくは理由のように見えるいかなる場合も重要性を持たないかもしれない」ような「認識論的必要条件を含んではいる」理由ととる（Kagan (1989): 17）。

181

1．非同一性問題を解決し、

2．「いとわしい結論」を回避し、

3．「単純な追加の問題」を回避し、

4．「非対称性」を説明している。

このことは、私の見解が「理論X」だと示していることにはならない。私の見解は、これ以上人を増やすべきかどうかという問題に関してだけの議論であり、一方「理論X」は、様々な人口問題を十分にうまく扱えるような道徳性に関する一般的な理論なのである。けれども私の議論が、他の非常に多くの議論と違ってこうしたあらゆる点で「理論X」と互換性があるという事実から、私の議論を真剣に受け取るべき理由が更にいくつもあると分かる。たとえ多くの人からすれば、その結論が根本から反直観的であろうとも。

契約主義

どのくらい多くの人々が存在すべきかという問いに契約主義[30]がガイドラインを与えてくれるかについては論争がある。パーフィットは、契約主義がそうした機能を果たすことはできないと考えている。

理想的契約主義の見解に基づけば、正義に関する諸原理は、ジョン・ロールズが「原初状態」と呼ぶもの——つまり、その状態にいる当事者たちに自分たち自身の個人的諸事実についての知識を与えないことで、公平性が保証されているという仮定に基づいた状態——の中で選ばれる。けれどもパーフィットによれば、そうした「原初状態」にいる当事者たちが自分たちが存在することを知らないわけはないことが問題なのである。だが、これから生まれる人々に影響する諸原理を選択するにあたって私たちが確実に存在していると想定することは、パーフィットによれば「女性に不利益となる原理を選択するにあたって、私たちが確実に男性であることを想定するようなものなのだ[31]」。これが何故問題になるのかと言うと「何らかの選ばれた原理の

---

(30) ここで私が考察するのは——道徳性はある一連の理想的な状況の下で選択されるような諸々の原理の中に存するという——理想的契約主義についてだけである。これが、主要で一番もっともらしく思われる契約主義だからである。

(31) Parfit (1984): 392.

182

矢面に私たちが立つことになるかどうかを私たちは知らない[32]」ということが理想的契約主義にとっては本質的に重要だからである。

さて、契約主義へのこうした反論に関連する問題はアナロジーが有効ではないという点にあり、何故アナロジーが有効ではないのかと言えば、存在者のみが原理の「矢面に立つ」ことができるからである。結果的に存在し得る人間の全員を決して現実に存在させるようにするわけではない原理は、結果存在しなかった人になんの代償も払わせない。存在してしまわないことで不利益を被る人は誰一人いない。リブカ・ウェインバーグは、別の仕方で同じ点を指摘している。彼女によれば「存在は分配可能な利益ではない」のであり、それ故、「一般に人々ということであろうと特定の個人であろうと、存在する者の視点を想定することで不利益を被ることになるだろう人はいない」のである[33]。

このような応答に満足できない人は、自分たちが存在するかどうかを当事者たちが知らないというように、「原初状態」を修正できるか考察することを望むだろう。パーフィットが考えるに、そのような修正はできない。その理由は、彼によると、私たちは「自分たちが決して存在しなかったという別の可能な歴史を想定することはできるが……この世界の現実の歴史において、私たちが決して存在していないということが真実であり得ると私たちが想定することはできない」からである[34]。だが、存在し得る人間が「原初状態」にいる当事者たちでありえない理由が、何故これで説明されるのか私にはよく分からない。何故「原初状態」にいる当事者たちは「この世界の現実の歴史」の中にいる人間でなければならないのか？ そうでなくて彼らを未来の人たちだと私たちが想像するのは何故いけないのか？ 存在し得る人間が「原初状態」にいると考えるのは形而上学的に奇抜過ぎると言って異議を唱える人もいるだろう。けれども「原初状態」の核心は、それが仮定上の状態であって現実のものではないということである。何故とある仮定上の状態にいる仮定上の人たちを私たちは想定してはいけないのか？ ロールズのこの理論は「形而上学的ではなく政治的[35]」なものとして意図されており、彼

---

(32) Parfit (1984): 392.

(33) Weinberg (2002): 408.

(34) Parfit (1984): 392.

(35) Rawls (1985).

が強調するに「原初状態」は、正義に関する公平な諸原理を定めるための説明装置に過ぎないのである。公平な諸原理というのは、私たちが実際にどんな偏りも持っていない場合に合理的に採用されるだろう諸原理なのである。

「原初状態」にいる当事者たちに選ばれた諸原理からは、人口の大きさはどんなものになるのだろうか？　この人口は確かに「原初状態」の様々な特徴に依存する。もし私たちが存在し得る人間が「原初状態」にいることを認めつつ、ロールズが描写したように「原初状態」の様々な特徴すべてを一貫して保つのであれば、私たちはそうやって選ばれた諸原理から私が考える理想的人口——つまりゼロ——が生み出されることに気付くのである。ロールズによれば「原初状態」にいる当事者たちは最悪の場合の利得が最大になるように——つまり最小値を最大にする——いわゆる「マクシミン」になるようにするだろう。多くの研究者が同意することだが、このマクシミン原理が人口の大きさの問題に適用されると、人間は全く存在するべきではないということが示唆されることになる [36]。というのも、子どもを作り続ける限り、存在させられる人の中には生きる価値（つまり「続ける価値」）のない人生を歩むことになる人も出てくるからである。そのような人の状態を改善する唯一の方法は、そのような人を存在させないことであり、そのような人が存在させられないことを保証する唯一の方法は、誰も存在させないことだ、ということになる。

マイケル・ベイルズは、マクシミン原理がこのような結論を産むのは分配されるのが功利である場合に限ると考えている。もしも分配されるのが基本財——それら以外のすべての財を確保するために必要とされる財——である場合、反対の結論が生み出されると彼は述べる。ベイルズによれば「最悪の状態にいるのは非存在者である。非存在者は基本財を何も受け取らないからだ。次に最悪の層にいる人間は、存在するかしないか微妙なところだが、もし存在する場合、彼らはいくらかの基本財は受け取ることになるだろう。その結果として、人間は可能な限り多くの人間を存在させるべきなのである [37]」。

こうした推論の土台にあるのは、「財、良いもの」が無いせいで非存在者

---

(36) 例えばウェインバーグはこう言っている。「マクシミン原理は子作りの禁止に繋がるだろう。何故ならそもそも子作りをしない方が生きる価値をなくしてしまうような不治の病を伴って生まれるよりも良いからである（ Weinberg (2002): 415）」

(37) Bayles (1980): 117.

が困窮し得るという誤った想定である。けれども、私たちは第2章で、良い
ものが無いが故に何かを奪われる人が一人もいないのであれば、良いものが
無いということは悪くはないということを理解した（図2-1の（4））。従っ
て非実在者は最悪の状態にいるのではない。実際には、私の議論がそう示し
たわけだが、存在者は存在しているせいで常に比較的悪い状態にいるのであ
り、従って事実マクシミン原理は人口ゼロが最善だと示唆するのである。

　このような人口についての問いへのマクシミン原理の示唆を理解した人
は、それがマクシミン原理を否定する理由になるとしてきた。つまり彼らは
そうした示唆が、**マクシミン原理が間違っていることを背理法的**に含意して
いるとするのである。私の議論は、そうしたマクシミン原理の否定は誤りで
あることを示す[38]。マクシミン原理の示唆を否定する人がよく考えるのは、
悪い結果が起こる確率がどれくらいなのかが重要なのであり、従って「原初
状態」にいる当事者たちは確率を考慮して推論できるはずだということであ
る。ロールズはこれを未然に防ぐ条件を「原初状態」にかけている。私の議
論が示すところでは、人口についての問いに関しては、「原初状態」にいる
当事者たちが確率を考慮して推論できるかそうでないかは重要ではない。と
いうのも、存在してしまうことは**常に**あまりにも悪いことだからである。従っ
て悪い結果が起こる可能性は100%なのである。その結果がどれほど悪いの
か——あまりにも、あまりにも、あまりにも悪い、もしくは、正にあまりに
も悪いとしか言いようがないのだが——は確率の問題である。けれどもそれ
は、人が存在するという結果をもたらすどんなこともその人自身にとっては
その人が存在しないことで生じる結果よりも利益があるということはない、
ということがすでに分かっているならば、今の文脈では重要ではない。従っ
て、（a）様々な確率が考慮され、（b）両親と子どもたちの利害のバランスが
取れていて、(c)「子作りが非合理的ではない場合に限り[39]」子作りが許され
るべきだと考える人であっても、マクシミン原理を選ぶ人と同じ結論へと導
かれるだろう。もし私の議論が正しければ、存在してしまうことを選ぶのは
常に非合理的である。合理的で偏りのない当事者たちは存在しない方を選ぶ
だろうし、その最終結果が人口ゼロなのである。

---

(38)　しかしこれについてはもっとたくさんのことが言える。背理法を用いるとマクシミン原理に反
　　　対しようとすることもできるが、存在してしまうことは常に害悪であるという私の結論にも反
　　　対しようとすることができる。これについては第7章の初めの節で詳しく話そう。

(39) Weinberg (2002): 420.

段階的絶滅

　これまで私は、人口に関する道徳理論における悪名高い多くの問題を解決するのに私の議論が役立つということを明らかにしてきた。実際、存在してしまうことは常に深刻な害悪であるということを理解し損ねているからこそ、そうした多くの問題は生じてしまっているのだ。しかし、私の見解は、よく議論されるそれらの人口に関する問題を解決するのに役立つけれども、その見解自体にまつわる他のいくつかの問題に直面してもいる。この節で私はそれらの問題を考察し、いかにしてそれらが解決されるのかを示していきたい。

　「どれぐらいの人間が存在するべきなのか？」という問いへの私の回答は「ゼロ」だ。言い換えれば、何人であれ人間はそもそも存在するべきではないと私は思うのである。これまでに人間が存在してしまっているということを踏まえても、これ以上存在するべきだとは私には思えない。とはいえ、先ほど私の言ったこの「ゼロ」という回答はあくまで理想上の回答である。理想状態にはない現実世界の様々な特性を考えれば、そこまで厳しい答えをしなくてもよいのではないか？

人口減少が QOL を減少させる場合

　これまでに私たちが見てきた人口に関する問題は、余計な人間を作ることと関係してきた。「非同一性問題」は人間を作ることが間違いである理由を説明してくれるものだった。あの「いとわしい結論」は新たに余計な人生を追加することが QOL を下げる場合に生じる。「単純な追加」という問題は「生きる価値がある人生」を送る余計な人間の「単純な追加」から生じる。私の議論は、こうした余計な人間で、存在させられるべき人間など一人もいない、ということを明らかにすることでそれらの問題を解決する。

　私の主張から生じる諸問題は、追加の人間を作ることで生じるのではなく、むしろ追加の人間を作ることができないが故に生じる。私の見解が世界中に受け入れられたとして、その結果、導かれるだろう絶滅は、多くの人間にとって私の見解を受け入れた際の最大の問題なのである。本章の後半で私は、これ以上人間が存在しなくなる未来の状態について何も悲しむことはないと示すことで、この絶滅が最大の問題だという見解に反論したい。それよりも人

口に関する問題としてより重大な難問を提起すると私が思っているのは、絶滅それ自体というよりはむしろ絶滅への過程なのである。

あまりに人口が増加したこの私たちの世界においては、人口を増やすことは QOL を下げることと相関関係にあると考えがちである。しかしながら状況によっては、人口減少が QOL の低下と相関関係にあるということもあり得る。そうなるケースは二つあって、その一つでは次のようなことが生じ得る。もし人口が急激に減る時、それが（死亡率の上昇、特に老人の死亡率の上昇の結果としてそうなるのではなく）出生率の低下の結果なのだとしたら QOL は下がるだろう。というのも、人口のうちの高い割合が高齢者であるが故に子作りができないからである。そのようなケースでは成人した若者世代は、世界人口のこれまでの QOL を維持するのに十分な子どもを作ることができない。またそのようなケースでは QOL の低下を引き起こす原因となるのは減少した人口の純粋な数字ではない。そうではなく、出生率の低下による人口減少から結果的に影響を受けるのは若者対老人の比率である。

人口減少が QOL を低下させ得るのに関係するもう一つのケースは、ある世代がその前の世代と比較して単に人口が少ない場合ではなく、むしろ新世代の人口のサイズがたくさんある閾値のとある一つより下に落ち込む場合である。そのようなケースでは人口の絶対数が（単純に比較してということではなく）あまりに少なくなるが故に QOL は下がる。最も低い閾値を設定した極端なケースを考察してみよう。そこではアダムとイヴがこれまでに生存している唯二人の人間である（カイン、アベル、セトが生まれることは決してない）。アダムが死に、未亡人となったイヴは誰一人仲間の人間のいないまま取り残される [40]。イヴの QOL は下がる。それはその時の人口が以前の人口の 50% になったからではなく、それがある閾値――このケースでは、人と人との交友関係に必要な閾値――よりも下に落ち込んでしまったからである。もし彼女が子どもを持っていたなら、少なくとも彼女はアダムの死後何らかの人との交友関係を持てることになる。

人間を存在させることは常にその人間に深刻な害悪を押し付ける。けれども人間を存在させないと、人間を存在させる場合よりも遥かに今現在存在している人間の人生が悪くなる場合がある。このことは懸念しなければならな

---

(40) いずれにしても、彼女は蛇とはけんかしてしまっている。

い。しかしながら、今現在存在している人間に更なる害悪がもたらされるのを防ぐために次の新世代を増やすことでますます多くの害悪はなされてしまうから、人類の衰退が後送りになるのを避ける必要はある。従って、新世代を生み出すことが受け入れられる可能性はあり得るが、それは私の見解に基づけば、人間を段階的に絶滅させることを目的する場合に限る。

人類の絶滅が突然でなければ、遅かれ早かれ最後に残る人々というのが存在するわけで、彼らはおそらく非常に苦しむだろう[41]。こうした運命に苛まれる人間をより少なくするように注意することはおそらく意味がある。これは人間の数を徐々に減らすことによってなされ得る。私は幻想を持っているわけではない。人類は自発的にその数を減らそうと模索した方がよいのだが、今の状況下では人類は決して絶滅へ向かうつもりでそうすることはないだろう。従って、大きな人口基盤から段階的絶滅へと進む問題を考える際に、私はそもそも何が起きるのだろうかではなく、何が起きるべきか、何が起きるのが最善なのだろうかについてのみ論じる。つまり、私の見解の持つ理論的な示唆やその適用を論じるのである。

以下の図6-2に示されている、近い将来起こり得る二つの人口の状態を想像して欲しい。

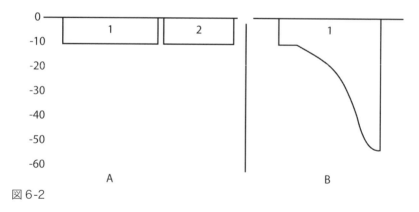

図 6-2

---

(41) 子作りをする人たちが彼ら自身の子どもたちが耐えることになる苦痛を考えて子作りを思い留まらないことを思えば、より遠い未来の最後の人々の受ける苦痛を考えて子作りを思い留まることがないのは、当然驚くべきことではない。しかしながら、最後の人々の受ける苦痛が十分に大きいものだと知れ渡るなら、そうした人々は、自分たちの両親や祖先にもっと新しい人間を作っておいて欲しかったと思うかもしれない。

図6-1と同様に、1と2の横幅（水平軸に沿っているもの）が人口を表しており、横幅が大きくなるほど（そして付け加わるほど）人口が多くなっていることを表す。Aは、子どもが作り続けられた場合の人口を表している。ただし人口の補充率が75％くらいあってのものだ。Bは、すぐに効率的に子どもを作るのをやめていった場合の人口を表している。どちらの未来においても、すべての人生がゼロよりも下のQOLを示している——ゼロというレベルで人生が始める価値のあるものになるかどうかのラインを意味している（人生は続ける価値のあるものになるかどうかのラインではない）。この図は、デレク・パーフィットが示した図6-1を逸脱している。パーフィットはプラスの値にある人生すべてが生きる価値のあるものだとは考えていないけれども（従って、彼が考えていた図の棒グラフの基線は、人生が生きる価値のあるものになるラインを表していない[42]）、彼は一貫して、生きる価値がある人生はあるし、そうした人生はどれも純粋にプラスの価値を持つと想定している。私の考えでは、どんな人生もあまりに悪いかそこまで悪くはないが悪いことには変わりがないということになり、かなり良いか良いけれどそこまで良くはないということにはならない。というわけで私は、マイナスの値を使ってゼロよりも下のQOLを示している。QOLが悪くなればなるほど、縦軸の長さはより伸びる。

　Aにいる1の人間とBにいる1の人間は同じ人間とする。Aにおいて1の人間は、2の人間が存在させられるよりも前に存在している人間である。2の人々を存在させるとすでに存在している人々の苦痛を、2の人々を生み出さない場合と比べて、かなり軽減してくれる。Bでは2の人々がそもそもいないので、すでに存在している人々の苦痛はかなりひどいものになる。しかし、Bにおける1の人々すべてにとってそうなわけではない。というのは、中には2の人々の不在の影響を感じる前に死ぬ人もいるからだ。2の人々への害悪の大きさが最終的にどのくらいのものになるかは、彼らがどれほど悪い人生を送るかにかかってくる。というのは、存在してしまうことの害悪は始められている人生の悪さと切り分けられないからだ。つまり実際に人生がどれくらい悪いかというのは、そのように悪い人生を送ることが決められた上で存在してしまうことがどれくらい悪いのかということと同じなのであ

---

(42) Parfit (1984): 432-3. の「悪いレベル〔Bad Level〕」へのパーフィットによる言及を参照されたい。

る。問題を単純化するために図6-2では次のように想定したい。新しく生まれる人の人生はそれ以前にいる人の人生と同じ QOL を持つ——つまり、Aにいる1の人間の人生と同程度に悪い（だがより悪いわけではない）という想定だ。ここでは、2にいる人々が最後の人々ではないということも想定されている。もし最後の人々なのだとすれば、その多くが A にいる1の人々よりも遥かに悪い人生を送ることになってしまう。悪いどころか、B にいる1の人々と似た人生を送ることになるだろう。段階的絶滅を倫理的に十分に査定しようとするなら、最後の人々も含め絶滅までの全世代の人々の害悪を考えなければならないだろう。ここでは、ある新しい世代に絞って問題を単純化して考えたい。

　2の人々は存在させられるようになることで害悪を被るという見解に基づいた場合、それでも、彼らの存在が何人かの1の人々の人生の悪さを軽減してくれるその度合いによっては、彼らは存在させられてよいことになるのか？　より一般的な形で言えば、私の反出生主義的見解は、以下のような問いに直面するに違いないのだ。

1. そもそも私たちは、現存の人々の QOL を良くするために新たな生命を作ってもよいのか？
2. もしそうだとすれば、どんな条件があれば私たちはそうすることが許されるのか？

人口をゼロまで減らす

　こうした問いは狭い人格影響説からは答えられない。思い起こされるだろうが、狭い人格影響説とは以下の見解である。

> 「ある結果が（狭い意味で）人々にとってより悪いのは、Y ではなく X が起きることが、X の人々にとって、より悪い、もしくは単に悪い、場合である[43]」

私はこの見解が非同一性問題を解決し得ることを示した。この狭い人格影響

---

(43) Parfit (1984): 395.

説はまた、何故、図 6-2 にある B の世界が 1 の人間にとってより悪いのかということや、何故 A の世界が 2 の人間にとってより悪いのかといったことの理由も明らかにし得る。しかしながら狭い人格影響説は、今私たちが直面している二つの問いに答えることができない。それでは何も分からないのである。もし今いる人間の害悪を減らすのなら、そもそも新しい人間を存在させて苦痛を押し付けても許されるのかどうかも、もし許されるとしたらどんな条件下でならそうして良いのかも分からない。狭い人格影響説は、もし 1 の（大部分の）人間の害悪を減らすことになるなら、2 の人間を生み出してよいのか、を私たちに教えることはできないのである。

　一方、広い人格影響説は私たちの直面している二つの問いに答え、A が B よりも悪いかどうかを言うことができる。けれども、指摘しておきたいのは、存在してしまうことは常に深刻な害悪であるという見解を真剣にとらえた上でそれらの問いに答えているわけではないということだ。

　広い人格影響説：
　「ある結果が（広い意味で）人々にとってより悪いのは、X が起きることが X の人々にとって、Y が起きることが Y の人々にとってそうあるよりも良くない場合である[44]」

広い人格影響説によれば、新たな人間がいないせいで現存する人間が被る害悪が、新たな人間にもたらされる害悪よりも甚大であるなら、私たちは、現存する人間の QOL を高めるために、新たな生命を誕生させて良いことになる。

　だが、どんな状況下であれば現存する人間の害悪が新たな人間の害悪よりも甚大であると言えるのか？　どのようにそのような比較をするのか？　パーフィットは広い人格影響説に関して二つのバージョンを提案しており、それぞれで異なった比較の方法を、それぞれが詳しく説明している。

　広い総計的人格影響説：
　ある結果が人々にとってより悪いのは、「もし X が起きることで X の人

---

(44) Parfit (1984): 396.

間に与えられる**純利益の総計**が、Yが起きることでYの人間に与えられる純利益の総計よりも少ない場合である⁽⁴⁵⁾」

広い平均的人格影響説：
　ある結果Xが人々にとってより悪いのは、「もしXが起きることでXの人間に与えられる**一人あたりの純利益の平均**が、Yが起きることでYの人間に与えられる一人あたりの純利益の平均よりも少ない場合である⁽⁴⁶⁾」

私の見解に基づいてどの人も害悪を被っているということを踏まえれば、こうした諸原理を「利益」よりはむしろ「害悪」という観点から表現する方が良いだろう。——つまり、ポジティブにではなく、ネガティブに表現するのである。

ネガティブな広い総計的人格影響説：
　ある結果Xが人々にとってより悪いのは、Xが起きることでXの人間に与えられる**純粋な害悪の総計**が、Yが起きることでYの人間に対する純粋な害悪の総計よりも大きい場合である

ネガティブな広い平均的人格影響説：
　ある結果が人々にとってより悪いのは、Xが起きることでXの人間に与えられる**一人あたりの純粋な害悪の平均**が、Yが起きることでYの人間に与えられる一人あたりの純粋な害悪の平均よりも大きい場合である

この二つの説に基づくと、BはAよりも悪いことになる。言い換えれば、二つの説から言えるのは、2の人間への害悪は、2の人間の出現が1の人間（の多く）に与える害悪を減少させることで正当化されるだろう、ということだ。
　この二つの説のうちの平均を使う説の方はあまり妥当だとは言えない。もし新たに生まれる人間のQOLが先にいる人間よりも良いか同等であるなら、追加で余計な人生を増やすことは一人あたりの害悪の平均値を上げることにはならない。従ってこの平均を使う説に基づくと、QOLの低い人生が120

---

(45) Parfit (1984).（強調は筆者）
(46) Parfit (1984).（強調は筆者）

億あるからといって同じように低い QOL の人生が 60 億ある時よりも悪い
ことにはならない。だが、同等の害悪を二倍の数の人間に対して与えるのが
より悪いことなのは間違いない。総計を使う説の方はこの問題を回避できる。
QOL の低い人生が 120 億ある世界の害悪の総計は、同じように QOL の低い
人生が 60 億ある世界の害悪の総計よりも大きい。従ってネガティブな広い
総計的人格影響説は、どんな場合であれば、現存する人間への害悪を減らす
ために余計な人生は作られてよいのかという問いに、一つの回答をもたらす。
結果として人間が被る害悪の総計が最小にできる場合、私たちはそうしても
よいのである。

　この回答では不十分だと気が付く人もいるだろう。確かにこの回答は、ど
れくらいの量の害悪があるのかのみを考慮していて、どのように分配される
のか、どのようにもたらされるのかを全く考慮していない。例えば、たくさ
んの人々がたいしたことない害悪を受けるのと、少数の人が甚大な害悪を受
けるのとでは異なると考える人もいるだろう。その考えからすると、たと
え害悪の総計が等しくても、たいしたことない害悪を受ける人々をたくさん
作るよりも、たくさんの害悪を受ける少数の人々を作る方が悪いというこ
とになるだろう。他に、人間を存在させないことで害悪を生じさせてしまう
ことよりも、人間を存在させることで害悪をもたらすことの方が、少なくと
もちょっとは、悪いと考える人もいるだろう。それは、積極的に害悪を生じ
させることは消極的にそうするよりも悪いと考えてのことだろう。自分たち
自身の人生をより悪くしないために、新たな人間を作ってその彼らに害悪を
与えることは、その新しい人間を自分たちの目的のための単なる手段として
扱っていることになると考えられるのでより悪い、というのも妥当だろう。
このような考え方から、私たちの人生がより悪いものにならないように人々
を作ってはいけないということになるかもしれない。新しい人間への害悪が
十分に削減できればそうではなくなるかもしれないが、今現在存在している
人々の害悪を同程度削減できるということだけでは人々を作ることで生じる
害悪は正当化され得ない。

　人格影響説が（非人格的）功利主義的な見解に典型的に向けられる非難
——例えば、害悪の分配についての非難——の的になり得るということに驚
く人もいるかもしれない。しかしながら、広い総計的人格影響説と広い平均
的人格影響説のどちらも、実際、あらゆる点で人格に影響してくるわけでは

ないのかもしれない。パーフィットはこのことを分かって、二つの広い人格影響説はそれぞれ、「非人格的原理を人格影響的な形式で[47]」、もしくは「人格影響的用語[48]」で「述べ直す」ものだ、と言っている。もしその原理が実際に非人格的原理の装いで述べられている場合、**そもそも人格影響的かどう**かは全く明らかではない。非人格的な論は、人格に影響しているようにも思われる仕方で述べられているだけで人格影響的になるわけではない。非人格的原理はある行為が個々人に対して与える影響とは関係なく、むしろある行為が人間一般に与える影響と関係する。従って、そのようなそれらの説が、特定の人々へなされる存在させられることによる害悪についての懸念に対して、十分な説明責任を持ち得ないだろうということは驚くことではない。

　これは、すべてのあり得る広い人格影響原理がこの問題に答えられないということを言っているわけではない。この原理の真に人格影響的な一つのバージョンがもしかしたらあるかもしれない。つまり、特定の個人個人への影響を考慮に入れるやり方で、「Yの人間にとって……であるよりも、Xの人間にとってはより良くない」と記入する方法があるかもしれないということだ。平均化も総計化も唯一の方法ではない。

　これが正しかろうがそうでなかろうが、いかに害悪が分配されるのか、またいかに引き起こされるのかに対する懸念を考慮に入れ得る説もある。例えば、権利論や義務論的な説からすれば、たとえその害悪を押し付けなかったせいでより大きな害悪が他の人々にもたらされるのだとしても、押し付けることは許されないような害悪もあるだろう。そうした説によれば、例えばレシピエント候補者が腎臓移植をされなかったときの害悪が、望まずに健康な腎臓を除去されるドナーの害悪よりも大きいとしても、望んでいない人の健康な腎臓を除去するのは間違っていることになる。というのも、ドナーは腎臓を、望んでいないのに除去されることはない権利を持っている、または、他の人々は望んでいない人から腎臓を除去してはいけないという義務を持っているからである。もし存在させられない権利があるならば——それが破棄された場合にのみ担い手を持つような権利ではあるが——、たとえ新たな人間を作ることが現存している人間の害悪を減らすのだとしても、新たな人間を作るのは間違っている、ということが主張されるかもしれない。存在して

---

(47) Parfit (1984): 400.
(48) Parfit (1984): 401.

いない者たちへ存在させられない権利を帰属させることに不安を覚える人は、その代わりに、人間を存在させてはいけない義務の観点でこの問題について考えてもよい。そうした義務は、人間を存在させることで押し付けることになる害悪を押し付けてはいけないという義務、ということになるだろう。この義務論的な説に基づくと、新たな人間を存在させてはいけないという義務がある——たとえ、新たな人間がいないせいで実在している人間が被る害悪よりも、人間を存在させる害悪の方が少ないとしても、破られてはならない義務である。ここには、たとえ少数でも、最後の人類になる運命を私たち自身が（たとえ私たち以外にももっと多くの人が、だとしても）被らないように、そうした運命を被る人間を作ることは間違いだという考えがあるわけだ。

　権利や義務が絶対的なものである場合、すでに存在している人々への害悪がどれほど甚大なのかは問題にはならないだろう。権利が絶対的でないなら、その権利が防ぐ害悪の押し付けは、他者の同等の害悪を減らすという理由のみでは許されなくとも、他者の遥かに甚大な害悪を減らすという理由でなら許されるだろう。絶対的でない権利が強ければ強いほど、減らすべき他者への害悪はより甚大でなければならない。

　現存している人間への害悪を減らすために私たちが新たな人間を存在させてもよい場合がもし仮にあるとしたらどんな場合なのかという問いに答えるために、私の反出生主義的議論と権利論的な説とを結びつけるなら、私たちの答えは権利の強さについて私たちが持つ見解にだけ依存するわけではないだろう。その答えはまた、存在してしまうことの害悪の大きさについて私たちが持つ見解にも依存するだろう。害悪が大きければ大きいほど、それを防ぐ権利はますます強いものになっていきそうである。

　私は以下の問いから生まれる諸見解の射程とそこからの示唆を吟味してきた：

1. そもそも私たちは、現存の人々の QOL を良くするために新たな人生を作ってもよいのか？
2. もしそうだとすれば、どんな条件があれば私たちはそうすることが許されるのか？

これらの見解とそこからの示唆は、図 6-3 のように要約される。

1.（狭い）人格影響説 [49]	問題に答えられない。	
2. ネガティブな平均説 [50]	反出生主義的見解と相容れない。	
3. ネガティブな総計説 [51]	新しい人間を作ったときの害悪の量の総計が、作らないときに現存している人間が受けるだろう害悪の量以下であれば私たちは新しい人間を作ってよい。	
4. 権利論／義務論的な説	単に害悪の総計の減少だけでは、新しい人間を作り出すことは正当化され得ない。	4a. 権利や義務に関わるより厳格な説： 害悪の総計のどんな減少も、どんなにすごく減少されようが、新しい人間を作り出すことは決して正当化され得ない。
		4b. 権利や義務に関わるあまり厳格でない説： 害悪の総計の減少が（ただ減少しているというわけではなく）かなりのものであれば、新しい人間を作り出すことは正当化されるかもしれない。

図 6-3

　ネガティブな総計説と権利論や義務論的な説の二つだけが、どんな時にすでに存在している人々への更なる害悪を防ぐために子作りが許されてよいのかという反出生的問いに答えるための妥当な候補である。ネガティブな総計説と権利や義務に関するあまり厳格でない説のどちらも実際にある程度新たな人間を作ることを許しているとはいえ、どちらも反出生主義と両立する。というのは、それら二つだけが、最小の道徳的代償を払って人類を段階的に絶滅させる途中の経過措置として新しい人間を作ることを許しているからで

---

(49)「狭い」という言葉をカッコでくくったのは、狭い人格影響説こそが真の人格影響説となり得ることをすでに明確にしたからである。もっとも、すでに示唆したように、本当の意味でも人格影響説であるような広い人格影響説を定式化することはやはり可能かもしれない。

(50)「ネガティブな広い平均的人格影響説」ではなくシンプルに「ネガティブな平均説」としたのは、「人格影響」という語句は語弊があることがすでに分かっているからであり、その場合、「広い」という形容詞もまた必要ではなくなる。

(51)「ネガティブな広い総計的人格影響説」ではなくシンプルに「ネガティブな総計説」としたのは、「人格影響」という語句は語弊があることがすでに分かっているからであり、その場合、「広い」という形容詞もまた必要ではなくなる。

ある。権利論や義務論的な説は厳格になればなるほど、はっきりと反出生主義と両立する。

ネガティブな総計説と権利／義務に関するあまり厳格でない説のどちらの条件も、私たちの世界に適合するかどうかは分からない。つまり、（総計説の条件に適合するように）新しい人間を作ることがともあれ害悪の総計を減らすということも、（権利や義務に関するあまり厳格でない説の条件を満たすように）新しい人間を作ることが害悪の総計を十分減らすということも、疑う余地のないことではないのだ。段階的絶滅が最後の人類になる運命を被る人々の数を減らすというのは実にあり得る話だが、それが（より多くの人間が害悪を被るので）害悪の総計を増やすかもしれないし、存在させられる人間に害悪を及ぼすのを正当化するほど十分には害悪の総計を減らさないかもしれないのだ。明らかに存在する規範的な問題に加えて、重要な経験的な問題も存在する。

総計説または権利や義務に関するあまり厳格でない説の条件が適合するしないに関わらず、子作りを普通にしている人やこの先子作りをするかもしれない人は、自分の子作りを正当化するためのそうした説をこれまで要請することはなかった。というのも、人口に関して目下直面している QOL の問題は、人口減少ではなく人口増加から生じたものだからである。そして、たとえ人口の増加が徐々に衰え始めたり段階的な人口減少へと変化するとしても、それではまだ十分ではないだろう。非常に急速な人口の減少が起こるか、人類が 1000 年前に到達した水準まで人口が減少するかしなければ、害悪を減らすために人々を作ることに関する問題は生じすらしない。私たちはそれに近づいてさえいない。

絶　滅

本章での私の議論とこれまでの議論は、人類（他の種も）は絶滅する方が良いという結論をもたらす。私の議論は、すべての条件が同じであれば絶滅は先延ばしにするよりは早ければ早いほど良いということも示唆している。こうした結論は多くの人をひどく不安にさせる。ここで私は、人類の絶滅という将来は本当に残念なものなのか、また、本当に先延ばしにするよりは早ければ早いほど良いのかを確定するために、あのありふれた応答を吟味していきたい。

人類は、他のすべての種と同じように、最終的には絶滅するだろう[52]。多くの人はこの将来に動揺し、それが起きるまでにはまだとても長い時間がかかるだろうという希望にのみ安心感を得る[53]。私たち人類がこれからも長く存在し続けるとはそれほど信じていない人もいる。しかし、どの世代においても「終わりが近い」と信じている人はほとんどいない。そういった「終わりが近い」という見解は、精神疾患の類でなければ、しばしば宗教的に触発された、十分な情報が与えられていない終末論の産物である。けれども時折、そうでない場合がある[54]。小惑星の衝突といったような外的な脅威だけでなく、持続不可能な消費、環境破壊、新しい病気、再流行の病気、核兵器、生物兵器といった今現在の人間の行為も、長く続くはずの人類の未来に深刻な脅威を引き起こす。人によっては、より差し迫った絶滅を支持する議論は経験的でなく哲学的である。確率論を使って推論し、私たちは「まもなく破滅する」ように運命付けられていると主張するのだ[55]。

　いつ人類絶滅は起きるのかについてのバラバラの諸見解を導く議論や根拠を評価するつもりはない。私たちはそれが起きるだろうということを知っているし、この事実は私の主張への興味深い影響力を持つ。奇妙なことにそれは私の主張を**楽観主義的な**ものにする。今の状況はそれがあるべき姿になってはいない——いるべきではないのに人間が**いる**——けれども、いつの日か状況はそれがあるべき姿になるだろう——人間はいなくなるだろう。つまり、今の状況は悪いけれども良くなるだろうということだ。たとえ、最初は新しい人間を作って状況が悪くなっていくとしても。この種の楽観主義から逃れたいと願う人もいるかもしれないが、こうした洞察にある程度の安心感を覚える楽観主義者もいるだろう。

---

(52) ジェイムズ・レンマンが言うように、「熱力学第二法則は、最終的に、いまだかつて起こっていないあまりありそうにない出来事に私たちを至らせるであろう」。これについては、彼のLenman (2002): 254 を参照されたい。

(53) 宇宙の未来についての講演に出席した老婦人に関するジョークがある。講演後、彼女は講演者に質問をした。「すみません、先生、宇宙はいつ終わると仰ったのですか？」「およそ40億年以内です」と講演者は答えた。老婦人は言った。「良かった。**400万年**以内と仰ったのだと思っていました」。

(54) Rees (2003).

(55) Leslie (1996).

第6章 人口と絶滅

絶滅への二つの手段

ある種が絶滅し得る方法を二つに区別することは有益だろう。一つ目はその種が皆**殺し**にされることである。二つ目はその種が次々に**死んでいく**ことである。一つ目を「殺しによる絶滅」と呼び、二つ目を「死んでいくことによる絶滅」または「子作りしないことによる絶滅」と呼ぼう。ある種が皆殺しにされる場合、絶滅はその種の構成員がそれ以上増えないというところまで殺していくことでもたらされる。こうした殺害は人類によるかもしれないし、自然の手によるかもしれない（もしくは、自然の手にそれを余儀なくさせる人間によるかもしれない）。対照的に、ある種が次々に死んでいく場合、絶滅は、自然に従えば不可避の死に至る生命を持ったその種の、構成員の引継ぎに失敗することでもたらされる。

当然明らかなことだが、こうした絶滅への二つの手段は重なり合う可能性がある。とある種の構成員のあまりに多くが皆殺しにされ、残された者たちが効率的に自身や殺された者たちの跡継ぎを作ることができず、結果、その後に残された者たちが死に絶える時にその種が絶滅するということはしばしば起こる。あるいは、とある種が十分に繁殖できない場合、その種のわずかに残された構成員を殺害することでその種は絶滅に至る。

このように重なり合う場合はあるが、絶滅を二種類に区別するのは有益である（また、お望みなら、絶滅の特徴を二つに区別すると言ってもよい）。この二つには明らかな違いがある。最も明らかなのは、殺しによる絶滅は生命を早く終わらせるが、一方、次々に死んでいくことによる絶滅はそうではないということだ。私たちのうちの誰かが死ぬのは悪いことかもしれないが、私たちが必要とするよりも早く死ぬのは更により悪いことである。次に明らかなのは、殺しによる絶滅と次々に死んでいくことによる絶滅のそれぞれいくつかのケースを比べてみるとそこには道徳的な違いがあるということだ。もし反出生主義者が絶滅推進主義者になって人類を殺す「種の組織的絶滅」プログラムに着手していたら、彼らの行動は次々に死んでいく絶滅の時には直面しないだろう道徳的問題に悩まされただろう。人類が自身の種を絶滅するまで殺すのは、殺すことが問題であるあらゆる理由から、問題である。それは殺された人にとって（通常は）悪いことだし、（自然的要因での）死とは異なり、それは（普通に死ぬまで）避けることができただろう害悪である。私たちは寿命を全うして自然的要因で死んだ誰かしらの死を、悲しむことが

199

できるが何か間違いが起こってしまったと言うことはできない。一方、適切な正当性なしに道徳的主体が誰かを殺すことは間違いである、と言うことは**できる**。

これら両方の違いを指摘する上で、私は死が死ぬ当人にとっては悪いことなのだと仮定している。死が死ぬ当人への害悪であるという見解は妥当でない見解ではない。実際、それは常識的な見解であり私たちの多くの重要な判断の根拠を成している。それにもかかわらずそのことは難問であり続けている。私はこの哲学的難問を結論の章で考察したい。それは、それを擁護したり否定したりするためではなく、その仮定の現実世界への妥当性を示すためである。

絶滅に関する三つの問題

絶滅が悪いものだと考えられる三つのケースがある。

1．絶滅が殺害によって引き起こされる場合、それは人生を短いものにしているという理由で悪いことだと考えられる。
2．たとえどんな方法で絶滅が引き起こされようとも、それは絶滅直前にいる人たちにとっては悪いと考えられる。
3．絶滅という状態はそれ自体で本質的に悪いものだと考えられる。この見解に基づくと、人間（や他の意識がある存在者）がいない世界はそれ以前の存在者にとってこの絶滅という状態が悪かろうがそうでなかろうが、それ自体悔やむべきものとなる[56]。

一番目と二番目が絶滅を惜しむ根拠になるというのはとてもよく分かる。人生が続ける価値のないものでない限りは、その人生を短くするのはその人生

---

[56] 人間の絶滅に関する人間の懸念が、（どんな場合においても）人間以外の種族の絶滅に関する人間の懸念とまるで異なるのは注目に値する。ほとんどの人は人間以外の種族の絶滅に関心を持っても、絶滅する際に生命を絶たれる生物のそれぞれの個体には関心がない。生命が絶たれるということは（少なくともその殺し方に関しては）絶滅に関心を持つ最大の理由の一つではあるのだが。動物の絶滅に関する通俗的な懸念は、通常は人類のための懸念である——つまり、私たちは動物の多様性の一側面が失われた不毛な世界で生きることになる、私たちはもはやその動物の種を見守ることも利用することもできないだろう、という懸念なのである。つまり、人間の絶滅に関する典型的な懸念の中に、人間以外の種族の絶滅に適用される懸念は何一つないのだ。

を更に悪いものにする——存在してしまうことで生じるあらゆる他の害悪に、早めの死が加わる。だが、絶滅がこのように引き起こされる必要はない。実際、更なる人間を作るのをやめるのがこれからの人間の人生が短くされないですむ最善の方法だ。そうすれば簡単に、人生を短くされる人間が全くいなくてすむだろう。

　だがこの選択肢は、絶滅に関する二番目の懸念を解決していない。絶滅することになる最後の世代は重荷を背負うことになるだろう。まず、その世代が持つその先の未来への願望や欲望は断念させられてしまう。最後から二番目の世代やそれ以前の世代が持つ同じ願望や欲望もまた断念させられてしまうけれども、最後の世代へのそうした害悪は最も深刻である。何故なら、最後の世代が持つその先の未来への願望や欲望は最もラディカルに断念させられてしまうからだ。その先の未来なんてものは**何もない**わけであり、一方、最後から二番目の世代には先の未来が何かしら少しはあり、世代が遡るにつれ少しずつ先の未来は増えていくだろう。最後の世代にとっての二つ目の更にはっきりとした重荷は、社会構造が徐々に崩壊してゆく世界で生きることになるということだ。穀物を育てたり、治安を維持したり、病院や老人ホームを経営したり、亡くなった人を供養したりする若い働き手の世代はいなくなるだろう。

　実際、そうした状況は希望のない暗いものだし、迫り来る絶滅は最後の人類にとってこの点で悪いものだ、と私たちは確実に言える。彼らの苦しみが各世代の非常に多くの人々の苦しみと比べて、少しでもより大きいかどうか知ることは難しい。私はこれには全然確信がないが、ちょっとここで真逆のことを想像してみよう。差し迫った絶滅というこの痛ましい未来がすべてを考えた上で悪いのかどうかを判断するために、私たちは最後の人々の利害だけでなく、新たな世代を作らないことで回避される害悪をも考慮に入れなくてはならない。

　人類が絶滅に至る時がいつであっても最後の人々には深刻な代償が課されることになるだろう。彼らは殺されるか、人口減少と社会的インフラの崩壊の結果、惨めに暮らすかだろう。全ての条件が同じ場合、これが起こるのを遅らせても得られるものは何もない。生じる苦しみに変わりはない。だがもし絶滅がもっと早く起きるのならば、ある代償を支払う必要がない——つまり、間にいる新世代、今現在の世代と最後の世代の間に存在する世代の代償

である。従って、より早い絶滅が良いというのは説得力があるのだ。

　未来の人類を制限した数だけ作るというのは、「段階的絶滅」の節の議論に示されたように、せいぜい段階的絶滅というプログラムの一部としてなら正当化され得る。それによって最後の世代という運命を被る人々の数は、現在の何十億という数からはラディカルに減少する。けれども、その人々の数が、急激な人口減少の代償を抜きにするとしても、最後の人々の数が間にいる世代への害悪の埋め合わせをするのに十分なくらい少ないレベルになるまで、十分な速さで減少できるかどうかは、答えるのが難しい問題だ。その答えがどうあろうと、二、三世代内で絶滅する方が、数え切れないほど多くの世代を経てやっと絶滅するのよりも良いと言うことはできる。より早い絶滅がその人たちにとってより悪いと言う人々はいるだろうが、だからといって全体から見るとより悪いということにはならない。

　絶滅が早かろうが遅かろうが、三番目の懸念は有効である。これは人類抜きの世界はそれ自体で本質的に悪い——つまり、不完全か不十分だ——という懸念である。広くそう考えられているけれども、ほとんどの人がしているように快苦の非対称性を受け入れるのであれば、その懸念を理解するのは非常に難しい。人間（もしくは他の意識のある存在者）が一人もいない世界は、絶滅が起きないで存在してしまっている人たちにとって悪いはずがない。でも実際は、私が主張してきたように、彼らが存在させられてしまったもう一つのシナリオは彼らにとって悪かったのである。このように、そのような存在者がいない世界はより良い世界なのである。そのような世界に害悪は皆無だ。

　さて、人類抜きの世界は、そうではない世界で存在してしまっている人類にとってはより良いかもしれないが、人類抜きの世界は他の様々な点でより悪いのではないかと反論されるかもしれない。例えば、その世界は道徳的主体や理性的思考者を欠いているだろうし、それに幾分多様性が減っているだろう。そのような議論には多くの問題がある。一つに、道徳的主体や理性的思考者を含む世界の何がそんなに特別なのか？　人類が自分たち自身のような存在者を含んだ世界を重んじるということは、この世界についてよりも、自らの重要性への不適切な見積りについて多くを語っているということになる。（六本脚の動物がいるが故に世界は内在的により良いのか？　また、もしそうなら何故そうなのか？　もし七本脚の動物もいるのであれば、更に良いということになるのか？）人類は道徳的主体や理性的思考者を重んじるか

もしれないが、私たちの世界のこうした特徴が**永遠の相のもとでも**価値があるかは決して分からない。結果としてもしこれ以上人類が増えないのなら、道徳的主体や理性的思考者がいない状態を残念に思う人も誰一人としていなくなるだろう。また、もしそうした多様性を奪われる人が誰一人いないのであれば、多様性が減った世界がより悪いのかも明らかではない⁽⁵⁷⁾。最後に、たとえ道徳的主体や合理性や多様性といったような要因が世界を更に良くするのだと考えているとしても、それらに人々の人生に付随する莫大な量の苦痛を上回る価値があるとはとてもではないが思えない。従って、人類が未来のいつかの時点で存在しなくなることを懸念するのは、私たちの存在が世界をより良い場所にすると思ってしまう人間の横柄さの証であり、なんだか間違って与えられた感傷趣味であるという印象を私は受ける。

　多くの人が人類絶滅の可能性を嘆く。その絶滅が間近に来ていて、更に、間近であると人々に知られているのであれば、人類絶滅への苦悩は遥かにもっと酷くなるだろう。けれどもその苦悩や悲しみは、人生の終わりの前兆となる苦痛の特徴の一つに過ぎないのである。

---

(57) それより前の人々はこうした未来の事態の可能性を残念に思うだろうが、私たちは今、絶滅に関する三つの懸念のうちの（二番目ではなく）三番目のものを吟味しており、三番目の懸念において絶滅という状態は直前にいる人間の利害に関係なく悪いのである。

第7章 結 論

そして私は、まだ生きなければならない生者よりもすでに死んでしまった死者を讃えた。また、そのどちらよりも良いのは、生まれてこなかった者だ。太陽の下で為される悪行を見ずにすむのだから。

『伝道の書（コヘレトの言葉）』第4章 2-3節

若者がホーン岬に一人いた
若者は自分が決して生まれないことを望んでいたのだが
もしも自分の父親が気づいていたら
存在をしないで彼はすんだのだ
あのゴムの先端が破れてしまっていたことに

著者不明[1]

反直観的であるという反論に反論する

　存在してしまうことは常に害悪であるという見解はほとんどの人の直観に反する。人々はシンプルにこの見解は正しいはずがないと考える。この見解が含意する諸々のことを、第4章から第6章まで論じてきたわけだが、それらもやはり一般的な直観という法廷では、当の見解におとらず健闘できていない。人々は子どもを持つべきではない、（少なくとも妊娠の初期段階では）中絶したほうが良いと考える根拠がある、最善なのは意識のある生命がこの惑星に増えないことだ、こうした考えは馬鹿げたものとして片づけられがちである。実際、それらの見解を極めて攻撃的だと思う人もいるだろう。

---

(1) 私は最初にこのリメリック詩を引いてきて私に教えてくれたトニー・ホリデーに感謝したい。アーサー・デックスは、リメリック詩の専門家であるが、親切にも私にこのリメリック詩のいくつかの由来を教えてくれた。ここにあげたものがエドワード・リアーのオリジナルからの不明の著者による下品なパロディーであることは明らかだ。

　　老人がホーン岬に一人いた
　　老人は自分が決して生まれないことを望んでいたのだが
　　それ故椅子に座り込み
　　絶望の果てに死ぬまでそこにいた
　　そいつが実に痛ましいホーン岬の男だった

（Jackson (1948): 51）これら以外のバージョンについては、Legman (1969): 188, 425 を参照されたい。

新たな人間を存在させないことの方が良いだろうということを含意しているために、多くの哲学者が退けてきた見解は他にもある。前章ですでに紹介したマクシミン原理も、これ以上人間は存在するべきではないということを含意しているために、多くの思想家たちがそれを退けている。また他にも例はある。ピーター・シンガーは「道徳台帳」という功利主義の理論を退けている。「道徳台帳」的には、満たされない選好を作り出すことはある種の「負債」であり、それはその選好が満たされる時にのみ帳消しにできる。彼が言うには、この理論は「人生を通して非常に幸福で自分の選好をほぼ全て満たすことができるが、それでも満たされない選好が少しは残されるだろう子どもを存在させること[2]」が間違いになることを含意しているため、退けられなければならないのである。ニルス・ホルタッグは失望主義〔frustrationism〕を退ける[3]——この理論は、選好が満たされない失望はマイナスであるが、選好が満たされることは単にマイナスを避けるだけで何もプラスをもたらさないという理論である。もし人々が（どの人も持っている）満たされない欲望を持つ可能性があるなら、存在させることで私たちは人々を害しているということを失望主義は含意している。それ故、彼は失望主義を「信じ難く、実際非常に反直観的[4]」だとして退ける。「私たちが知っているどの人の人生よりも遥かに良い人生を送る子どもを持つことでさえ間違いだ」ということになってしまうので、「確実にこれが正しいはずがない[5]」と彼は言う。

これから私は、私の結論があまりに反直観的過ぎるということが問題なのかという問いに取りかかる。私の議論は狂った理屈の一例なのか？　私の結論はあまりにエキセントリックだからという理由で退けられるべきなのか？何がそういった疑問を引き起こしているのかについて私は理解しているけれども、それらの疑問への私の答えはいずれも強く「ノー」である。

最初におさえておきたいのは、ある見解が反直観的だからといってそれだけではその見解に反対する決定的な判断材料にはなり得ないという点である。というのは、直観はしばしば全く頼りにならず、ただの偏見の産物に過ぎないからである。非常に反直観的だとされる見解は、時と場合が変われば、しばしば明らかに真であるとされる。奴隷制は間違いだという見解、もしく

(2) Singer (1993): 129.
(3) この見解は反失望主義としても知られているが、第2章の最後から二つ目の節（「別の非対称性」）で議論をした見解である。
(4) Holtug (2001): 383.
(5) Holtug (2001): 383.

は「混血」は何も悪くないという見解は、非常に疑わしく反直観的だとかつ
ては考えられていた。しかし今は、少なくとも世界の大部分において自明の
ことだとされている。従って、ある見解やその含意するものが反直観的また
は攻撃的でさえあると言うだけでは何にもならないのだ。その嫌な結論を導
いた議論を吟味しなくてはならないのである。ほとんどの人がこれ以上人間
を生み出すのは間違いだという見解を、こうした結論を導いた議論を調べも
せずに退けてきた。彼らはこうした見解は誤りに違いないと単純に決定して
きたのである。

　こうした思い込みに反対する理由の一つに、私の結論はほとんどの人に受
け入れられないが、それでも十分に論理的である諸見解から導かれているの
だ、というものがある。第2章で説明したように快楽と苦痛の非対称性を用
いることで、新たな人間を作ることに関する多くの重要な道徳的判断を最も
上手く説明できる。私の議論がしているのは、その非対称性を明らかにし、
それが導く先を示すことだけなのだ。

　しかしながら、私の論証は非対称性を受け入れることの**背理法**〔非対称性
を受け入れると承認し難い結論に行き着かざるをえないことを示すことに
よって、当の非対称性の誤りを証明する背理法〕として理解したほうが良い
と提案されるかもしれない。つまり、私の結論を認めることは非対称性を退
けるよりも反直観的だと言われるかもしれないということである。すると、
私の結論を受け入れるか非対称性を退けるかの選択に直面したときは、後者
の方が良いことになる。

　この論法には多くの問題がある。まず、非対称性を退ける場合、私たちが
代わりに一体何を引き受けることになるのかを意識しなくてはならない。勿
論、非対称性を退ける方法は様々あるだろうが、中でも一番マシな方法は、
快楽の不在が「悪くはない」わけではなく、「悪い」のだと主張する方法だ。
この方法をとれば私たちは、これから生まれる可能性のある幸せな人間の利
害に基づいてそういった人間を作る（強い？）道徳的な根拠を**確かに**持つこ
とになり、それ故そうした義務があると推定できると言うだろう。更に、私
たちは子ども自身のために子どもを作ることができるとも言えるし、幸せな
人間を作ることができたにもかかわらず作らなかったその幸せな人間のため
に、彼らを作らなかったことを悔やむべきだとも言うだろう。ついには、地
球上の数々の場所や宇宙の残りのすべての場所が居住不可能なことを残念に

207

思うだけでなく、このことを、居住可能であればそれらの場所に存在してしまえただろう人々のことを思って、残念に思うことになるだろう。

　もし私たちが別の方法で非対称性を棄てる場合——つまり、シナリオＢにおける苦痛の不在はただ「悪くはない」だけなのだと主張する場合、事態は更に悪化する。そうした場合、私たちはこれから生まれる可能性のある苦痛を被る人間の利害を理由にその人を作ることを避ける何の道徳的理由も持っていないのだと言うことができるだろう。私たちはもはや、その子を作ったことを、苦痛を被る子どものその利害に基づいて悔やむことはなくなってしまうだろう。更にまた世界のどこかで苦痛を被っている哀れな人々のために、彼らが過去に作り出されたことを悔むこともできないだろう。

　私の論理を、**非対称性を背理法的に論じるもの**だとみなす人たちは、自分たちが非対称性を棄てる用意があると**言う**だけなら、非対称性を捨てることに含まれる含意を現実に**受け入れる**よりも容易だと感じているのかもしれない。非対称性を放棄したほうが良いと言いながら、いざ自分が倫理の理論を展開したり実行したりするときには、まるで非対称性が依然として成り立つかのようなやり方をするのでは、十分でないことは確実であろう。とすれば、どうしたって私の論理は、その人たちに、非対称性を退けることに含まれるたくさんの含意と戦うことを強いるし、そのたくさんの含意は私が概観してきた以上にどんどん拡大する。非対称性の方を退けると言っている人の多くが実際に非対称性を捨てられるかというと、それには私は強い疑念を抱かざるを得ない。

　私の論理を、**背理法的に非対称性を論じるもの**だとみなすことにはもう一つ問題がある。それは、私の結論は反直観的かもしれないが、この問題において支配的な直観はどれも、一貫して信じるに値しないという問題である。今のところ、これには二つの理由がある。

　一つ目に、私たちが甚大な害悪を誰かにもたらすのを——第３章の議論は、私たちが子どもを作る時はいつでもそのようなことをしているということを示している——、その人から何も奪うことなく避けることができる場合、何故私たちはその甚大な害悪をその人にもたらすことが容認され得ると考えてよいのか？　つまり、もし他に利害関係もなく、害悪を被る人間に対して**何の代償もなく**避けることができた甚大な害悪という苦しみを与えることを直観が許すのであれば、直観というものはどの程度信頼できるというのか？

208

第7章 結論

そのような直観は他のどんな状況においても尊重すべきものではないだろう。一体何故子作りという状況においてのみ、直観にそのような力があると考えられているのか?

二つ目に、出産を奨励する直観は、(少なくとも理性的ではなく、おそらく非合理的であろう)心理学的な力の産物であると考える説得力のある理由がある。第3章で示したように、人間の心理には自分たちの人生は実際にそうあるより良いものだと考える方へ人間を導く広汎で強力な特徴がある。従って人間の判断は信頼に足るものではない。更に、本当は子どもを存在させることで害しているなんてことはないという信念が人間に根深くあることは、進化論的にうまく説明できる。この信念を持っていないと子作りはできそうにない。子作りを増進する信念を持つ人々は子をもうける可能性が高いし、なんであれ人をそういった信念に傾倒させる特性をも伝えていく可能性が高い。

これら二つの理由の両方にとって重要なのは、反直観的なのは私の極端な主張——人生に苦痛がほんの少ししかなくても存在してしまうことは害悪であるという主張——だけではないということである。私のより穏当な主張——たとえほんの少ししか悪いことがない人生なら害悪とは言えないとしても、現実にはどんな人生にも、存在してしまうことが害悪になってしまうのに十分なほど悪いことがあるのだという主張——もまた反直観的なのである。もし単に極端な主張がありふれた直観に反しているというだけなら、直観が疑わしいということには(あまり)ならないだろう。しかしながら、現実のあらゆる人生の大部分に悪いことがない場合の方が、私の極端な主張はむしろ許容されやすくなるというのは言っておかなくてはならないだろう。というのも、今現在存在している人間への利益が新たに生まれる人間への害悪より大きいと考えるほうが理に適っているというような場合には、私の主張は主として理論的な利害関心から生じるわけで、子作りに応用されることはほとんどなくなってしまうだろうから。だが、大抵の人の直観に反するのはなにも私の極端な主張に限った話ではない。大抵の人は、今現実にあるあらゆる人生が含んでいるのと同じくらい悪いことが含まれている人生を始めることが害悪であり誤りであるということを疑わしく考えている。更に悪いことに、私の論証を非対称性の**背理法**として扱おうとする人たちは、私たちよりも遥かに悪い生を送るよう運命付けられている種族も自分たちの論証

209

を使うことができるということに気が付かないといけない。私たちはその種族の生を深刻な害悪だとみなすかもしれないが、もし彼らが人間に特徴的な様々な種類の楽観的な心理学的力の影響下にあるなら、彼らもまた存在させられることで自分たちが害悪を被っているという主張は反直観的だと論じるだろう。私たちの視点では反直観的にならない事柄が、彼らの視点では反直観的になるのである。ともあれ私たちは、彼らの人生を距離を取って見ることができるので、この問題に関して彼らの直観に影響されるべきではないということが理解できる。似たようなことは、人間を作ることは（ほとんどの場合）害悪ではない、という普通の人間の直観についても言える[(6)]。

　とすれば、私の結論を非対称性の**背理法**として扱わ**ない**ことには十分な理由があることになる。要するに、それに基づいて行動すれば苦しんでいる人から何も奪うことなく苦痛を減らしてあげることができる結論を非常に妥当な前提に基づいて強力に主張してはいても、それがただ私たちの判断に矛盾する根本的な心理学的特徴のせいだけで退けられてしまう時、その結論の反直観性がその結論に不利に働くはずはないのである。きっと、このことに納得しない人もいるだろう。もし納得しない理由が、私の結論を明らかに（いわゆる）不条理だと考えるからというのであれば、彼らを説得するために言

---

(6) だからと言って、誰もが子作りは道徳的に認められ得るという普通の直観を共有するわけではない。反出生的見解を受け入れる合理的な人間は無視できないほど多くいる。私たちの世界は子どもを存在させてしまって良いような世界ではないと言っている人間の声を耳にするのもまれなことではない。こうした考えの背景にあるのは、私たちは苦痛の世界に生きているという考え——これは第3章の最終節で私が擁護した主張であるが——、それと、誰であれそのような苦痛の新たな犠牲者を作るのを避けるのが一番だという考えである。こう考える人はそうでない人と比べてほとんどいないと言えるし、その考えに従って行動する強さを持った人は更に少ないというのは認めよう。だがその人たちは過激派というわけではない。更には、同意してついていくとまではいかなくても、彼らの考えとそう考える動機を理解し筋が通っていると認める人は他にもいる。これから生まれる可能性のある人間が耐えることになる苦痛は、彼らが存在するようにならない方が良いと言うのに十分なほど大きいと思う。第2章での私の主張はこうした非常に明瞭な直観を詳述しているのであって、遥かに少ない苦痛でも——実際にはとにかくどんな苦痛でも——存在してしまうことが害悪であると言うのに十分なものだろうということを示している。繰り返しになるが私の主張からは、人生に悪いことが何かしらある限り人生を始めない方が良いということが示唆されるが、もし人生の悪の量が本当に非常に少ないのであれば、子どもを持つことは必ずしも誤りではないということが言える。というのは、その害悪よりも他者への利益が大きいと妥当に言えるだろうからだ。けれども第3章で主張したようにあらゆる人生に含まれる害悪は決して少なくはない。みんなの人生は、最も恵まれた人のでも、通常考えられているよりも遥かに悪い。更に、これから生まれる可能性のある子どもが最も恵まれている人の中に入れると考える根拠は誰にもほとんどない。単純に人生を悪くするものが多過ぎるのである。

210

えることは何もない。私がその結論のためにどんな議論を持ってこようとも、彼らはその議論から出てくるその結論が不条理だから論破されると考えるだろう。しかしながら、だからといって私の議論に瑕疵があるということが明らかになってはいないだろう。ただ明らかなのは、私の結論を否定するのは独断でしかなくなってしまったということなのだ。独断的な人々を説得できる言葉は何もない。

　存在してしまうことは常に害悪であるという見解にも、私たちは子どもを持つべきではないという見解にも、信じ難いところは何一つないと考える人たちがいる。私もその一人である[7]。人類の大部分がこの見解を共有するようになる可能性は極めて低い。それはとても残念なことである――今現在から人類の最終的な終焉までの間に、この見解を共有できないが故に計り知れない量の苦痛が生じてしまうのだから。

楽観主義者への応答

　おおかたの推測では、私が本書で擁護してきた見解は必要以上に悲観的だろう。当然のことだが、悲観主義という言葉には、楽観主義と同じく、様々な意味がある[8]。一つ目の種類の悲観主義と楽観主義は事実に関するものだ。この場合の悲観主義者と楽観主義者は今起きている事実やこれから起きる事実について意見を異にする。従ってこの場合、彼らは、どんな時であれ世界には快楽と苦痛のうちどちらが多いのかについてや、癌から快復したいと望む人がいるのかいないのかについて、意見を異にするかもしれない。二つ目の種類の悲観主義と楽観主義は事実に関するものではなく、事実の価値判断に関わる。この場合の悲観主義者と楽観主義は今起きている事実やこれから起きる事実について意見を異にせず、その代わりに、今起きている事実やこれから起きる事実が良いのか悪いのかについて意見を異にする。例えば、この種の楽観主義者は快楽よりも苦痛の方が多くあるという点で悲観主義者に同意をする場合があるが、その苦痛は快楽と同価値だと考えている。逆に、悲観主義者は苦痛よりも快楽の方が多くあるという点で楽観主義者に同意す

---

(7) 哲学者では、第2章の最後から二番目の節で一緒に紹介したクリストフ・フェーイゲとシーナ・シフリンだけでなく、Vetter (1971): 301-2 も含む。
(8) この節の残りは、ほぼ Benatar (2004): 15 に私が書いたイントロダクションからの引用である。

るかもしれないが、それほどの量の快楽があったとしても苦痛と同価値だとは認めないのである。事実に関するのであれ価値判断に関するのであれ、それが今のことを言っているのかこれからのことを言っているのかが三つ目の違いであるが、それは明らかに先の二つにまたがっている。非常に多くの場合、悲観主義と楽観主義は未来に向けられたものだと理解される――つまり、どのように未来が進むかを判断しているのだと理解される。けれども、どちらの用語も未来に向けてではなく使われる時もあるし、また時間に関係なく使われるときもある。

　存在してしまうことは常に深刻な害悪であるという見解は、事実に関してという意味でも価値判断に関してという意味でも、悲観主義的である。事実として、人生は人々が実感しているよりあまりにも多くの苦痛（とそれ以外のマイナス要素）を含むのだと私は主張してきたのだった。価値判断としては、私は快楽と苦痛の非対称性を支持し、人生の中に快楽があるからといって人生が始める価値のあるものにはならず、また人生の中に苦痛があるから人生は始める価値がないのだと主張してきた。未来に向けて悲観主義的か楽観主義的かと言えば、私の見解はほとんどの点で悲観主義的であるが、ある一つの点で楽観的だと解釈されないこともない。なんにせよ私は、確実性を持って**どのくらいの量**の苦痛がこれから存在するのかを予測することはできないけれども、どのくらいの量の苦痛が毎秒生じているのかを考えると感覚のある生命が絶滅するまでの時間にあまりに多くの苦痛が生じるだろうと考えざるを得ない。あらゆる条件が等しければ、感覚のある生命はより長生きすればするほどより多くの苦痛を受けることになるだろう。けれども、第6章で指摘したことだが、見ようによっては私の見解にも楽観主義的な側面がある。人類と他の生物は結果的に絶滅することになるだろう。人類の絶滅を悪いものだと判断する人にとっては、これがこれから起こることだという予測は悲観主義的なものである。逆に、これ以上人が増えないに越したことはないという私の判断を、これ以上人が増えない時がやって来るという予測と合わせて考えると、その判断は楽観主義的と言える。現状は悪いが、これからもずっと悪いというわけではないのだ。他方で、逆に、状況がより良くなるには長い時間を要するだろうと考えて、それが遠い未来だということを悲観主義的に述べることもできるが。

　悲観主義はあまり受け入れてもらえない。第3章で論じたが、人には物事

212

を実際よりも良いと考える心理的傾向があるので、人々が聞きたいのはポジティブなメッセージなのである。物事は考えているよりも悪くなく良いということを聞きたいのだ。実際、悲観主義を「うつ病」などといった病気だとみなす人はいないが、それに対して苛立ったり非難してきたりする人はしばしば存在する。存在してしまうことは常に害悪であるという見解にそういった反応をしようとする人もいる。そうした楽観主義者はこの見解を説得力のない独りよがりな見解だとして退けるだろう。彼らは私たちに「覆水盆に返らず」と言ってくるかもしれない。私たちはすでに存在してしまっているので、大げさに自分を憐れみながらその事実を嘆いても仕方がない。私たちは「自分がいかに恵まれているかを考え」、「人生をフル活用し」、「喜びを感じ」、「物事を明るい方向に考え」なければならないのだ。

　そんな楽観主義者の言うことに脅かされる必要はない。一つに楽観主義は、人を元気付けるからという理由だけでは正当な見解だとは言えないからだ。それは、悲観主義が残酷だからという理由だけで正当な見解だと言えないのと正に同じことである。私たちが採用する見解にはどれにもちゃんとした根拠がなければならない。私は本書で、存在してしまうことに関する一つの残酷な見解は正当な見解であるということをすでに議論してきている。

　二つ目には、自己を憐れむことなく自らの存在を悔やむことは可能だからだ。これは、どのように自己を憐れもうともそれは間違いであるということを言っているのではない。もし他人を憐れむということがあるなら、最低限控え目な感じでかもしれないが、どうして自分自身を憐れまないなんてことがあるだろう？　いずれにしても、私が擁護してきた見解は利己的というだけではなく、利己的であるのに関連して利他的でもある。その見解は自分自身の存在を悔やむ根拠になるだけでなく、子どもを持たない根拠にもなる。言い換えれば、それはまだお盆からこぼれてもいなければこぼれる必要もない水にも関係しているのである。

　三つ目に私の見解は、この見解から自分の人生が実際よりもそれほど悪くないことに満足するべきだという意味を読み取って「自分がいかに恵まれているかをよく考える」ことを全く禁じてはいないからだ。人間という種族はこれだけたくさんいるのに、それと**比較して**、非常に幸運だと言える人は私たちの中には少数しかいない。このことを認識するのは悪いことではない——むしろ、良いことかもしれない。だが、存在してしまって自分は本当に

幸運なのだと自分に都合のいいように解釈してしまうことを必然的に伴うのなら、自分がいかに恵まれているかをよく考えろという命令は、まして説得力を持たないのである。それはタイタニック号の一等客室に乗って海の藻屑と消えるのを待っていることをありがたがるのと同じである。三等客室よりも一等客室で死ぬ方が良いかもしれないが、自分は非常に幸運だと思えるほど良いわけではない。更に、私の見解は、私たちがそうできる時はいつでも（道徳的な制限内で）、人生を思いっきり楽しむことや喜びを感じることを排除しているわけではない。私が主張して来たのは、私たちの人生は非常に悪いということだ。私たちが（存在することの害悪を含む）苦痛を拡散しないという条件でなら、私たちは自分たちの人生をより悪くなくしていこうとしてはいけないわけがないのだ。

　最後に、悲観主義に対する楽観主義者の苛立ちや非難には、しばしば悲観主義に対して嫌なマッチョ感が出る（男性の専売特許というわけではないが）。悲観せずに「笑って我慢する」べきなのにできない悲観主義者の弱さを見抜いた気になっての軽蔑がそこにはある。他の種類の苦痛へのマッチョな見解に欠陥があるのと同じ理由でこの見解には欠陥がある。笑って我慢をするのは、それが自分自身の苦痛であれ他者の苦痛であれ、苦痛に対する無関心でしかなく妥当な否定ではない。「物事を明るい方向に考える」べきだという意見は、大量の懐疑と大量の皮肉の両方をもって迎えられるべきだ。明るい方向が常に正しい方向だと言い張るのは、根拠無しにイデオロギーを述べているだけだ。違う言い回しを持ってくるのなら、どんな逆境にでもどこかに希望があるというのは言ってもいいが、自己欺瞞にどっぷり浸かるのを回避できれば、集中して取り組まなければならないのは希望よりもむしろ逆境の方だというのはよくある話かもしれない。憂うつに苛まれている人たちと比べて、陽気な楽観主義者には自分自身に対する現実的な理解があまりに不足しているのである [9]。

　楽観主義者は、存在してしまうことは常に害悪であるということに関して私がたとえ正しいのだとしても、それに拘泥するのは人を惨めにして害悪を増すだけだからこんな事実に拘泥しない方が良いと言ってくるかもしれない。この意見には幾分かの真理がある。けれども私たちはそれを広い視野で

---

(9) これに関する議論については Taylor & Brown (1998): 193-210 を参照されたい。

見る必要がある。私たちはおそらく、自分自身の存在について悔やむ鋭い嗅覚があれば、他者にそれと同じ害悪をもたらすのを最も効果的に避けることができる。もし人々が存在してしまった害悪に気付き、かつ新たな人間を作るという慣行に陥ることなしに依然として陽気で居続けることができるなら、その陽気さは出し惜しみすべきではない。けれども、もし彼らのその陽気さが自己欺瞞およびその結果としての子作りという代償を払って生じたものならば、彼らは広い視野でものを見ることができなかったのだという非難を受けなくてはならない。彼らは他の人よりも幸せかもしれないが、だからといって彼らが正しいわけではないのだ。

死と自殺

多くの人は、存在してしまうことは常に害悪であるという見解からは、生き続けるよりも死んだ方が良いということになるはずだと思っている。存在してしまうことは害悪であるという見解は、単に死だけでなく自殺も望ましいものだということを意味していると言う人さえいる。

存在してしまうことは害悪であるという見解および、実際に存在してしまう場合はそのまま存在し続けるより存在しなくなった方が良いという見解に、つじつまのあわないところは全くない。こういった見解はソフォクレスからの以下の引用に表明されている。

決して生まれてしまわないことが最善なのだ。
だがもし私たちが日の目を見なければならないのであれば、次に最善なのは、
私たちが来たところにすぐに戻ることだ。
全く馬鹿げたことばかりして、青春時代を過ごした場合、
誰が諸悪によろめかずにいられるのか？　誰が諸悪から逃れられるのか？[10]

そして、この見解は「人は自分の死ではなく誕生を深く嘆き悲しむべきである[11]」というモンテスキューの主張に暗に含まれているか、もしくは少なくとも矛盾はしない。

---

(10) ソフォクレス『コロノスのオイディプス』1224-31 行目。
(11) Montesquieu (1899): 123.

それにもかかわらず、存在してしまうことは常に害悪であるという見解
は、死が存在し続けるよりも良いということや、自殺が（常に）望ましいと
いうことの有力な根拠を**含んでいない**(12)。人生は、存在してしまわない方が
良いと言えるほど悪いかもしれないが、存在し続けるのを止めた方が良いと
言えるまでは悪くはないかもしれないのである。第2章の、今ある人生と今
はまだない人生のケースに別々の価値判断をすることができるという話を
思い出して欲しい。私がその章で説明したように、続ける価値のある人生の
質的な閾値よりも始める価値のある人生の質的な閾値を高く設定するのは当
然のことだ。というのも、存在者は存在し続けるのに様々な利害関心を持ち
得るからであり、そしてそれ故、人生を続ける価値がないものにする害悪は
そうした利害関心を無効にするのに十分なほど深刻でなければならないから
である。逆に、非存在者は存在してしまうことに利害関心を何も持っていな
い。従って、そんなに重要でもない害悪でさえ——いや、私の見解では**あら
ゆる**害悪ということになるが——それを避けることが決定的なものになるだ
ろう。

　従って、たとえ存在してしまうことが害悪であるとしても、死もまた害悪
だと考えてよいのは、私たちが存在し続けることに利害関心を（通常は）持っ
ているからである。実際、死という害悪は、存在してしまうことが害悪であ
る理由を部分的に説明してくれているのかもしれない。存在してしまうこと
が悪いことなのは、ある意味、存在するのを止めるという害悪へ例外なく行
きつくからである。このことが「生まれてしまったという事実は、不死では
ないことへの非常に悪い兆しである(13)」というジョージ・サンタヤーナの主
張の背後にあるのかもしれない。この見解に基づけば、私たちが死ぬ運命に

---

(12) 自分の存在を悔やみながらも生に固執するという明らかな奇行へのコメントとして、ウッディ・
アレンは、カッツキルのレストランで食事をしている二人のユダヤ人について語っている。一
人がもう一人に「ここの飯はマズい」と言う。そいつは「だよな。それに量もすごく少ないし」
と応える。ある状況で、何らかの食べ物を嫌ったり、量が少ないのに文句を言ったりするのに
おかしなところはない。食べ物を十分に食べられない——飢える——のは、たとえあまり美味
しくない食べ物で腹を満たすという選択肢があっても、悪いことである。ウッディ・アレンの
語る場面が奇妙で面白いのは、私たちが、その二人が追加の料理を必要としていないと想定す
るからである——つまり、彼らの食事はもっぱら楽しみとして食べているだけか、量はおなか
を満たすには**十分**多かったと想定しているのである。アウシュビッツにいる二人のユダヤ人が
同じ会話をしていたとしても、それは全然面白くないだろう。そこの食べ物の質と量の両方に
文句を言うのは全然おかしいことではないだろうから。

(13) Santayana (1922): 240.

216

第 7 章 結 論

ありながら生まれるということは深刻な害悪である。

　（QOL が、人生がギリギリ続ける価値のあるものになる閾値を下まわらない限り）人が生き続けることに利害関心を持っているという見解は一般的なものだ。けれども、その見解は古代から力強い反論にさらされて来た。エピクロスが有名だが、彼が主張するところでは、死は死ぬ人にとって悪くはない。というのも、存在している限りその人は死んでいないし、死が来た時点でもうその人は存在していないからだ。従って、私が死ぬということは（私が死につつあるということと違って）私に経験できることではない。また、それは私が存在し得る状態ではない。そうではなく、それは私がいない状態なのだ。従って、私の死は私にとって悪い可能性のあるものではない。ルクレティウスはエピクロスの弟子であるからエピキュリアンでもあるわけだが、死が害悪であるということへの反論を更に発展させた。彼は、私たちは存在するようになる前の非存在の期間を悔やまないのだから、私たちは私たちの人生の後に続く非存在を悔やむべきではないと論じた。

　このエピキュリアンの議論は、死は再開不可能な存在の中止であると想定している。死後にも人生はあると考える人はこの想定を退ける。この手の死後にも人生はあるという見解では、死が悪いものかどうかは死後の人生がどのぐらい良いのかによる。こういった話は憶測に過ぎるし、この手の話にはちょっとでも検証可能なものは一切ない。私の主張が死は継続中の人生よりも良いということを含んでいるかを考察する際に、死が再開不可能な存在の中止であるという想定をしている点で、私はエピキュリアンに与しよう。

　死は死んだ人にとっては悪くはないという見解は、皆の心に深く根差している多くの見解と相容れない。それらの中には殺人はその犠牲者を害しているという見解がある。また、人生は長くなれば長くなるほど、すべての条件が同じなら、短い人生よりもよいのだ、という見解とも両立しない。更に、もう死んでしまった人の願いは尊重すべきだという見解とも衝突する（そうしないと遺族の心残りとなるというのは別の話）。というのも、もし死が害悪でなければ、死後生じることで害悪たり得るものは何もないからである。

　私が論じてきたように、反直観的であるというそれだけでは、ある見解を誤りであると示すには十分ではない。けれども、エピキュリアンの議論の反直観性と私の反出生主義の議論の反直観性の間にはいくつか重要な違いがある。一つ目は、エピキュリアンの結論は私の結論よりももっとラディカルに

217

反直観的であるということだ。人々が強くそうだと感じ考えているのは、存在してしまうことは害悪ではないということよりも、殺人はその犠牲者を害しているということの方だろうと思う。実際、存在してしまうことはしばしば害悪であると思う人は非常にたくさんいるし、害悪とまではいかないとしても全然利益になることではないと思っている人はもっとたくさんいる。けれども、殺人がその犠牲者を害してはいないのだと本当にそう考えている人は非常に少ない。犠牲者の QOL が低かったとしても、(同意を得る事が物理的に可能な場合に) 当人の同意無しにその人を殺すのはその人を不当に扱っていることになると一般的に考えられている。二つ目に、予防原則がエピキュリアンと私の両方の見解に当てはまるが、非対称的に当てはまるということだ。もしエピキュリアンが間違っている場合、(他者や自分自信を殺すというように) 人々がエピキュリアンの主張に基づいて行動すると、殺された人たちに深刻な害悪をもたらすだろう。逆にもし私の見解が誤っている場合は、(子作りをしてしまわないというように) 人々が私の見解に基づいて行動しても、存在させられなかった人に害悪をもたらすことはないだろう。しかしながら、エピキュリアンの反直観性と反出生主義的見解の反直観性の間の以上の違いは、エピキュリアンの議論を即座に退けるには十分ではない。というわけで次は、二人のエピキュリアンの議論にどう応答するかをわずかながら考察してみたい。

　まずはルクレティウスの議論から始めよう。この議論への一番の反論は、誕生前の非存在と死後の非存在の対称性を否定することである [14]。私たちの誰もが長生きはできるかもしれないが、もっと早くから存在してしまえたという人は誰もいない。私たちの評価対象となるような存在を認識するならば、この議論はとても強力になる。それは、何らかの「形而上学的な本質」ではなく、むしろ自我という、より広く豊かな概念のことなのである [15]。自我は、個人の記憶、信念、深く関与しているもの、願望、切望等々を具体化しているものだ。人のアイデンティティーは、こうした広い意味で、個人の歴史から構成される。だが、たとえ人の形而上学的な本質が誕生以前に存在してしまっていても、その存在者の歴史は、現存している当人と同一人物とは言え

---

(14)「誕生前の非存在〔pre-vital non-existence〕」という用語はフレデリック・カウフマンのものである。Kaufman (1999): 1-19 を参照されたい。

(15) 私がここで説明しているのはカウフマンの議論である。Kaufman (1999) を参照されたい。

第 7 章　結　論

ないほど違っているだろう。けれども、事態は人生のもう一方の終わりにおいては全く異なる。個人の歴史——つまり伝記——は、すぐに死なないことで長くなり得る。人は一旦存在すれば、比較的長い間存在し得る。しかし、早く存在してしまうと、そうでない場合とは別の人間として存在してしまうだろう——その人とはほとんど共通点を持っていないかもしれない。

　エピクロスの主張への最も平凡な反論は、死ぬ人からこれからの人生とその時のプラスのものを奪うから、その人にとって死は悪い、という反論になる。死が悪いということを奪うという点で説明しても、死が死ぬ人にとって**常に**悪いということにはならない。実際、その奪われる人のこれからの人生のQOLが十分低ければ、死はその人にとって悪くはない。いやむしろ良い。けれども、エピキュリアンの議論は、死は死ぬ人にとって悪くは**決してない**というものである。奪うという点での説明はこの議論への反論であり、またそれは死が**場合によっては**死ぬ人にとって悪い場合があるとも主張している。奪うという点での説明に基づけば、たとえ人は死後はもう存在しないのだとしても、当人、つまり「生前の[16]」人物から、その人が楽しむことができただろう後の人生を死は奪っているのだ、ということは依然として真実である。

　エピクロスを擁護する人は、こうした奪うという点での説明に反論する。一つの反論としては、奪うという点での説明を支持する人は**いつ死による害悪が生じるのか説明できない——つまり、害悪が生じる瞬間を定めることができない——という反論がある。害悪が生じる瞬間は、死が生じる時ではあり得ない。というのも、その時までには、非エピキュリアンが死によって害悪を受けると言っている人物は最早存在しなくなっているからである。そして、もし害されるのが生前の人物であるのならば、その人物が害される瞬間がその人の死の瞬間であると言うことはできない。というのは、そうだとすると過去への因果関係を必要とするからである——つまり、後の出来事がそれ以前の害悪の原因になったということになってしまうのである。この難問に応えるには、死が害する瞬間は「常に」もしくは「永遠に」ある、と言えばよい[17]。ジョージ・ピッチャーがうまい比喩を提案している。彼が言うに

---

(16)「生前の〔ante-mortem〕」人はジョージ・ピッチャーの用語である。Pitcher (1984): 183-8 を参照されたい。

(17)「永遠に〔eternally〕」はフレッド・フェルドマンの用語である。Feldman (1991): 205-27 を参照されたい。

219

は、もし「世界が次の大統領の任期中に木っ端微塵に爆破される」なら、「このことは、今、つまり、［今の大統領の］任期中であっても、彼がアメリカ合衆国の最後から二番目の大統領であるということを真にする（その事実に関与する）」のである[18]。同じように考えると、後に起こるある人の死は、今の時点で、その人が予定よりも長くは生きないことを運命づけられている、ということを真にする。最後から二番目の大統領のケースで過去への因果関係が存在しないのと正に同じように、人に常に害を与える死は、過去への因果関係など存在していないのだ。

　奪うという点での説明に対しては、より根本的な（だがより強力かどうかは分からない）反論がある。エピクロスを擁護する人は単に、存在するのを止めてしまった人が何かを奪われ得るということを否定しているに過ぎない。例えばデイヴィッド・スーツが論じるところでは、生前の人が実際により長生きをした場合よりも惨めかもしれないとしても、この「純粋に関係的な」点において惨めであるというのは、彼が害されているということを明らかにするのに十分であるとは考えられない[19]。更にスーツは、たとえそうだとしても、奪われた**まま残される**人が誰もいないのなら、本当の剥奪はあり得ないと論じている。人は存在している場合にのみ奪われ得る。

　だがここで私たちは袋小路に陥っているように思われる。おそらく奪うという点での説明を擁護する人が考えているのは、死は別物で、誰かが存在することなしに何かを奪われ得るケースの一つであるということだ。逆にエピキュリアンが主張するのは、死は別物ではあり得ないし、私たちはあらゆる他のケースでするのと同じ仕方で奪うということを取り扱わなければならないということだ。他のどんなケースにおいても存在することなしに奪われるなんてことがないのなら、死がその人の存在の終わりをもたらすと考えれば、人が死によって何かを奪われることなどあり得ないのである。

　ひょっとするとこの限界を超える方法はあるかもしれないが、今それを探すつもりはない。私が示してきたのは、存在してしまうことは害悪であるという見解は、存在するのを止めることが存在し続けるよりも良いのだという見解を**含んでは**いないということである。どちらも害悪だという主張はあり得る。エピキュリアンは存在するのを止めることは害悪であり得ることを否

---

[18] Pitcher (1984): 188.
[19] Suits (2001): 69-84.

220

定する。また彼らは、たとえその人の人生がどんなに悪いものであったとしても、死が死ぬ人にとって**良い**ことは決してあり得ないと言うことになるかもしれない。エピキュリアンの推論に従うと死は決して人を益することはあり得ない。何故なら、その人が存在している限り死は訪れておらず、死が到来する時にその人は最早存在していないからである。死が誰かから何かを**奪うこと**がないのと同様に、死が誰かを何かから**救うこと**もないのだ。

　エピキュリアンの見解を退ける人は以下の三つの立場の内のどれかを採ることができる。

　a）死は常に害悪である。
　b）死は常に利益である。
　c）死は害悪である場合もあるし、利益である場合もある。

一つ目の選択肢は信じ難い。人生があまりに悪く死んだ方が良い場合はあり得る。存在してしまうことは常に害悪であるということを否定する人は、明らかに二つ目の選択肢を退ける。その人の見解に基づくと、存在してしまうことは悪いことではなく良いことでさえあるかもしれないし、また QOL が十分高い水準にある限り存在し続けることは良いことである。従って、死が常に利益であるということはあり得ない。前述したように、存在してしまうことは常に害悪であるという見解を採用する人が二つ目の選択肢を退けることもあり得る。私たちは存在してしまうことへの利害関心を持っていない一方で、一度でも実際に存在すれば、私たちは存在し続けることへの利害関心を持つと論じることができる。こうした利害関心が、低い QOL によって常に無効化されるわけではないという想定に基づくと、死が常に利益であるわけではないことになる。だが、私が言っていたように存在してしまうことがどれほど深刻な害悪であるかを踏まえると、この想定は妥当か？　私は妥当だと考えるが、それが妥当な想定であると言っているだけではあまり強力な主張にはならない。それは単に QOL が、存在するのをやめるのが利益になるほど**常に低い**わけではないと言っているに過ぎない。QOL がそれほど低くなくなる時はどれくらいの頻度で起こるのかという問いには、依然答えられていないのである。

　この問いに答える必要は私にはない。自己決定の原理によって、個々の

QOL を判定する権限はその人生を生きている人が担っている。子作りをするという自主的な決定と異なり、生き続けるとか死ぬとかの自主的な決定は、当の問題となっている人生を生きている人たちによってなされる。もし自分が考えているよりも人生が悪いのなら（第 3 章で論じたように）その人生が続ける価値があるかどうかの自らの価値判断は間違っているかもしれない。それにもかかわらず、私たちはそのような間違いをするのを許しているわけだ。そしてその間違いの結果に人は自分で耐えなければならない——未来の子孫の人生が思ったよりも良いものになるだろうというのが間違っている場合とは違って。同様に、生き続けたいという願望は非合理的であるかもしれないしないかもしれないが、たとえ非合理的だとしても、この非合理性は、存在してしまったことを良いと思うのとは違って、（少なくとも理論においてではなく実際の行為において）決定的でなければならないような非合理性なのである。

　人生を終わらそうとする選択が自己決定権を持った存在者によって自分自身のためになされるのではなく、自分自身のために判断をする能力を持っていない（そして、事前の指示も永続的な委任もしていなかった）存在者のためになされる時、状況は少し違ってくる。そこには非常に困難な問題が複数でてくる。新たな命を作るかどうかを決める場合は、慎重に慎重を期して作らないことにすることが可能である。これとは違って命を終わらせる場合には、慎重に慎重を期した上でどうすれば良いか分からないのである。

　従って私の意見は、先のリストの三つ目の選択肢——死は害悪である場合もあるし、利益である場合もあるという意見とほぼ同じである。この三つ目の選択肢は常識的な見解であるが、私の意見はそのありふれた解釈からは逸れているだろう。つまり、死が利益であることを認めることが、私の場合はありふれた見解におけるよりも多そうなのである。例えば、私の見解は一般的な見解より合理的な自殺には寛容だろう。実際、自殺が合理的である場合は、一般的な見解が主張するよりも多いということを、私は主張したいと思う。（西洋の文化のほとんどを含む）多くの文化に、自殺に対する計り知れないほど大きな偏見がある。自殺は、精神病のせいとして片づけられない場合、卑怯だとみなされることが多い[20]。私の見解では、自殺がかなりの場合

---

(20) 興味深いことに、ある種の状況で自殺できないことが卑怯だとみなされる文化もある。

第 7 章　結　論

に合理的である可能性、および存在し続けるより合理的でさえある可能性を
認める。というのも、多くの人の人生が実際に存在するのをやめた方が良い
ほど悪くなった場合、それでも多くの人を生き続けさせるのは、生への非合
理的な愛かもしれないからである。これはヴォルテールの『カンディード』
に登場する老婦人の見解である。

> 百回私は自殺しようと思ったが、私の生への愛は残り続けた。この滑
> 稽な弱さはひょっとすると私たちの欠点の中でも最も致命的なものの
> 一つなのかもしれない。だって、いつも投げ出したくてたまらない荷
> 物を背負い続けるよりも馬鹿げたことなんてないじゃない。生きてい
> るなんて反吐が出ることに固執しているなんて。自分たちを貪り食う
> 蛇を、自分たちの心臓が喰われてしまうまで大事にするなんて[21]。

これは自殺を全面的に勧めているのではない。自殺は、他の原因による死と
同様、残された人たちの人生を非常に悪いものにする。自殺へと急ぐと、深
くネガティブな影響を身近な人たちの人生に与える。エピキュリアンは、死
んだ人は死後生じる事柄に気をかけることはないと言うかもしれないが、た
とえ死んだ人が害悪を被っていないにしても、残された人たちが害悪を被る
のは依然として事実である。自殺がそれによって残された人たちを害すると
いうことは、存在してしまうことがもたらす悲劇の一部である。私たちは自
分がある種の罠にはまっているのに気付いている。私たちはすでに存在して
しまっている。私たちの存在を終わらせることは、私たちが愛し大事に思っ
ている人たちに計り知れない程の苦痛を引き起こす。将来子どもを作ろうと
いう人は、子孫を作る際に自分で仕掛けてしまうこうした罠についてよく考
えた方がいい。存在してしまったことが気に入らなければただ自殺すればい
いだけのことだと考えて新たな人々を作り出して良いというのは間違ってい
る。一旦誰かが存在してしまいその人への愛着が形成されてしまうと、自殺
は苦痛を引きをおこすしかない。せいぜい子どものいない人生の苦痛を、比
較することで和らげてやるだけだ。自殺しようと目論んでいる人はこのこと
を分かっている（もしくは、分かっていなければならない）。このことは自

---

(21) Voltaire (1997): 32-3.

223

殺に向かうにあたっての重要な障害となる。人生は悪いかもしれないが、人生を終えることが自分の家族や友人に与えてしまう影響がどんなものなのかをよくよく考えなければならない。その人に愛されている人たちにとっての、その人を生かしておく場合の利益が、存在するのを止める場合の当人の利益を上回るはずがないという場合も少なからずあるだろう。いつそうなるかは、続く人生が重荷となる人の個別の特徴に、部分的には因るだろう。人によって抱えられる重荷の大きさは違う。家族がその人に生き続けて欲しいと期待するのが不適当な場合さえあるかもしれない。そうした場合以外は、人生は悪いかもしれないが、自殺をすることで自分の家族や友人の人生を今までよりも遥かにずっと悪くするのが当然だと言えるほどには、悪くはないかもしれないのである。

宗教的見解

　存在してしまうことは常に害悪であるという見解と、私たちは子どもを持つべきではないという見解を、宗教的背景によって退けようとする人もいる。そのような人たちからすれば、「産めよ、増やせよ、地に満ちよ[22]」という聖書の言葉が、私の見解への反論になるだろう。そもそもそのような反論が仮定しているのは、神が存在しているということだ。**神の存在を議論する余地はない**。有神論者（一神論者）たちが正しかろうが正しくなかろうが、神は決して存在し始めるということはなかった。彼らが正しければ、神は常に存在したし、また彼らが間違っていれば神は決して存在しなかった。更に、私が人（と動物）の QOL について言ったことの中には、神的なものの QOL に関することを何も含めたつもりはない。というわけで私は神の存在に関する問いを脇に置いておく。

　また宗教的な反論は、聖書の様々な命令は神が私たちに要求している事の表明なのだということも仮定している。これは、聖書が神の言葉だということを受け入れている人たちからすれば、議論の余地はないように見えるだろう。けれども宗教的な人々でさえ、聖書にある非常に多くの命令を強いものだとは考えていない。例えば、現実的な事で言えば、反抗的な息子を死に追

---

(22)『創世記』第 1 章第 28 節。

いやることを支持している宗教は今現在私が知る限りはないが、それにもかかわらず聖書はそうするように命じている[23]。「産めよ、増やせよ」という命令でさえ絶対的であるとはみなされていない。例えば、カトリックは司祭や修道女に子作りを免除せざるを得ない。カトリックがそのような立場にいる人たちが子作りへと至る性行為に没頭するのを禁じているのに加え、非性的手段による子作りも禁じていることを考えればそういうことになる。カトリックは、司祭や修道女以外の人には（結婚という制度の下で）子作りを認めているわけだが、一方シェーカー教徒は全員に対して禁欲を説いている。それには結婚したカップルも含まれる。

　宗教的主張に対して言いたいことの三つ目は、非常に興味深いことだが、宗教的主張はあまりに一枚岩的過ぎる宗教見解を想定しているというところにある。しばしば、どんな宗教も何らかの問題についてその宗教内で声をそろえて発言していると考えられたり言われたりするが、実際のところ、単一の宗教や一つしか宗派がない宗教内でさえ見解が分かれる領域はある。このことは、存在してしまうことに関しての見解を調べて比較すると簡単に分かる。

　第5章の冒頭のエピグラフは、自らが生まれたことを悔やんでいるエレミヤとヨブの二人の話である。ヨブは自分が妊娠されてしまったことおよび**子宮内**でもしくは誕生の瞬間に死ねなかったという事実を悔やんでいる。エレミヤは一段先の話をしており、自分を堕ろしてくれなかった人を罵っている。彼らの見解は、洗練されてはいないが真っ当な一枚岩的見解を持った陽気な原理主義者の見解と衝撃的なくらい異なっている。エレミヤとヨブは自由に考え発言している——自ら神に食ってかかりさえする——けれども、その例に倣って同じことをする宗教信者はあまりにも数が少ない。敬虔な信者はそのような批判的思考や発言をしないのである。

　さて、エレミヤとヨブ二人が自分自身の存在を悔やんでいたのは、彼らの人生の中身についての具体的な理由があるからだ、ということが示唆されるかもしれない——どういうわけか、彼らのQOLは低かったからである。この見解に基づくと、始められなかったならばその方が良かっただろう人生もあることになるが、どの人生もそうだというわけではないということになる。

---

(23)『申命記』第21章18-21節。

この見解は、本章冒頭にあげた伝道の書からエピグラフと相いれないように思われる。その韻文は、聖書の著者の一人が、存在してしまわなかった人たち全員のことを妬んでいる、ということを示している。

　私たちが存在してしまうことを軽視する宗教的見解が見つかる宗教のテキストは聖書だけではない。例えば、タルムードは [24]、二つの有名な初期のラビの宗派——ヒレル派とシャマイ派——の間の興味をそそる論争の主題を簡潔に記録している。人類が作られたのは良かったのか否かという問いについて論争があったことが伝えられているのである。ヒレル派は、一般的に比較的寛大で人道的な見解で知られており、人類は作られて本当に良かったと主張した。逆にシャマイ派が主張したのは、人類は作られなかった方が良かったということだった。タルムードは、この二つの宗派はこの問題を二年半かけて議論し、結果的にこの問題はシャマイ派に賛成する形で解決されたと説明している。これは非常に注目に値することで、何故ならこの二つの宗派の間での意見が食い違った場合、律法はほとんど常にヒレル派に従っていたからである。だが今回、私たちはシャマイ派に賛成する方を選ぶ。人類が作られてしまわない方が良かったという見解を支持しているからである。このように神の御業に疑念を抱くことは、敬神家だという自覚のある者には思いも寄らないことだろう。だが、事実として、軽薄な宗教思想家たちが宗教性とは対極にあると考える見解を、宗教的伝統は内在させ得ているのである。これが認められれば、宗教的背景に基づいて私の見解がすぐに棄却されるのを防げるかもしれない。

人間嫌いと人間好き

　私が到達した様々な結論は多くの人に深刻な人間嫌い〔misanthropy〕の結論だという印象を与えるだろう。人生は不快や苦痛で満ちているし、私たちは子どもを持つのを避けるべきだし、遅くならないうちにさっさと人類が絶滅するのが最善であると私は論じてきた。これは人間を嫌っているように聞こえるかもしれない。けれども、私の議論の非常に大きな主題は、人間に適用する場合、人間好き〔philanthropy〕に由来するのものであって、人間嫌

---

(24) Tractate Eruvin 13b.

いに由来するものではないことが分かる。私の議論は人間にだけでなくそれ以外の感覚のある生物にも適用するので、動物好きなものでもある（この「動物好きな〔zoophilic〕」という単語は性的な意味ではない）。生物を存在させることは、その生を歩む存在者にとって害悪である。私の議論は、この害悪をもたらすのが誤りであるということを示唆している。害悪をもたらすことに反対するのは、害される人が嫌いだからではなく、害される人を気遣っているからである。それは人間好きの中でも特異なものだと思われるかもしれない——実行されることになれば、あらゆる**人間**〔*anthropos*〕全体を死へと至らせるだろう人間好きなのだ。しかしそれが苦痛を未然に防ぐのに最も効率的な方法なのである。人を作らないことは、これから生まれたであろう人が苦しまずにすむということを確実に保証してくれる——その人は存在しないのだから。

　私は人間嫌いからくる議論を進めてきたわけではなかったが、一方、子どもを持つことに反対したり人類絶滅に賛成したりする主張の中には、見事なまでに人間嫌いなものもある。この主張は、人間は——人間にとってもそれ以外の動物にとっても——膨大な量の苦痛を引き起こすという、議論の余地がないほど明白な前提に基づいている。第3章で、私は人間が互いに与え合う種類の苦痛を粗描した。これに加えて人間は人間以外の種にとっての無数の苦痛の原因なのだ。毎年、人間は、飼育したり食物やそれ以外の商品にするために殺したり科学研究で利用したりすることで、何十億もの動物に苦痛をもたらしている。加えて、生息地に侵入しそこを破壊することでそこに住む動物に苦痛をもたらし、汚染やそれ以外の環境破壊によって動物に苦痛をもたらし、単なる悪意から不当な苦痛をもたらしたりしているのである。

　人間以外にも多くの苦痛をもたらす種族はたくさんいる——特に肉食動物——が、不幸なことに人間は地球上で最も破壊的で害悪をもたらす種族であるとして一線を画している。世界の苦痛の総量は、これ以上人間が増えなければラディカルに減少するだろう。たとえ人間嫌いの主張がこのように極端に理解されなくても、少なくとも人口の根本的な減少を擁護するためになら使うことができる。

　人類絶滅は害悪の総量を大いに減少させるだろうが、人類は自分から絶滅はしないだろう。残った感覚のある存在者は苦しみ続け、感覚のある存在者が存在してしまうことは依然として害悪のままで変わらない。これこそ、人

間嫌いの主張が、本書で私が展開してきた議論——人間という種への嫌悪から生じているのではなく、むしろ全ての生物への害悪の懸念から生じている議論——には達しない一つの理由である。更に人間好きの主張に抵抗すればするほど、ますます人間嫌いの主張にもっと抵抗することになるだろう。しかし、人間嫌いの主張は人間好きの主張と少しも矛盾しないのである。

　存在してしまうことは常に害悪であるという結論を、多くの人が喜んで受け入れてくれることはないだろう。多くの人が子どもを持つのを止めることも全然ありそうにない。逆に、私の見解が無視されたり退けられたりすることは十分ありそうだ。こうした反応が現在から人類滅亡まで非常に多くの苦痛がもたらされる主な原因なのだろうが、その反応が人間好きに由来するものだと考えるのは理解し難い。それは、人間に対する何らかの悪意に触発されているとは言わないまでも、存在してしまうことの害悪への自己欺瞞的な無関心の結果として生じている反応なのである。

訳　注

第1章

原書 p.1 *l*.3　life（本書 9 頁）※ 以下すべて初出の箇所

life は、「人生」と「生命」の二つの訳語を文脈に応じてあてている。

原書 p.1 *l*.3　good（本書 9 頁）

good、better、best については、道徳や倫理学の分野で頻繁に用いられる「善」という語を使って訳すのではなく、(文章構成上「善」と訳出したところもあるが)主に「良」という語を使って訳している。これは例えば、good life という表現が出て来た時、それが、必ずしも道徳や倫理学的に「善い」とはならない場合も考えられるからだ。例えば、非道徳的行為への欲求がある人間にとっての場合である。その人間にとっての「良さ」は、道徳や倫理上の「善さ」ではないだろうからだ。

原書 p.2 *l*.8　interests（本書 10 頁）

例外は多少あるが、interest(s) には、「利益」「利害」「利害関心」の三つの訳語を文脈に応じてあてている。この語はベネターの議論におけるキータームの一つであり、とりわけ第 5 章「妊娠中絶：「妊娠中絶賛成派」の見解」においては節を設けて詳しく論じられる（「四種類の利害〔interest〕」）。interest は、一般的に大きく分類すれば、「利益」と「関心」の二つの意味で訳される。けれども、「利益」という一般的にはプラスの価値しか考えられないような単語では議論の通りが悪い箇所があり、明らかにマイナスの価値も踏まえていると考えられるような場合があるために、箇所によっては「利害」と訳出した。ただし、プラスの意味合いしか考えられない箇所については、そのまま「利益」と訳している場合もある。それに加え「関心」という意味でもベネターは interest という語を使っている。それは「利害についての関心」という意味合いでの「関心」であるため、文脈を踏まえて「利害関心」と訳している箇所もある。また、「利益」という用語は、benefit の訳語としても使われていることをここに明記しておく。

原書 p.2 *l*.14　sentient（本書 10 頁）

sentient は、「感覚のある」と訳す。よって、sentient being は、「感覚のある存在者」と訳し、sentient life は、「感覚のある生命」と訳す。being については、次の訳註を、life については、最初の訳註を参照されたい。

原書 p.2 *l*.14　beings（本書 10 頁）

being(s) は、一般名詞として使われる場合、基本的には「存在者」と訳すが、文脈によって「人間」としている箇所もある。

229

原書 p.5 *l.*22　presence or absence（本書 13 頁）

　本書において presence と absence は、主に、「存在する（こと）」「存在しない（こと）」という訳語を用いている。これは、ベネターの議論における哲学的意味を明確にすることを目的としたが故のことであるが、第 2 章の図においては、図面上の表記のため簡略的に、presence を「ある」、absence を「ない」と訳した。

原書 p.7 fn.8　origin view（本書 15 頁）

　この origin view を「起源説」と訳した。そもそも本書はパーフィットの Parfit(1984) に負うところが多い（とりわけ第 6 章「人口と絶滅」）。それは、24 頁におけるベネターの記述に加え、第 4 章「子どもを持つということ：反出生的見解」と第 7 章「結論」を除いた全ての章でベネターがパーフィットに言及していることからもわかる。よって、本書にはパーフィットの用語が多く含まれているが（例えば、「非同一性問題〔non-identity problem〕」「非対称性〔asymmetry〕」など）、それらの訳出に関しては、Parfit(1984) の邦訳である『理由と人格』（森村進訳、勁草書房、1998 年）を大いに参考にさせて頂いた。ただし文章構成上、変更させて頂いたものもいくつかある。例えば、mere addition を森村氏は「単純追加」としているが、本書では「単純な追加」とした。

原書 p.14 *l.*16　life's quality（本書 22 頁）

　ベネターは「人生の質」を表す表現として、life's quality と quality of life を併用する。それらは、文脈によって意味が変わるが故に使い分けられているのではなく、同じ語を繰り返し使用するのを避けるために用いられていると考えられる。そのため、二単語とも「人生の質」及び、場合によっては「QOL」という短縮表現を使って訳す。

第 3 章

原書 p.76 *l.*5 a hierarchy of needs / need and desires（本書 82 頁）

　マズローの a hierarchy of needs は、「欲求段階説」「欲求階層説」として知られている。だが、第 3 章で主に論じられている desire-fulfilment theory は、「欲求充足説」と訳すのが倫理学では慣例となっているため、本書が倫理学に関するものであることも踏まえ、「欲求充足説」という用語の採用を優先した。結果、ここでは desire を「欲求」、need を「要求」と訳し、a hierarchy of needs は「要求段階説」とした。

第 6 章

原書 p.165 fn.3（本書 169 頁）

　この注は原書では、「A billion is 1,000,000,000.〔10 億は 1,000,000,000 である〕」というものだったが、邦訳では不要と思われたため、訳者の判断で省略した。

230

文献表

Andrews, Frank M., and Withey, Stephen B., *Social Indicators of Well-Being: Americans' Perspectives of Life Quality* (New York: Plenum Press, 1976).

Bayles, Michael, *Morality and Population Policy* (University of Alabama Press, 1980).

Benatar, David, 'Why it is Better Never to Come into Existence', *American Philosophical Quarterly*, 34/3 (1997) 345-55.

——'Cloning and Ethics', *QJMed*, 91 (1998) 165-6.

——'The Wrong of Wrongful Life', *American Philosophical Quarterly*, 37/2 (2000) 175-83.

——'To Be or Not to Have Been?: Defective Counterfactual Reasoning About One's Own Existence', *International Journal of Applied Philosophy*, 15/2 (2001) 255-66.

——(ed.) *Life, Death and Meaning* (Lanham MD: Rowman & Littlefield, 2004).

——'Sexist Language: Alternatives to the Alternatives', *Public Affairs Quarterly*, 19/1 (2005) 1-9.

——and Benatar, Michael, 'A Pain in the Fetus: Ending Confusion about Fetal Pain', *Bioethics*, 15/1 (2001) 57-76.

Beyer, Lisa, 'Be Fruitful and Multiply: Criticism of the ultra-Orthodox fashion for large families is coming from inside the community', *Time*, 25 October 1999, 34.

Blackstone, William T., (ed.) *Philosophy and Environmental Crisis* (Athens: University of Georgia Press, 1974) 43-68.

Boonin, David, 'Against the Golden Rule Argument Against Abortion', *Journal of Applied Philosophy*, 14/2 (1997) 187-97.

——*A Defense of Abortion* (Cambridge: Cambridge University Press, 2003).

Boorse, Christopher, 'On the Distinction between Disease and Illness', *Philosophy and Public Affairs*, 5/1 (1975) 49-68.

Bowring, Philip, 'For Love of Country', *Time*, 11 September 2000, 58.

Breetvelt, I. S., and van Dam, F. S. A. M., 'Underreporting by Cancer Patients: the Case of Response Shift', *Social Science and Medicine*, 32/9 (1991) 981-7.

Brickman, Philip, Coates, Dan, and Janoff-Bulman, Ronnie, 'Lottery Winners and Accident Victims: Is Happiness Relative?', *Journal of Personality and Social Psychology*, 36/8 (1978) 917-27.

Brown, Jonathon D., and Dutton, Keith A., 'Truth and Consequences: the Costs and Benefits of Accurate Self-Knowledge', *Personality and Social Psychology Bulletin*, 21/12 (1995) 1288-96.

Buchanan, Allen, Brock, Dan, Daniels, Norman, and Wikler, Daniel, *From Chance to Choice* (New York: Cambridge University Press, 2000).

Burkett, Elinor, *The Baby Boon: How Family-Friendly America Cheats the Childless*, (New York: The Free Press, 2000).

Cameron, Paul, Titus, Donna G., Kostin, John, and Kostin, Marilyn, 'The Life Satisfaction of Nonnormal Persons', *Journal of Consulting and Clinical Psychology*, 41 (1973) 207-14.

Campbell, Angus, Converse, Philip E., and Rodgers, Willard L., *The Quality of American Life* (New York: Russell Sage Foundation, 1976).

Craig, K. D., Whitfield, M. F., Grunau, R. V., Linton, J., and Hadjistavropoulos, H. D., 'Pain in the Preterm Neonate: Behavioural and Physiological Indices', *Pain*, 52/3 (1993) 287-99.

Diener, Ed., and Diener, Carol, 'Most People are Happy', *Psychological Science*, 7/3 (1996) 181-5.

——Suh, Eunkook M., Lucas, Richard E., and Smith, Heidi L., 'Subjective Well-Being: Three Decades of Progress', *Psychological Bulletin*, 125/2 (1999) 276-302.

Easterlin, Richard A., 'Explaining Happiness', *Proceedings of the National Academy of Sciences*, 100/19 (2003) 11176-83.

——'The Economics of Happiness', Daedalus, Spring 2004, 26-33.

The Economist, 'The incredible shrinking country', *The Economist*, 13 November 2004, 45-6.

Elliot, Robert, 'Regan on the Sorts of Beings that Can Have Rights', *Southern Journal of Philosophy*, 16 (1978) 701-5.

Fehige, Christoph, 'A Pareto Principle for Possible People', Fehige, Christoph, and Wessels, Ulla, (eds.) *Preferences* (Berlin: Walter de Gruyter, 1998) 508-43.

Feinberg, Joel, 'The Rights of Animals and Unborn Generations', *Rights, Justice and the Bounds of Liberty* (Princeton: Princeton University Press, 1980) 159-84.

——'Wrongful Life and the Counterfactual Element in Harming', *Freedom and Fulfilment* (Princeton: Princeton University Press, 1992) 3-36.

Feldman, Fred, 'Some Puzzles About the Evil of Death', *Philosophical Review*, 100/2 (1991) 205-27.

Flaubert, Gustave, *The Letters of Gustave Flaubert 1830-1857*, trans. Francis Steegmuller (London: Faber & Faber, 1979).

フローベール『フローベール全集』蓮実重彦訳、筑摩書房、1967-70 年。

Food and Agriculture Organization of the United Nations, 'Undernourishment Around the World',

<http://www.fao/org/DOCREP/005/y7352E/y7352e03.htm > (accessed 14 November 2003).

現在はこちら < http://www.fao.org/docrep/005/y7352e/y7352e03.htm >

Freud, Sigmund, *The Standard Edition of the Complete Psychological Works of Sigmund Freud*, vii, trans. James Strachey (London: The Hogarth Press, 1960).

フロイト「機知――その無意識との関係――」『フロイト全集』8、中岡成文ほか訳、岩波書店、2008 年。

Frey, R. G., 'Rights, Interests, Desires and Beliefs', *American Philosophical Quarterly*, 16/3 (1979) 233-9.

Greenwald, Anthony G., 'The Totalitarian Ego: Fabrication and Revision of Personal History', *American Psychologist*, 35/7 (1980) 603-18.

Griffin, James, *Well-Being* (Oxford: Clarendon Press, 1986).

Hacker, Andrew, 'The Case Against Kids', *The New York Review of Books*, 47/19 (2000) 12-18.

Hare, R. M., 'Abortion and the Golden Rule', *Philosophy and Public Affairs*, 4/3 (1975) 201-22.*「妊娠中絶と黄金律」

――'A Kantian Approach to Abortion', *Essays on Bioethics* (Oxford: Clarendon Press, 1993) 168-84.

Haub, Carl, 'How Many People Have Ever Lived on Earth?', <http://www.prb.org/Content/ContentGroups/PTarticle/Oct-Dec02/HowMany People Have Ever Lived on Earth .htm> (accessed 5 October 2004).

現在はこちら <http://www.prb.org/Publications/Articles/2002/HowManyPeopleHaveEverLivedonEarth.aspx>

Headey, Bruce, and Wearing, Alexander, 'Personality, Life Events, and Subjective Well-Being: Toward a Dynamic Equilibrium Model', *Journal of Personality and Social Psychology*, 57/4 (1989) 731-9.

Heine, Heinrich, *Morphine*, lines 15-16.

Holtug, Nils, 'On the value of coming into existence', *The Journal of Ethics*, 5 (2001) 361-84.

The Hunger Project,<http://www.thp.org>(accessedNovember2003).

Inglehart, Ronald, *Culture Shift in Advanced Industrial Society* (Princeton: Princeton University Press, 1990).

ロナルド・イングルハート『カルチャーシフトと政治変動』村山皓・武重雅文・富沢克訳、東洋経済新報社、1993 年。

Jackson, Holbrook, (ed.) *The Complete Nonsense of Edward Lear* (London: Faber & Faber, 1948) 51.

Kagan, Shelly, *The Limits of Morality* (Oxford: Clarendon Press, 1989).

Kates, Carol A., 'Reproductive Liberty and Overpopulation', *Environmental Values*, 13 (2004) 51-79.

Kaufman. Frederik, 'Pre-Vital and Post-Mortem Non-Existence', *American Philosophical Quarterly*, 36/1 (1999) 1-19.

Kavka, Gregory S., 'The Paradox of Future Individuals', *Philosophy and Public Affairs*, 11/2 (1982) 93-112.

Krug, Etienne G., Dahlbeg, Linda L., Mercy, James A., Zwi, Anthony B., and Lozano, Rafael, (eds.) *The World Health Report 2002* (Geneva: WHO, 2002).

Legman, G., *The Limerick: 1700 Examples with Notes, Variants and Index* (New York: Bell Publishing Company, 1969).

Lenman, James, 'On Becoming Extinct', *Pacific Philosophical Quarterly*, 83 (2002) 253-69.

Leslie, John, *The End of the World: The Science and Ethics of Human Extinction* (London: Routledge, 1996).

ジョン・レスリー『世界の終焉――今ここにいることの論理』松浦俊輔訳、青土社、1998 年。

McGuire, Bill, *A Guide to the End of theWorld* (New York: Oxford University Press, 2002).

McMahan, Jeff, *The Ethics of Killing: Problems at the Margins of Life* (New York: Oxford University Press, 2002).

McMichael, Anthony, *Human Frontiers, Environments and Disease* (Cambridge: Cambridge University Press, 2001).

Marquis, Don, 'Why Abortion is Immoral', *The Journal of Philosophy*, 86/4 (1989) 183-202.*「なぜ妊娠中絶は不道徳なのか」

――'Justifying the Rights of Pregnancy: The Interest View', *Criminal Justice Ethics*, 13/1 (1994) 67-81.

Maslow, Abraham, *Motivation and Personality*, 2nd edn. (New York: Harper & Row Publishers, 1970).

Ａ・Ｈ・マズロー『人間性の心理学 モチベーションとパーソナリティ 改定新訳版』小口忠彦訳、産業能率大学出版部、1987 年。

Matlin, Margaret W., and Stang, David J., *The Pollyanna Principle: Selectivity in Language, Memory and Thought* (Cambridge MA: Schenkman Publishing Company, 1978).

May, Elaine Tyler, 'Nonmothers as Bad Mothers: Infertility and the Maternal Instinct', in Molly Ladd-Taylor and Lauri Umansky, *'Bad' Mothers: The Politics of Blame in Twentieth-Century America* (New York: NYU Press, 1998) 198-219.

Mehnert, Thomas., Krauss, Herbert H., Nadler, Rosemary., Boyd, Mary., 'Correlates of Life Satisfaction in Those with Disabling Conditions', *Rehabilitative Psychology*, 35/1 (1990) 3-17.

Mill, John Stuart, *Principles of Political Economy* (London: Longmans, Green & Co., 1904).

J・S・ミル『経済学原理』1-5、末永茂喜訳、岩波書店、1959-63 年。

Missner, Marshall, 'Why Have Children?', *The International Journal of Applied Philosophy*, 3/4 (1987) 1-13.

Montesquieu, *Persian Letters*, trans. John Davidson, 1 (London: Gibbings & Company, 1899).

モンテスキュー「ペルシア人の手紙」『世界の名著』28、井上幸治編訳、中央公論社、1972 年。

Multi-Society Task Force on PVS, 'Medical Aspects of the Persistent Vegetative State', *New England Journal of Medicine*, 330/21 (1994) 1499-508.

Myers, David G., and Diener, Ed, 'The Pursuit of Happiness', *Scientific American*, 274/5 (1996) 70-2.

Nash, Ogden, *Family Reunion* (London: J. M. Dent & Sons Ltd, 1951).

Nozick, Robert, *Anarchy, State and Utopia* (Oxford: Blackwell, 1974).

ロバート・ノージック『アナーキー・国家・ユートピア——国家の正当性とその限界』嶋津格訳、木鐸社、1994 年。

Parfit, Derek, *Reasons and Persons* (Oxford: Clarendon Press, 1984).

デレク・パーフィット『理由と人格——非人格性の倫理へ』森村進訳、勁草書房、1998 年。

Pence, Gregory E., *Classic Cases in Medical Ethics*, 2nd edn. (New York, McGraw-Hill, 1995).

グレゴリー・E・ペンス『医療倫理——よりよい決定のための事例分析』1-2、宮坂道夫・長岡成夫訳、みすず書房、2000-2001 年。

PeopleandPlanet,<http://www.peopleandplanet.net>(accessed 5October 2004).

Pitcher, George, 'The Misfortunes of the Dead', *American Philosophical Quarterly*, 21/2 (1984) 183-8.

Porter, Eleanor H., *Pollyanna*, (London: George G.Harrap &Co. 1927).

エリーナ・ポーター『少女ポリアンナ』谷口由美子訳、岩波少年文庫、2002 年。

Rawls, John, 'Justice as Fairness: Political not Metaphysical', *Philosophy and Public Affairs*, 14/3 (1985) 223-51.

ジョン・ロールズ「公正としての正義」田中成明編訳『公正としての正義』所収、木鐸社、1979 年。

Rees, Martin, *Our Final Hour: A Scientist's Warning* (New York: Basic Books, 2003).

Regan, Tom, 'Feinberg on What Sorts of Beings Can Have Rights?', *Southern Journal of Philosophy*, 14 (1976) 485-98.

Reuters, 'Brace yerself Sheila, it's your patriotic duty to breed', *Cape Times*, Thursday 13 May 2004, 1.

Richards, Norvin, 'Is Humility a Virtue?', *American Philosophical Quarterly*, 25/3 (1988) 253-9.

Robertson, John, *Children of Choice* (Princeton: Princeton University Press, 1994).

Rummel, R. J., *Death by Government* (New Brunswick, Transaction Publishers, 1994).

Santayana, George, *Reason in Religion* (vol. iii of *The Life of Reason*) (New York: Charles Scribner's Sons, 1922).

Schopenhauer, Arthur, 'On the Sufferings of the World', *Complete Essays of Schopenhauer*, trans. T. Bailey Saunders (New York: Willey Book Company, 1942).

アルトゥール・ショーペンハウアー「この世の悩みについての教説に対する補遺」『哲学小品集 (IV)』、『ショーペンハウアー全集』13、秋山英夫訳、白水社、2004 年。

——*The World as Will and Representation*, trans. E. F. J. Payne (New York: Dover Publications, 1966).

アルトゥール・ショーペンハウアー『意志と表象としての世界』、『ショーペンハウアー全集』2-4、斎藤忍随ほか訳、白水社、2004 年。

Schwartz, Pedro, *The New Political Economy of J.S. Mill* (London: Weidenfeld & Nicolson, 1972).

Shiffrin, Seana Valentine, 'Wrongful Life, Procreative Responsibility, and the Significance of Harm', *Legal Theory*, 5 (1999) 117-48.

Singer, Peter, Kuhse, Helga, Buckle, Stephen, Dawson, Karen, and Kasimba, Pascal, (eds.) *Embryo Experimentation* (Cambridge: Cambridge University Press, 1990).

Singer, Peter, *Practical Ethics* 2nd edn. (Cambridge: Cambridge University Press, 1993).

ピーター・シンガー『新版 実践の倫理』山内友三郎・塚崎智監訳、昭和堂、1999 年。

※シンガーがベネターに言及しているのは、2011 年の第 3 版においてである。

Smilansky, Saul, 'Is There a Moral Obligation to Have Children?', *Journal of Applied Philosophy*, 12/1 (1995) 41-53.

Sophocles, 'Oedipus at Colonus'.

ソポクレース『コローノスのオイディプース』引地正俊訳、『ギリシア悲劇全集』3、岩波書店、105-227 頁、1990 年。

Steinbock, Bonnie, *Life Before Birth* (New York: Oxford University Press, 1992) 14-24.

Suh, Eunkook., Diener, Ed, and Fujita, Frank, 'Events and Subjective Well-Being: Only Recent Events Matter', *Journal of Personality and Social Psychology*, 70/5 (1996) 1091-102.

Suits, David B., 'Why death is not bad for the one who died', *American Philosophical Quarterly*, 38/1 (2001) 69-84.

Tännsjö Torbjörn, *Hedonistic Utilitarianism* (Edinburgh: Edinburgh University Press, 1998).

──'Doom Soon?', *Inquiry*, 40/2 (1997) 250-1.

Taylor, Paul W., *Respect for Nature* (Princeton: Princeton University Press, 1986).

Taylor, Shelley E., *Positive Illusions: Creative Self-Deception and the Healthy Mind* (New York: Basic Books, 1989).

シェリー・E・テイラー『それでも人は、楽天的な方がいい──ポジティブ・マインドと自己説得の心理学』宮崎茂子訳、日本教文社、1998 年。

──and Brown, Jonathon D., 'Illusion and Well-Being: A Social Psychological Perspective on Mental Health', *Psychological Bulletin*, 103/2 (1998) 193-210.

Tennyson, Alfred Lord, 'In Memoriam'.

テニスン『イン・メモリアム』入江直祐訳、岩波書店、1934 年。

Thompson, Janna, 'A Refutation of Environmental Ethics', *Environmental Ethics*, 12/2 (1990) 147-60.

Tiger, Lionel, *Optimism: The Biology of Hope* (New York: Simon & Schuster, 1979).

Tooley, Michael, 'Abortion and Infanticide', *Philosophy and Public Affairs*, 2/1 (1972) 37-65.*「妊娠中絶と新生児殺し」

Toubia, Nahid, 'Female Circumcision as a Public Health Issue', *New England Journal of Medicine*, 331/11 (1994) 712-16.

Vetter, Hermann, 'Utilitarianism and New Generations', *Mind*, 80/318 (1971) 301-2.

Voltaire, *Candide*, (London: Penguin Books, 1997).

ヴォルテール『カンディード』斉藤悦則訳、光文社、2015 年。

Waller, Bruce N., 'The Sad Truth: Optimism, Pessimism and Pragmatism', *Ratio*, new series, 16 (2003) 189-97.

Wasserman, David, 'Is Every Birth Wrongful? Is Any Birth Morally Required?', DeCamp Bioethics Lecture, Princeton, 25 February 2004, unpublished manuscript.

Watts, Jonathan, 'Japan opens dating agency to improve birth rate', *The Lancet*, 360 (2002) 1755.

Weinberg, Rivka, 'Procreative Justice: A Contractualist Account', *Public Affairs Quarterly*, 16/4 (2002) 405-25.

Weinstein, Neil D., 'Unrealistic Optimism about Future Life Events', *Journal of Personality and Social Psychology*, 39/5 (1980) 806-20.

——'Why it Won't Happen to Me: Perceptions of Risk Factors and Susceptibility', *Health Psychology*, 3/5 (1984) 431-57.

Williams, Bernard, 'The Makropulos Case: Reflections on the Tedium of Immortality', *Problems of the Self* (Cambridge: Cambridge University Press, 1973).

——'Resenting one's own existence', *Making Sense of Humanity* (Cambridge: Cambridge University Press, 1995).

Wood, Joanne V., 'What is Social Comparison and How Should We Study it?', *Personality and Social Psychology Bulletin*, 22/5 (1996) 520-37.

World Heath Organization, *World Report on Violence and Health* (Geneva: WHO, 2002).

Yerxa, Elizabeth J., and Baum, Susan, 'Engagement in Daily Occupations and Life-Satisfaction Among People with Spinal Cord Injuries', *The Occupational Therapy Journal of Research*, 6/5 (1986) 271-83.

＊をつけた Hare(1975), Tooley(1972), Marquis(1989) に関してはその邦訳が、江口聡編・監訳『妊娠中絶の生命倫理』(2011 年、勁草書房) に収録されている。

訳者あとがき

　この本の原書は 2006 年に出版された。出版されて以来、英語圏の哲学において特に注目され、ベネターの唱える反出生主義もその名称は相当人口に膾炙してきたと言ってよいだろう。日本では「生命の哲学」を提唱する哲学者である森岡正博先生の 2013 年の論文「「生まれてくること」は望ましいのか：デイヴィッド・ベネターの『生まれてこなければ良かった』について」によって紹介されたのを皮切りに、ネット上を中心にその名を目にすることが多い著作となっている。

　著者デイヴィッド・ベネターは、南アフリカにあるケープタウン大学に勤める 1966 年生まれの哲学者である。本書に続き、2012 年に出版した *The Second Sexism: Discrimination Against Men and Boys* も大変話題を呼んでいる。ちなみに現時点で、google を使って彼の名を検索した時に出てくる顔写真はピーター・シンガーという別の著名な哲学者の写真であり、ベネターのものではない。ベネター自身はおそらく、意図的にネット上に顔写真をあげることを避けているようだ（本人に確認は取っていませんが）。ケープタウン大学におけるシンポジウムや会議の動画などでも声を聞くことはできるが、その姿は画面から見切れていて、外見を確認することができないように配慮されていることが分かる。

　そのベネターの本書における反出生主義の一番核となる部分を説明すると、次のようになる。ベネターが「生まれてこない方が良かった」というとき、それはあらゆるすべての人に（そしてすべての感覚のある存在者に）当てはまる。どんな人でも存在してしまわない方が良かったのだ。人生における快楽が苦痛を上回っている限り人生は生きる価値があると楽観的な人は言うかもしれないが、快楽と苦痛の存在と非存在については非対称性があるのでそうは言えないとベネターは主張する。快楽の存在と苦痛の存在は以下のように対称的に考えられる。

（1）苦痛が存在しているのは悪い
（2）快楽が存在しているのは良い

しかし、快楽と苦痛が存在していないことに関しては非対称的に考えられる。

(3) 苦痛が存在していないことは、その良さを享受するものがいなくとも良い

(4) 快楽が存在していないことは、それが誰かにとっての剥奪でない限りは、悪くはない

　苦痛と快楽が存在している場合を、それらを受ける人が存在している場合（シナリオA）とし、苦痛と快楽が存在していない場合を、そういった人が存在していない場合（シナリオB）としてまとめると、本書47頁の図2-1のようになる。

　こうしてシナリオAとシナリオBを比べてみるとシナリオBの方がより良いのは当然である。どちらも悪くはないからである。故に存在していない方が良いのである。この（3）と（4）の非対称性に関しては拙訳で申し訳ないが本文をじっくり読んでいただきたい。またこれに対して予想される反論についてもベネターは言葉を選んでじっくり応答している。じっくり応答しているからといってそれが正しいとは限らないがベネターに反論するためにはまずは彼の言うことをしっかり聞かなければならない。

　このように存在してしまうことが常に害悪であるということを論じた上で（第2章）、あらゆる人生がとても悪いのだということ（第3章）、子どもを作らなければならない義務はなく子作りをしてはいけない（道徳的な）義務があるということ（第4章）、妊娠の初期段階にある胎児は生まれさせるよりも中絶させた方が（これも道徳的に）良いということ（第5章）、これ以上人間は存在すべきではなく、人類は速やかに段階的絶滅に向かった方が良いということ（第6章）を論じていく。

　確かにこうして概要だけ説明すると、人類滅亡をたくらむ悪の秘密結社のポリシーのような感じが否めない。故にその議論を全面的に避けたくなるのも分かるが、その前にいくつか見落とされがちだがおさえておいて頂きたいポイントを示したい。

　一つ目は、「存在してしまうことが常に害悪である」という命題はまず第一にパーフィットの提示した「非同一性問題」の解決策として示されているということである（第2章の最初の節を参照されたい）。「非同一性問題」とは

240

世代間倫理の難問と称される問題で、少し説明すると次のようなものである。

　ある夫婦が今子どもを作るか、一年後に子どもを作るかで生まれてくる子どもは異なる。つまり同一性はない。そして例えば政策のような集団的な決定は子どもを作る時期を左右するとする。ここで、現在行う危険な政策がある未来の集団を危険にさらす場合、以上のような前提から、その集団はその危険な政策を採り施行した現在の人々を責めることはできないのである。何故ならその集団はその危険な政策が施行された後の未来にのみ存在可能だからである。存在しないよりも存在する方が良かったのだとしたら、危険な政策が施行されていなかったらおそらく同一でない集団がそこには存在することになったわけであるから、危険な政策を採るという選択はその集団にとって良かったこととならざるを得ない。とすると、私たちには未来の人々に配慮をした行動をする義務はなくなってしまうのである。

　この難問に対してベネターは「存在しないよりも存在する方が良かった」という前提を覆して解決する。私たちには未来の人々に配慮をした行動をする義務はあるのだ。たとえそれが彼らをなるべく存在させないようにするということであっても。

　故に、ベネターの「存在してしまうことが常に害悪である」に完全に反論をしたい場合は、「非同一性問題」に何か別の回答を与えることが望ましいだろう。

　二つ目は、子作りをするべきではないのはあくまでも道徳的な義務であって、法的な義務ではないということである。つまり、しない方が良いが、しても法的に責任を取らされることはない義務としてベネターは提示しているのである。それにしてはその後の段階的絶滅への勧めが強過ぎると思う読者もいよう。確かに第4章、第5章の慎重でもってまわった議論に比べて、第6章の議論は非常に強く断定的な調子ではある。私はこれは、第4章、第5章では権利の話を、第6章では理想状態をベネターが語っているからだと考えている。所詮人間は間違え続けるので、道徳的にどうあろうとも子どもを産み続け、絶滅はいずれするにはするが遠い未来のことだろう。しかし、ベネターの考えでは、真実には人類はいない方が良いのだし、それは踏まえておかなければならないという含みがそこにはあるのだと考えられる。

　三つ目は、ベネターは死については、（場合にもよるが基本的には）害悪であり、生まれてしまったからにはより良く生きた方が勿論良いと考えてい

る点である。ベネターの考えでは、全員が全員ではないだろうが、私たちは始める価値はなかったが続ける価値のある人生を生きているのである。

　さて、そのようなポイントを押さえた上でベネターを読んだ際、私たちに与えられる妥当な指針はどのようなものだと読み取れるだろうか？　もしくはどのように妥当に考えられるだろうか？　私たちはおそらく愚かさ故、段階的絶滅には進みそうにない。だとしたら？

　「非同一性問題」を退け、世代間で、つまり親が子に責任があり、未来の人間に快適な環境を残さねばならないとすれば、「存在しない方が良かった」のだから（生まないのが一番だが）、その責任をなるべく大きくとらなくてはならなくなるだろう。「親はその子どもにできる限りの保証をし、子は親の面倒を見る義務を持たない」ようにすることが一つ考えられる。高齢者のQOL に責任を持つべきはその子どもではなく、その高齢者をも含む社会全体となる。また付随して「養子縁組の推奨および養子を持つ両親の優遇」、「子を産むことを奨励したり助長したりしない（避妊を推奨する）」と言った施策が現実的に考えられるだろう。もしかしたらそのように社会全体が考えることができればそれは段階的絶滅への第一歩かもしれないが、ベネターの考えではそれはそれで勿論良いことなのである。ベネターのみならず複数の研究者の指摘によれば、社会が存続し人間（のみ）がいわゆる繁栄をしていかなければならない道理はおそらくないし、先のような施策は更にたくさんの人道的な利益を社会にもたらすことができると私は予想している。

　紙面も限られているが、あと二つほど付け加えたい。一つは、ポリアンナ効果についてである。私はポリアンナ効果に少し関連して自分の専門から以下のテキストを思い出す（特にここでソクラテスがその効果をうけているとかいう考察はしていない。念のため）。

　　僕は僕の言っていることが真実であるとこの周りにいる人々に思ってもらおうと努力するつもりはない。副次的にそういうことになってもかまわないのだが、そんなことよりも他の誰でもなくこの僕自身にそれがそうであると可能な限り思わせようとしているのだ

（プラトン『パイドン』91A）

哲学者ソクラテスのセリフである。ソクラテスは死刑になる当日、弟子たち

と牢獄で「魂は不死か」をテーマに話をした。ソクラテスは魂が不死だということを、手を変え、品を変え論証しようとし、その途中、このようなセリフを言う。なので、このセリフの中の「僕の言っていること」というのは「魂は不死だ」ということだ。続いてソクラテスは自分に思わせようとしているその理由を、ある計算があるからだという。それは、その通り魂が不死ならそれはそれで良いし、そうではなくて死んだら何もなくなるのだとしても死ぬ前まで魂の不死を信じることができていれば怖かったり悲しかったりしないから得であるという旨の計算である。こんなことを言うのは死を恐れず真実を探求する哲学者ソクラテスらしくないとプラトンをよく読む方は考えるかもしれない。私がだいぶバイアスをかけて説明していてそこまでソクラテスは言っていないという古典哲学の研究者の先生もいるだろうが、私がここで言いたいのは、最期の最期は「自分でそう思い込めれば良い」と言明するソクラテスをプラトンが描いていたということである。

　つまり、ポリアンナ効果をベネターは水戸黄門の印籠のように議論において使用するが、私たちは自分以外の視点には決して完全には立てないのだから、後に騙されたと判明するようなことでもなければ「自分でそう思い込めれば良い」のではないだろうかということだ。同様の批判は勿論他の研究者からも出されている。幸福に関しては良く見えているならそれは実際に良いという主観説にベネターはどう応えられるのだろうか？

　もう一つは、ショーペンハウアーの扱いである。ベネター自身も、『実践の倫理』第3版で本書に触れているピーター・シンガーも、ショーペンハウアーの思想とベネターの反出生主義的見解を近いものと考えているようだが果たしてそうだろうか？　勿論、ショーペンハウアーも「生まれない方が良い」とはっきりと述べているため、二つを結びつけるのが全くの誤りだとは言えないが、一つだけ押さえて頂きたいショーペンハウアーのスタンスについて注記しておきたい。それは、ショーペンハウアーが「すべての生命は苦悩である」と言いつつも、苦しみに一定のプラスの意味を与えている点にあらわれている。どのような表現があろうとも、ショーペンハウアーは苦悩や苦しみを彼の目指す状態であろう「意志の否定」に至る契機でもあるとしているのだ。苦痛を経験したからこそ苦痛から逃れられるという点は、ベネターとの大きな相違点である。ショーペンハウアーが「苦痛があるから生まれない方が良い」と単純に考えているとは見えない。

243

さて、本書の翻訳は分担せずほぼ田村と小島の二人で一緒に話し合いつつ行った。従って誤訳その他の責任は二人で半分ずつ負うことになる。現代哲学の専門家ではなく、一介のギリシア哲学研究者とその弟子である大学院生の共訳なので、誤訳・不適訳は多いだろう。翻訳には自信はないが、その点は確信をもって言える。それらの箇所についてはメールでご指摘頂ければ幸いである（umakona2017@gmail.com までよろしくお願い致します）。訂正その他は、webページに掲載する予定である（https://sites.google.com/site/umakona2017/）。

また本書の完成に当たってはまず、（一緒の仕事をお待たせしているのに）本書の翻訳を励まして頂いた互盛央先生、送りつけた訳文をお忙しい中チェックして頂いた吉沢文武先生および吉沢先生をご紹介下さった飯田隆先生に厚くお礼を申し上げたいと思っております。吉沢先生におかれましては、詳細なコメント、専門的な観点からの提案、いくつかの重要な間違いの指摘など、大変お世話になりました。本当にありがとうございました。更に、素敵な帯の文章を書いて下さった戸谷洋志先生、校正や文献表作り参考箇所のチェックなどをお手伝い頂いた同僚の小川彩子先生および大学院生の久喜泰裕さん、小池翔平さん、田代嶺さん、本多慶輝さん、更には寝ずにDTP作業をがんばってくれた妻のみくにも感謝したいと思います。

最後に本書の出版をお引き受け下さったすずさわ書店の青木大兄様、瀬戸井厚子様、延里達也様、作業の遅さ故に大変ご迷惑をおかけして申し訳ありませんでした。特に瀬戸井様には編集のみならず、本書の読解の手ほどきをして頂きましたこと、この場を借りて厚くお礼を申し上げます。

2017年10月　訳者を代表して　小島和男

新訂版 訳者あとがき

　日本語訳を刊行してから早いもので 5 年以上の月日が経ちました。当初から反響も大きく、また、訳文への諸々のご指摘を頂きました。そのうち半数はとても納得できないような指摘でありましたが、半数は私の至らなさによる誤訳の指摘であり、大変ありがたく受け取りました。ここに御礼申し上げます。特に獨協大学の網谷壮介先生と慶應義塾大学の荒畑靖宏先生には詳細な修正すべき点、修正訳の候補などをまとめた書類をお送り頂きました。お二人の御指摘はほぼほぼ反映させて頂いた次第です。本当にありがとうございました。

　ベネター先生ご本人とも知り合うことができ、直接、原著の正誤表をもらうことができました。この新訂版ではそれも反映させてあります。

　また、新訂版を出すことを快くお許し頂いたすずさわ書店の青木大兄様、再び編集と訳文のチェックをして頂いた瀬戸井厚子様、スリップや表紙その他、この本にまつわるすべての DTP を引き受けてくれた小島みく様にも厚く御礼申し上げます。

2024 年 4 月　訳者を代表して　小島和男

索　引

※見出し語の抽出は原書の索引にほぼ準ずる。あくまで原語との対応によるものであることに注意されたい。例えば「意識」は索引にあるよりもはるかに多く日本語訳には登場する。また、原書の索引の主な目的は、議論の主題となっている語を列記し、内容的に対応するページを示すこととなっていたようで、そもそも原書の索引の見出し語が該当ページに無いことも多々あった。よって、見出し語と本文中の訳語が正確には対応していないこともある。従って、この索引はあくまで参考程度にお使いいただければ幸いである。

あ行

愛し失うこと　loving and loosing　*65*

アレン（ウッディ・アレン）Allen, W. *216*（注 *12*）

生き続けたいという欲求 desire to continue living　*160*

意識　consciousness　*25, 144, 148-151, 154-155, 165*

いとわしい結論　repugnant conclusion *175, 177-182, 186*

今ある人生のケース、今ある人生 present-life case　*31-36, 127, 216* 　他には「生き続ける価値のある（ない）人生」の項目も参照

今はまだない人生のケース future-life case　*31-36*

イングルハート　Inglehart, R. *72*（注 *11*）*, 73*（注 *16, 17*）*, 82*

ウェインバーグ　Weinberg, R. *14*（注 *6*）*, 183, 184*（注 *36*）

ヴォルテール　Voltaire　*99, 223*

奪われる、奪われた、喪失、剥奪、欠乏 deprivation　*9, 22, 39, 41, 43, 45-46, 48-49, 51, 65, 76, 85, 96, 185, 203* 　奪われていないこと、奪われる人がいないこと　*9, 39, 43, 45-46, 48-52, 65, 85, 185, 203, 208, 210, 220-221, 240* 　死による剥奪　*159, 162-3, 219-221* 　自由の剥奪　*76, 85*

永遠の相のもと sub specie aeternitatis *88-93, 203*

エピクロス、エピキュリアン Epicurus / Epicurian　*217-221, 223*

エレミヤ（書）Jeremiah　*137, 225*

黄金律の議論　Golden Rule argument 　「ヘア」の項目を参照

オーストラリア Australia　*4, 19*

247

か行

快楽説 hedonistic theories *75-76, 78-79, 83, 87, 93*

感覚のある sentience, sentient *10, 14（注7）, 44, 212, 227, 239*

カンディード *99, 223*

危害原理　harm principle *113-114*

客観的リスト（説）objective list (theories) *23, 75-76, 87-88, 93*

空腹、空腹状態、飢え hunger, hungry *13（注5）, 76-77, 81, 83-85, 125, 154, 216（注12）*

　餓死 *96-97*
　　——から解放されること *77, 83, 154*
　　——と食事を楽しむこと *77（注29）, 85*
　　——を避けること *77, 81*
　　——を不快に感じること *77, 96*

QOL（クオリティオブライフ）、人生の質 *22, 27, 36, 54-55, 66, 68-107, 123-129, 217*

　今はまだいない人物の—— *155, 160*
　エレミヤとヨブの—— *225*
　人口と—— *173-182, 186-197*
　——と死の関係性 *217-218, 221-222*
他には「生きる価値のある（ない）人生」「続ける価値のある（ない）人生」「始める価値のある（ない）人生」「障碍」の項目も参照

グランブル〔欲求不満〕理論 grumble theory *82（注34）*

クローン clone（クローニング cloning）*102（注4）, 130, 134-135*

権利　right

　移民する—— *20*
　生み出されない——、存在させられない—— *61-62, 194-197*
　子作りの自由という ——、子どもを作る —— *20, 108-118, 127, 133, 165-166*
　市民権 *20*
　存在し続ける—— *152-153*
　　他には「存在し続けることへの利害」の項目も参照
　　——の侵害 *61, 153*
　間違いを犯してもよい法的—— *109*
　中絶する法的—— *166*

健康さんと病気さん
「病気さんと健康さん」の項目を参照

幸運　lucky *9, 11, 13, 15-16, 37, 50, 89, 98, 126, 213-214*

功利主義 utilitarianism *45, 94, 193, 206*

子作り procreation *3, 14-26, 41-42, 57-62, 94, 98-136, 165-167, 178, 184（注36）, 185, 187, 196-197, 209, 210（注6）, 215, 218, 222*

　——と契約主義 *184-185*
　——と宗教 *225*
　——と絶滅 *188, 199*
他には「反出生主義」「義務の非対称性」「子作りの自由という権利」の項目も参照

索 引

子作りの義務
「子作り」の項目を参照

子作りをする自由 reproductive freedom
「権利」の項目を参照

コワート　Cowart, D.　*70*

さ行

最小限にまともな人生、最低限度の水
準を下回る人生　minimally decent
life, sub-minimally decent life　*31*（注
12）, *105*
「生きる価値がある（ない）人生」
の項目を参照

自殺　suicide　*24, 75, 81, 97, 215-216,
222-224*

自然災害　natural disasters　*95*

失望主義　frustrationism　*62-63, 206*

シフリン　Shiffrin, S.　*57-62, 105,
211*(注 *7*)

自分の存在を悔やむ　regretting
one's existence　*65-67, 104-106,
213, 215, 216*（注 *12*）
他には「アレン」「エレミア（書）」
「ヨブ（記）」「存在していなかっ
たことを好む」の項目も参照

シャマイ派　Shammai　*226*

習慣化　habituation
「適応」の項目を参照

出生促進主義、出産を奨励する
pro-natalism　*19-21, 209*

受胎　conception　*137, 160, 225*

事故での――と故意での――　――
accidental versus witting　*111*
――前　pre――　*120*
セックスによる ――　　―― via
sex　*130*
――と存在してしまうこと　―― and
coming into existence　*28, 33,
130-132, 137-139*
――の瞬間 timing of ――　　*15, 28*

純粋な利益　pure benefit　*58-61*

順応、設備が整えられている、社会的配
慮　accommodation　*73, 122, 125*

障碍〔者〕、何かが困難なこと
disability, impairment
23, 28, 37, 72（注 *14*）, *78, 119-129*
――は社会的に作られたものだ
121-125

冗談、ジョーク　joke　*11-13, 198*（注 *53*）

ショーペンハウアー　Schopenhauer, A.
67, 82-83, 87（注 *39*）, *95, 167*

シンガー　Singer, P.　*41*（注 *24*）, *206*

人格影響説　person-affecting views
172-173, 176-177, 190-194, 196（図
6-3 と注 *49-51*）

シンガポール　Singapore　*19*

人工生殖　artificial reproduction
13（注 *5*）, *23, 129-130*

249

人生 life

　生きる価値のある（ない）――
　　――（not）worth living 28-31,
　　38, 53, 61, 70（注 5）, 105, 126,
　　173-184, 186, 189

　続ける価値のある（ない）――
　　――（not）worth continuing
　　31-32, 36, 53, 68-69, 94, 125,
　　127, 159, 177-178, 180-181, 184,
　　189, 200, 216-217, 222

　始める価値のある（ない）――
　　――（not）worth staring 31-32,
　　36, 53, 93-94, 100, 119-120, 123,
　　125-127, 178, 189, 212, 216
　「ロングフルライフ」「QOL」の項
　目も参照

新生児の間引き infanticide 34, 155

ストア主義者 Stoics 87

性倫理 sexual ethics 130-132

絶滅 extinction 24, 26, 94（注 44）,
　167-169, 186-188, 190, 196-203,
　212, 226-227

選好的適応 adaptive preferences
　「適応」の項目を参照

存在していなかったことを好む
　preference not to have existed
　35-36, 156-159, 223
　「自分の存在を悔やむ」の項目も参照

た行

大虐殺 mass-killing 97

単純な追加 mere addition 175,
　178-182, 186

中国 China 21

中絶 abortion 23, 134, 137-166, 205

　――の強制 coercive―― 111-112
　――と危害原理 ――and the
　harm principle 113
　――と宗教 ――and religion 225
　――と障碍 ――and impairments
　33-34
　――と避妊 ――and contraception
　132

テイラー Taylor, P. W. 142-144

適応 adaptation 73-75, 77, 87, 106,
　122, 124, 126

テンショ Tännsjö, T. 175（注 21）

トゥーリー Tooley, M. 152-154

同意（承諾）consent 61-62, 105, 112-113,
　218

　　仮想上の―― 58-59

動物 animals 90, 227

　――と価値ある未来 160
　――と苦痛 95, 115, 227
　――と利害 140-143, 145-146
　――の絶滅 200（注 56）
　――繁殖 10-11（注 1）, 95, 167
　（注 2）

索　引

な行

ナルシシズム　narcissism　*135*

日本　Japan　*18-19*

人間嫌い　misanthropy　*25, 226-228*

人間の相のもと　sub specie humanitatis *88-89*

脳波検査　electroencephalogram (EEG) *148-150*

は行

ハイネ　Heine, H.　*27*

背理法　reductio ad absurdum　*41*(注 *24*), *185, 207-210*

パーフィット　Parfit, D.　*24, 31*(注 *13*), *181*
　害悪について　on harm　*28*（注 *7*）, *29*（注 *9*）
　起源説　origin view　*15*（注 *8*）
　苦痛が相殺されるされないについて on compensated and uncompensated suffering　*70*(注 *5*)
　人口問題　popiulation problems *172-177, 182-183, 189, 191, 194*
　心理的な連続性　psychological continuity　*164*
　始まった直後に救われる命 saving life just after it starts　*33*
　「非人格説」、「単純な追加」、「非同一性問題」、「人格影響説」、「いとわしい結論」、「理論 X」の項目も参照

反出生主義、反出生的　anti-natalism, anti-natal　*99-136, 210*(注 *6*)
　——的政策　——policies　*21*
　——と絶滅　——and extinction *190, 195-197, 199*
　——と反直観性　——and counter-intuitiveness　*217-218*
　——と理論 X　——and Theory X *176-182*
　——の種類　——virieties　*16, 25*

「出生促進主義」、「自分の存在を悔やむ」の項目も参照

非対称性　asymmetry
　害悪と利益の——　*38, 40, 43-46, 49, 52-54, 57-64, 202, 206-210, 212*
　義務の——　*41-42, 181-182*

非人格説　impersonal views　*173-181, 193-194*

非同一性問題　non-identity problem *24, 27-36, 186, 190*
　障碍者の権利からの反論とは区別される　——　distinguished from disability rights objection *119-120*
　——と人格影響説　*172-173, 177, 190*
　——とフロイト　*12*
　——と非人格説　*172-176*
　——と理論 X　*173, 176-177,181-182*

251

避 妊 contraception *102, 112, 116, 118, 131-132*

———せよという忠告 advocating ——— *119*（注 *16*）

———と「私たちと同じような未来」という議論———and future-like-ours argument *161-162*

病気、伝染病、感染症、病 disease *78, 96-97, 112, 117, 184*（注 *36*）*,198*

病気さんと健康さん（比喩の ———） S(ick) and H(ealthy), analogy of——— *50-51, 55-57*

「表出主義者」の議論 expressivist argument *122-123, 126*

ヒレル派 Hillel *226*

ファインバーグ Feinberg, J. *30, 31*（注 *14*）*, 35-36, 38*（注 *22*）*, 142-144, 176*

フェーイゲ Fehige, C. *57, 62-64, 211*（注 *7*）

仏教徒 Buddhists *87*

フレイ Frey, R. *141-145, 152*

フロイト Freud, S. *11-12*

フロベール Flaubert, G. *99*

ヘア Hare, R. *24, 155-158*

ベイルズ Bayles, M. *184*

ペシミズム、悲観主義 pessimism *75, 82, 95, 211-214*

ポリアンナ効果、ポリアンナ原理 Pollyannaism *71-74, 77, 80, 83-84, 90, 95, 98, 124*
「楽観主義」の項目も参照

ホルタッグ Holtug, N. *206*

ま行

マーキス Marquis, D. *24, 145*（注 *12*）*, 155, 159-162*

マクシミン maximin *184-185, 206*

マクマーン McMahan, J. *29*（注 *9*）*, 42*（注 *26*）*, 163-164*

マズロー Maslow, A. *82-83*

まだいない諸個人に関する矛盾 paradox of future individuals
「非同一性問題」の項目を参照

ミル Mill, J. S. *118-119*

や行

要求段階説 hierarchy of needs *82*
「欲求のトレッドミル」の項目も参照

索　引

養子　adoption　*103, 108*（注 *8*）*, 110, 135, 242*

用心、間違いを防ぐ、予防、慎重　caution　*157, 165, 218, 222*

欲求のトレッドミル　treadmill of desires　*81*

欲求充足説　desire fulfilment theories　*75-76, 79-87, 90, 93*

ヨブ（記）　Job　*137, 225*

ら行

楽観主義　optimism　*9, 24, 38, 71-75, 95, 98, 198, 211-214*

利益、利害、利害関心、気持ち、関心　interests
　　生きることに関する―― life――,　――in living　*155, 163-164*
　　意識的―― conscious――　*140-141, 143, 145, 147-148, 151*
　　親になることへの ―― parenting ――　*101-103, 136*
　　機能的―― functional――　*140-142, 146-147*
　　子作りへの ―― procreative――　*101-105, 136*
　　時間相対的 ―― time-relative ――　*163-164*
　　性交への―― coital――　*101-102*
　　生物的 ―― biotic――　*140-142, 147*

存在し続けることへの ―― ―― in continued existence　*152-155, 165, 221*（「生き続けたいという欲求」の項目も参照）
　　反省的―― reflective――　*140-142, 148*
　　良くあることとしての―― ――as well-being　*141*（注 *6*）*, 142, 146*
　　欲望としての―― ――as want　*141-142, 146*
　　（道徳に関係する利害については、*144-148*）

レーガン　Regan, T.　*143, 146*（注 *13*）*, 147*（注 *14*）

理論 X　Theory X　*173, 175-182*

ルクレティウス　Lucretius　*217-218*

ロールズ　Rawls, J.　*89*（注 *41*）*, 182-185*

ロングフルライフ　wrongful life　*31*（注 *14*）*, 119, 127-129*

わ行

私たちと同じような未来という議論　future-like-ours argument　「マーキス」の項目を参照

253

原著者略歴

デイヴィッド・ベネター（David Benatar）

1966 年生まれ。南アフリカ共和国のケープタウン大学教授（原著刊行当時）。本書、*Better Never to Have Been*: The Harm of Coming into Existence: The Harm of Coming into Existence (Oxford University Press, 2006) の他、*The Second Sexism*: Discrimination Against Men and Boys (John Wiley & Sons, 2012)、*The Human Predicament*: A Candid Guide to Life's Biggest Questions (Oxford University Press, 2017) などの著作がある。

訳者略歴

小島 和男（こじま かずお）

1976 年生まれ。2004 年、学習院大学大学院人文科学研究科哲学専攻博士後期課程単位修得退学。2007 年、学習院大学より課程博士（哲学）を取得。現在、学習院大学文学部哲学科教授。専門は古代ギリシャ哲学。著書に『プラトンの描いたソクラテス』（晃洋書房、2008 年）が、主要な論文に「クレイトポンへの回答」（学習院大学人文科学研究科『学習院大学人文科学論集』12, 2003 年）、「おいしい武蔵野うどん」（日本うどん学会『うどん道』13, 2016 年）、「アプレイウスによる哲学のすすめ」（ギリシャ哲学セミナー『ギリシャ哲学セミナー論集』14, 2017 年）がある。

田村 宜義（たむら たかよし）

1993 年生まれ。2023 年、学習院大学大学院人文科学研究科哲学専攻博士後期課程単位取得満期退学。現在、学習院大学ほか非常勤講師。論文に「プラトン『パイドン』における知を愛する余裕と余裕のなさ」（西洋古典研究会『西洋古典研究会論集』31, 2023 年）がある。

BETTER NEVER TO HAVE BEEN
The Harm of Coming into Existence
by David Benatar

Copyright © David Benatar 2006

"Better Never to Have Been : The Harm of Coming into Existence, First Edition"
was originally published in English in 2006.
This translation is published
by arrangement with Oxford University Press.

新訂版　生まれてこないほうが良かった
――存在してしまうことの害悪

発　行　2024 年 6 月 30 日　第 1 刷

原著者　デイヴィッド・ベネター（David Benatar）
翻訳者　小島和男・田村宜義
編集者　瀬戸井厚子
発行者　青木大兄
発行所　株式会社すずさわ書店
　　　　埼玉県川越市東田町 15-5　〒 350-1114
　　　　電話：049-293-6031　FAX:049-247-3012
用　紙　柏原紙商事株式会社
印刷・製本　株式会社双文社印刷

ISBN978-4-7954-0377-2 C3010 © 2024 Printed in Japan